은유는 번역될 수 있는가

내일을여는지식 / 어문 40

은유는 번역될 수 있는가

이혜승 지음

KSI 한국학술정보[주]

서문

이 책은 2004년 여름 본인이 통번역학 박사학위를 받기 위해 '노-한 은유 번역과 번역전략 연구-과정과 결과의 통합적 고찰-'이라는 제목으로 한국외국어대학교 통역번역대학원에 제출했던 학위논문을 일부 재구성한 것이다.

은유는 전통적으로 하나의 대상을 다른 대상을 통해 이해, 표현하는 것을 목적으로 사용되는 고상하고 시적인 표현이었다. 그러나 최근에는 일상생활에서 사용되는 모든 언어가 은유라는 주장이 있을 정도로 은유에 대한 시각은 갈수록 다양하게 변화를 거듭하고 있다. 수사학, 심리학, 언어학, 철학, 문학 등 다양한 학문 분야에서 이미 은유에 대한 연구는 활발하고 역동적으로 이루어져 왔다. 그리고 상이한 언어권을 중개하는 통역과 번역에 있어서 함축적인 의미를 내포하는 표현 즉, 있는 그대로 말하지 않고 다른 것에 빗대어 표현하는 비문자적(non-literal) 표현이라고 할 수 있는 은유의 문제는 통역사, 그리고 번역사가 반드시 해결해야 하는 중요한 과제 중 하나이다.

1960년대 이후 발전하기 시작해 1970~1980년대에 이르러 독자적 학문 분야로서 자리 잡기 시작한 통번역학은 통역과 번역을 연구 대상으로 하는 학문이다. 통역과 번역 즉, 상이한 언어권을 말과 글이라는 매체를 통해 중개하는 활동 전체가 그 대상이 된다. 모든 언어는 그것을 사용하는 사람들이 속해 살아가고 있는 큰 환경, 즉, 사회, 문화와 동떨어져서는 존재할 수 없다. 언어는 해당 사회, 문화와 끊임없는 상관관계를 통해 서로에게 영향을 미치며 발전한다.

이와 마찬가지로 통번역학은 단순히 하나의 언어 표현을 다른 언어로 어떻게 전달할 것인가, 무엇으로 바꾸어 줄 것인가의 문제를 넘어서 서로 다른 사회적, 문화적 배경을 가지고 있는 나라, 더 크게는 문화권 사이의 의사소통을 어떻게 가능하게 만들 것인가 하는 보다 거시적인 접근을 토대로 한다. 어떻게 하면 한 문화권의 화자들은 자연스럽게 받아들이고 알고 있는 지식, 정보를 다른 문화권 화자들에게 효율적으로 전달, 공유하게 할 것인가를 고민하는 것이 통역과 번역을 업으로 삼고 있는 많은 사람들 앞에 놓인 공통 과제인 것이다.

이 책은 통역, 번역사로서 10년 넘게 현장에서 활동하고 또 후배 학생들을 가르치면서 연구자 본인이 가장 곤혹스럽고 어렵게 여겨 왔던 함축적 표현의 전달 문제를 다루고 있다. 이는 한 문화권에서는 화자들 사이에 공유되어 있는 함축적 표현을 다른 문화권 화자들에게는 어떻게 전달할 것인지, 다른 표현으로 바꾸어 준다면 어떠한 방식을 동원할 것인지, 전달 과정에서 누락된 의미와 기능은 없는지 등과 같은 문제를 의미한다. 이러한 점에서 은유의 번역은 이문화권 사이의 의사소통인 번역의 특성을 확연하게 보여 주는 번역 활동의 전형이라고 할 수 있다. 통번역학 내에서 은유에 대한 관심이 앞으로도 지속적으로 발전되고 새로운 연구로 이어져야 하는 이유도 여기에 있다.

이 책의 출판을 통해 보다 많은 독자들이 통번역학, 그리고 그 세부 주제로서 은유의 번역과 관련된 문제에 관심을 가질 수 있게 되기를 바라면서 부족한 제자를 지도해 주신 최정화 교수님을 비롯한 여러 은사님들과 동료, 제자들, 그리고 언제나 따뜻한 격려와 지원을 아끼지 않는 사랑하는 나의 가족들, 그리고 대중 씨와 도현 군에게 감사드린다.

I
서 론

번역은 단순히 코드전환이 아니라 문화권 사이의 의사소통 활동이다(Bassnet & Lefevre, 1990; Leppihalme, 1997; Neubert & Shreve, 1992; Snell－Hornby, [1988] 1995). 또한, 번역 과정에서 번역사는 끊임없는 선택과 결정의 과정을 겪는다. 하나의 단순한 어휘에서 그것을 포함하고 있는 문장, 더 나아가 텍스트 전체의 구조에 이르기까지 번역사는 번역의 과정에서 '무엇을 바꿀 것인가(change something)' 혹은 '무엇을 유지할 것인가(preserve something)', '바꾼다면 무엇을 고려해서 어떻게 바꿀 것인가'를 끊임없이 고민하고 갈등한다. Levy가 번역행위를 '선택과 결정의 과정(decision making process)'으로 규정하는 것도 이와 같은 맥락에서 이해할 수 있다(Levy, 1967: 1171).

문화권 사이의 의사소통으로서, 그리고 번역사의 선택과 결정의 과정으로서 번역이 가지는 특성을 고찰하기 위해서 본 연구에서 선택한 주제는 은유의 번역이다. 전통적으로 은유는 하나의 대상을 다른 것을 통해 이해하고 표현하는 것을 말한다(Aristotle, 1965). 자신이 표현하고자 하는 대상을 직접 나타내지 않고 다른 것에 비유하여 간접적으로 나타내기 때문에 은유는 본질적으로 비문자적(non－literal)[1]이며 따라서 함축된 의미를 전달한다. 은유는 문자적 언어에 비해 말하고자 하는 바를 더욱 강조하고 표현력을 향상시키는 기능을 가지며, 다른 사람을 설득하는 데에 효과적으로 활용된다. 그리고 본래 표현하고자 한 대상(object), 비교가 되는 이미지(image), 은유를 통해 나타내고자 한 센스(sense)[2] 등 세 가지 구성요소가 해

1) 비문자적이라는 것은 해당 어휘가 가지는 본래의 기본적 의미로 사용되지 않는다는 것을 의미한다(Toolan, 1991).

2) object, image, sense는 Newmark(1988)의, topic, vehicle, ground는 Richards (1936)의 용어이다.

당 사회와 문화권 내에서 복합적으로 영향을 미치면서 생성되기 때문에 사회-문화 특수적인 특징을 가진다(Snell-Hornby, [1988] 1995).

따라서 은유의 번역은 ST(Source Text: 원문, 이하 ST로 표기)의 함축적 의미 특성을 어떻게 고려할 것인가, ST 은유의 기능과 효과를 어떻게 TT(Target Text: 번역문, 이하 TT로 표기)를 통해 전달할 것인가, 그리고 사회-문화적 차이를 어떻게 중개할 것인가 등의 문제를 야기한다. 번역사가 은유적 표현이 함축하고 있는 의미를 이해하고 그것을 다른 언어로 재구성하기 위해서는 단순히 은유적 표현 자체의 의미 즉, 미시적 맥락뿐 아니라 그 은유적 표현을 포함하고 있는 전체 텍스트의 목적, 대상으로 하고 있는 독자층 등 거시적인 맥락 등을 고려하면서(Wilss, 1994: 134) 수많은 선택과 결정의 과정을 거쳐야 한다. 다시 말하면 은유의 번역은 문화권 사이의 의사소통 활동이자 선택과 결정의 과정인 번역 활동의 전형이 된다. Toury 역시 "은유는 번역 이론을 가장 극단적으로 실험할 수 있는 도구가 된다."(Toury, 1995: 81)고 지적하고 있으며 Newmark는 "번역에 있어서 가장 중요하고 특별한 문제는 바로 은유의 번역"이라고 은유 번역의 중요성을 강조한다(Newmark, 1988: 104).

> 어떤 종류이든 은유의 번역은 모든 번역의 전형이다. 왜냐하면 은유 번역은 단순히 텍스트 내에서 은유가 가지는 중요성뿐 아니라 다양한 맥락적 요인에 따라 언제나 센스(sense)와 이미지(image) 사이에 무엇을 선택할 것인지, 둘 중의 하나를 바꿀 것인지 둘 다 바꿀 것인지를 번역사로 하여금 선택하게 하기 때문이다(Newmark, 1988: 113).

그럼에도 불구하고, Snell-Hornby가 지적하는 바와 같이 은유의 문제는 전체 번역 이론에 있어서 안타깝게도 도외시되어 있었다 (Snell-Hornby, [1988] 1995: 55). 기존의 은유 번역 연구는 번역방법, 전략에 대해 번역된 결과를 토대로 분석하기보다 개개의 표현별로 가능한 대안을 부분적으로 제시하는 데에 국한되어 있었고, 실제 번역 결과에 대한 분석도 주로 문학작품을 중심으로 이루어졌다. 뿐만 아니라 은유적 표현의 기저에 깔려 있는 사회-문화적 토대에 대한 고찰 역시 예문에 대한 분석의 일부로서 제시되고 있을 뿐이며, 선택과 결정의 과정이라는 번역 활동의 특성을 극명하게 드러내 줄 수 있는 은유 번역 과정에 대한 연구는 전혀 이루어져 있지 않다.

본 연구에서는 은유의 번역이 문화권 사이의 의사소통으로서, 그리고 번역사의 선택과 결정의 과정으로서 번역 활동의 특성을 드러내 줄 수 있는 번역 현상의 전형이라고 전제한다. 이러한 전제를 바탕으로 러시아어에서 한국어로 번역된 정치 담화에서 나타나는 번역 전략을 중심으로 은유 번역의 문제를 분석해 보고, 그 기저에 놓여 있는 사회-문화적 토대에 대해서 고찰해 보고자 한다. 이러한 번역 결과에 대한 연구와 더불어 번역사가 실제로 은유를 번역하면서 어떠한 과정을 거치는지, 이러한 번역 과정이 번역사가 생산해 낸 번역 결과에 어떻게 반영되어 있는지를 전문 번역사와 예비 번역사 양 피실험자 집단의 사고발화법(Think Aloud Protocol: TAP) 실험 결과를 토대로 살펴봄으로써 은유의 번역 과정과 결과에 대한 통합적인 고찰을 시도해 보고자 한다.

은유는 연구자가 어떤 관점에서 연구를 하는가에 따라 그 범위가 축소될 수도, 확장될 수도 있다. 학자들에 따라 ST 저자에 의해 고안된 창조적 은유(original metaphor[3]))로 연구 대상을 국한시키는 경우(Dobzynska, 1995)도 있고, 인지적 개념화를 중심으로 은유성이 상실된 사은유(dead metaphor)까지 포괄해서 폭넓게 살펴보는 경우(김순미, 2003)도 있다. 은유의 종류를 중심으로 번역의 문제를 접근하고 있는 Newmark(1988)의 경우는 하나의 대상을 다른 것을 통해서 묘사하고자 사용된, 즉 문자적으로 지시하는 의미대로 쓰이지 않은 모든 다의어와 관용구, 문장, 속담 등을 분석 대상에 포함시킨다. 실제로 은유적 표현인가 아닌가, 얼마나 은유성이 유지되어 있는가 혹은 상실되었는가 하는 문제는 이분법적으로 구분할 수 있는 문제가 아니다.

정치 담화에서 은유의 사용을 연구한 Nir는 이에 대한 나름의 해결책을 다음과 같이 제시하고 있다.

> 논쟁에서 나타나는 비유성의 정도를 알아보기 위해서는 생생한 특징(picturesque quality)이 없어지지 않은 은유들을 살펴본다. 예를 들어서, prise rise는 헤브루어 등가어에서 이미 비유적 특징을 상실했다. …… 이와는 대조적으로 economic recovery와 같은 표현은 부분적이라도 그 비유적 특징을 보유하고 있다. …… 비유적 특징을 어느 정도 가지고 있는가를 결정하는 데에 있어서 어느 정도 주관적 평가가 개입될 수밖에 없다(Nir, 1988: 195).

어느 것을 은유로 분석할 것인가, 은유성이 남아 있다고 볼 수 있는가, 없는가의 문제에 대해서는 해당 언어의 모국어 화자들 사이에도 그 의견이 일치되지 않으며, 은유성의 정도를 논하는 것도

3) Newmark(1988)와 Snell－Hornby([1988] 1995)는 original metaphor, Larson(1984)과 Dobrzynska (1995)는 live metaphor, Goatly(1997)는 active metaphor라고 한다.

본 연구의 목적은 아니다.

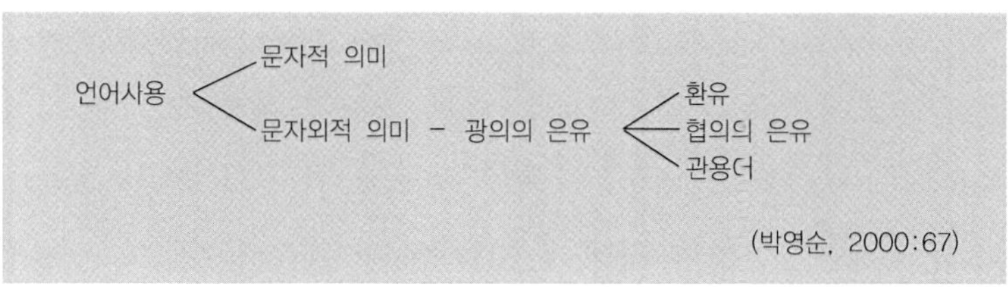

〈그림1〉 연구대상으로서 은유

본 연구는 번역과 번역 전략의 관점에서 은유가 어떠한 의미를 지니는가를 중심적으로 살펴보게 된다. 따라서 연구 대상에는 비문자적 특징을 가지며, 은유적 원리에 의해서 만들어진 언어 표현 즉, 위의 표에서 광의의 은유에 해당하는 표현이 광범위하게 포함되었다. 문자적 의미와 은유적 의미로 모두 해석이 가능한 경우는 각각의 경우에 대한 해석을 토대로 번역 전략에 대한 분석을 덧붙였다.

번역은 번역의 결과물과 번역의 과정을 모두 포괄하는 용어이다. 번역 이론이 포괄적이고 유용하게 쓰이기 위해서는 번역 과정과 번역 결과라는 두 가지 모두를 기술하고 설명해야 한다(Bell, 1991: 15). 따라서 본 연구에서는 은유 번역의 특성과 번역전략을 포괄적으로 살펴보기 위해 번역된 결과물에 대한 분석을 통해 은유가 어떤 방법으로 다양하게 번역될 수 있는지를 고찰하는 것과 동시에 실제 번역 과정에서 번역사가 은유적 표현을 접했을 때 어떠한 선택의 과정을 거치며, 무엇을 고려하는지, 그리고 번역 과정에서 나타나는 특성이 번역사가 생산해 낸 결과물과 어떠한 상관관계를 가지고 있는지를 통합적으로 살펴보기 위해 과정 중심의 경험적 연구를 병행할 것이다.

분석에 들어가기에 앞서 은유에 대한 정의와 함께 기존의 번역학에서 은유가 어떻게 연구되어 왔는지에 대한 문헌연구를 통해 번역의 관점에서 은유가 가질 수 있는 의미에 대해 고찰할 것이다. 그리고 은유 번역에 대한 연구 방법으로서 결과 중심(product-oriented)의 연구 방법과 과정 중심(process-oriented)의 연구 방법이 가지는 특성과 연구 경향을 살펴본다.

과정과 결과에 대한 통합적 고찰을 목적으로 하는 본 연구의 한 축이 되는 결과물 분석은 총 6개, 12개의 병렬 코퍼스, 총 약 1,100페이지의 텍스트를 중심으로 이루어진다. 텍스트는 블라디미르 푸틴 대통령의 자서전, 풀리코스프키 러시아 극동지방 전권대표 회고록, 쥐리노프스키 러시아 자유민주당 당수의 연설문[4] 등으로 주로 정치인의 담화나 정치와 관련된 텍스트를 선정했다. 정치 담화를 선정한 이유는 은유는 언어활동이 중심적인 역할을 하는 정치 담화에서 매우 활발하게 생성되며(박영순, 2000), 설득력과 대화의 질을 향상시키기 위해 다양한 은유적 표현들이 활용되기 때문이다. 이와 더불어 정치인의 담화는 주제 자체가 단순히 정치에만 국한되지 않으며, 정책 집행과 관련되는 해당 사회의 다양한 주제를 다루기 때문에 정치 담화에서 등장하는 은유를 통해 우리의 일상생활에서 자주 활용되는 은유적 표현의 모습을 역으로 유추해서 살펴볼 수 있기 때문이다.

우선적으로 모든 ST에 대한 정성 분석 과정을 통해 은유적 표현들을 분류해 낸 후, ST와 별개로 독자적으로 TT에 대한 정성분석

4) 연설문은 별개의 텍스트로 총 4종이다.

을 통해 은유적인 표현들로 번역된 실례를 취합한다. 마지막으로 ST와 TT를 비교, 분석해 봄으로써 실제 번역된 텍스트에서 나타난 은유적 표현에 대한 다양한 번역 전략을 살펴볼 것이다. 그리고 이러한 전략이 선택된 동기, 영향을 미친 요인 등을 전략과 함께 분석해 볼 것이다.

은유의 번역 과정 분석을 위해서는 번역사의 인지과정을 연구하는 데에 활용되는 사고 발화법(Think Aloud Protocol: 이하 TAP)이 활용된다. 총 15인의 전문 번역사와 예비 번역사로 구성된 피실험자를 대상으로 은유적 표현이 포함되어 있는 텍스트를 대상으로 실험을 실시, 실험 과정에서 피실험자가 자신의 사고과정의 흐름을 발화한 부분을 녹음, 전량 전사하게 된다. 발화가 전사된 protocol과 피실험자가 실험의 결과로서 생산한 번역 결과물이 분석 대상이 되며, 이 두 가지를 비교, 분석함으로써 실제 번역사가 은유적 표현을 번역하면서 무엇을 고려하며, 어떠한 선택의 과정을 거치는지를 살펴보고, 이러한 과정적 특성이 번역 결과에 어떻게 반영이 되어 있는지에 대한 분석을 시도할 것이다. 피실험자 집단이 5년 이상의 통번역 경력을 가지고 있는 전문 번역사와 아직 통역번역 대학원에 재학 중인 학생 즉, 예비 번역사로 구성되어 있으므로 두 집단이 은유 번역 과정에서 보여 주는 특성과 그 결과를 비교, 분석함으로써 번역의 오류를 최소화할 수 있는 방안을 제시할 수 있을 것이다.

두 가지 분석 방법은 모두 정성적인 연구를 바탕으로 진행된다. 은유 번역의 특성상 분석 대상의 양적 확대보다 다양한 번역 결과에 대한 심층적인 분석이 중심이 되어야 하고, 특히, “사고 발화법과 같은 자기 관찰적 연구 방법에서는 정량적 분석보다는 정성적 분석이 더 합당"하기 때문이다(김련희, 2002: 45).

번역학자들은 번역이 단순히 상이한 언어 사이의 코드전환이 아니라는 것에 동의한다. 번역 교육 역시 ST의 형식적인 측면보다 ST의 의미를 TT 독자들이 이해할 수 있도록 하고, ST가 가진 기능 효과가 TT가 달성하고자 하는 목적에 맞게 TT 독자들에게 전달될 수 있도록 하는 데에 중심을 두고 있다. 이는 Nida & Taber(1969)의 역동적 등가(dynamic equivalence), Baker(1992)의 텍스트 등가(textual equivalence), Koller(1989)의 화용적 등가(pragmatic equivalence) 등으로 발전되어 왔다.

따라서 정도에 따라 차이는 있지만 비문자적인 특성을 가지는 은유 번역을 통해서 ST의 형식적인 측면과 의미적인 측면을 어떻게 다루어야 할 것인지, ST 표현의 기능과 효과를 어떻게 TT에서 반영시킬 것인지 즉, 등가를 어떻게 달성할 것인지의 문제에 대한 해답을 제시할 수 있을 것이다. 더 나아가서 이러한 등가의 측면에서 번역물이 어떻게 평가될 수 있는지에 대한 일정한 기준을 제시할 수 있을 것이다.

그리고 문화적 함축이라고 불리는 은유의 번역을 통해 문화권 사이의 의사소통이라고 하는 번역이 구체적으로 사회－문화적 토대와 어떠한 관계가 있는지를 고찰하고 은유 번역의 과정과 결과를 통합적으로 살펴봄으로써 성공적인 번역물을 생산하기 위해서 어떠한 과정을 거쳐야 하는지 즉, 번역 과정이 가지는 중요성에 대한 인식을 제고할 수 있을 것으로 기대한다.

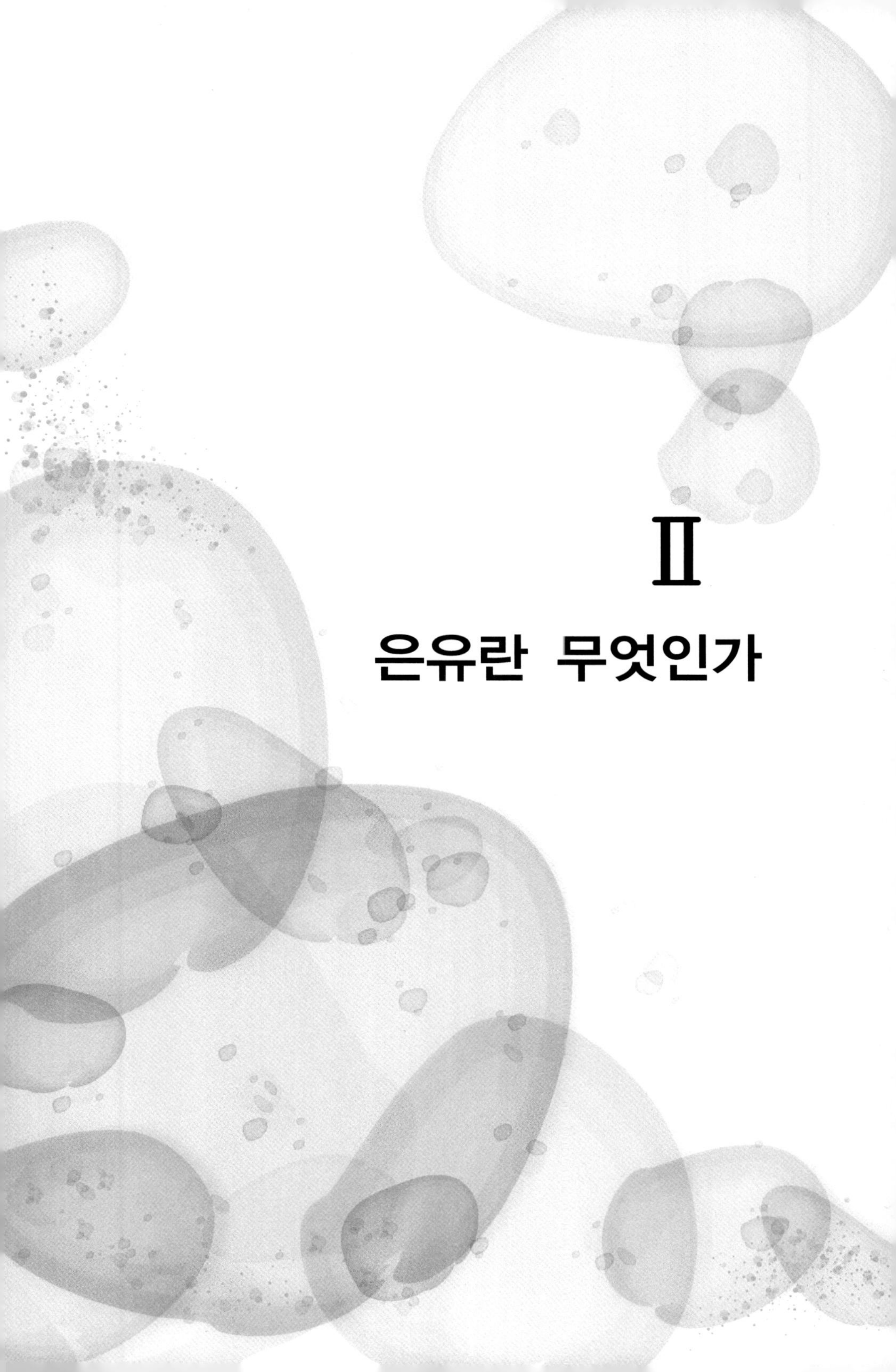

Ⅱ 은유란 무엇인가

웹스터 사전에는 “한 종류의 대상이나 행동을 의미하는 단어나 구가 다른 종류의 대상이나 행동과의 유사점을 나타내기 위하여 대신하여 사용되는 비유적 언어”로 정의되어 있다.[5] 전통적인 이론에서 은유는 “하나의 개념을 의미하는 단어 혹은 구가 유사한 개념을 표현하기 위해서 일상적이고 전통적인 의미 외로 사용되는 고상하고 시적인 표현”(Lakoff, 1993: 202－203)이었다. 그러나 최근 “일상생활에서 사용되는 언어는 모두 은유다.”라고 할 정도로 은유를 보는 시각 자체가 달라지고 있으며, 은유가 단순히 언어적인 문제가 아니라 인간의 사고 과정, 개념화 방식 자체를 의미한다는 인지적 관점으로 은유 연구가 확대, 발전되고 있다. 본 연구는 번역의 관점에서 과연 은유가 어떠한 의미를 지닐 수 있는지를 중심적으로 연구하게 된다. 그러나 은유가 본래 수사학, 언어학, 심리학, 철학, 문학 등 거의 모든 학문 분야에서 역동적으로 연구되어 온 문제이고 번역학에만 국한된 현상이 아닌 만큼 은유에 대한 특성 및 기존 학문의 연구 성과를 간단하게 짚고 넘어가고자 한다.

1. 은유의 구성요소와 종류

은유를 정의하고, 그 구성요소를 규정하는 데에 있어서 다양한 이견이 존재하는 만큼 용어 역시 통일되어 있지 않은 것이 현실이다.

5) A figure of speech in which a word or phrase denoting one kind of object or action is uesd in place of another to suggest a likeness or analogy between them(RH Webster's Advanced English Dictionary, 2001).

본 연구에서는 용어상의 혼란을 막기 위하여 번역학자인 Newmark의 용어를 사용하되 필요한 경우 다른 학자들의 정의를 함께 보충하기로 한다. 은유에서 본래 표현하고자 하는 대상은 대상(object), 비교가 되는 대상은 이미지(image), 대상과 이미지를 비유적으로 연결하는 토대가 되는 것, 은유를 통해 나타내고자 한 의미는 센스(sense)가 된다(Newmark, 1988).[6]

은유는 그 은유성의 정도에 따라 은유성을 완전히 상실했다고 간주되는 사은유(dead metaphor), 굳어진(frozen) 은유, 고도로 관습화된(highly conventional) 은유, 그리고 그와는 반대로 화자 · 작가 자신의 창조적 표현이라고 할 수 있는 창조적인(original), 살아 있는(live), 활성(active) 은유가 있으며, 그 사이에 은유성의 정도에 따라 다양한 불활성 은유(inactive metaphor)가 존재한다(Goatly, 1997).

Goatly(1997)는 동음이의어에 해당하는 pupil의 경우처럼 ① 어린 학생, ② 동공이라는 의미 사이에 은유적인 연관성이 완전히 사라진 경우를 사은유로, crane과 같이 ① 학, 두루미, ② 기중기라는 두 의미 사이에 유사한 외형을 토대로 어느 정도 은유적 연상이 가능하지만 이해를 하는 데에 있어서 은유적 유추를 필요로 하지 않는 경우를 불활성 은유로 규정한다.[7] 이렇듯, 은유가 사라져 가는 것은 하나의 문화적 틀을 형성하는 익숙한 인용구가 더 이상 인용구로서의 역할을 하지 않게 되고, 사전상에는 '비유적 표현'으로

6) 은유 연구에 중요한 역할을 한 철학자 Richards의 용어로는 각각 topic(혹은 tenor), vehicle, ground가 된다(Richards, 1936).

7) dead metaphor는 다시 dead metaphor와 dead and buried metaphor로, inactive metaphor는 다시 sleeping metaphor와 tired metaphor로 구분된다. 본 연구는 metaphor의 종류를 구분하는 것을 목적으로 하고 있지는 않으므로 이에 대한 상세한 설명은 하지 않기로 한다.

명시되는 과정을 통해서 비로소 그 구체적 지시체와의 관계를 상실하게 되는 하나의 어휘화의 과정이다(Snell－Hornby, [1988] 1995).

반면, 활성(active) 은유는 대상과 이미지 사이의 관계 속에서 다양한 연상들이 가능하다. 그리고 비교를 통해서 얻어질 수 있는 센스가 전혀 관습적이지 않고 훨씬 다양하다. 활성은유는 그 센스가 보편적이지 않기 때문에 독자・청자에 의해 새로 만들어지는 과정을 거치게 되며, 해당 맥락에 영향을 받기 때문에 예측하기가 어렵다.[8] 이렇게 은유는 완전히 은유성을 상실한 사은유와 창조적이고 살아 있는 은유를 양극단으로 한 연장선상의 한곳에 위치한다. 그러나 연장선의 어느 곳에 위치하는가 즉, 해당 은유가 얼마나 관습적가, 어느 정도의 은유성을 가지고 있는가 하는 문제는 획일적인 범주로 체계화할 수 있는 문제가 아니다. Snell－Hornby는 은유가 연장선상의 어느 곳에 위치하고 있는가 하는 문제는 문화적 발전단계, 개인의 지식과 경험에 의해서 좌우된다고 지적하고 있다. 즉, 은유성이 얼마나 남아 있는가의 문제는 개인의 지식과 경험, 문화적 노출 정도에 따라 어느 정도 주관적인 기준에 의해서 영향을 받는다는 것이다.

은유가 하나의 개체를 다른 개체를 통해서 이해하는 것을 목표로 하고, 그 주기능이 '이해'라면, 환유(metonymy)는 어떤 개체와 관련되는 다른 개체를 지시하기 위해서 그 개체를 사용하는 것을 말한다. 은유와 환유는 다 같은 비유표현이지만 은유는 유사성(similarity)에 바탕을 두고 있는 반면, 환유는 인접성(contiguity)에

8) 'His tractor of blood stopped thumping'의 경우처럼 심장을 '트랙터'에 비유한 것을 예로 들 수 있다.

바탕을 두고 있다.

The hamsandwich is waiting for his check.
우리 오빠는 삼성만 산다.
청와대가 개각을 단행했다.

위의 문장에서 햄샌드위치가 샌드위치 가게에서 햄샌드위치를 시킨 사람을 지칭하며, '삼성'은 '삼성에서 판매하는 제품', '청와대'는 한국정부를 지시하는 것과 같다.

I've got a new set of wheels.
손이 모자란다.
빵 대신 자유를 달라.

위의 경우는 '바퀴'라는 부분을 통해 '운송수단'을, '손'으로 '인력'을, '빵'으로 '음식', '식량'을 나타내는 경우에 해당한다. 이렇게 부분이 전체를 대신하는 경우를 제유(synecdoche)라고 한다. '피는 물보다 진하다'의 경우도 마찬가지로 '피'는 '혈연관계에 있는 사람들'을 지시하는 제유로 활용되었다. 일반적으로 제유는 환유의 일종 즉, 환유의 하위 개념이라고 할 수 있다.

한편, 통번역학자 Lederer(1994)는 함축적인 의미를 가지고 있는 비유적 표현 전체를 제유라는 개념에 포함시키기도 한다. Lederer는 모든 발화가 외연적인 부분과 내연적인 부분이 절충된 것이라고 규정하면서 부분이 전체를 나타내는 제유를 통해서 번역에서 등가관계가 어떻게 창출되는지를 볼 수 있다고 지적한다. 즉, 유사하거나 동일한 의미이지만 불어에서는 'porter de l'eau au moulin(강에 물을 가져가다)'라고 하지만 영어로는 'to bring coal to Newcastle(뉴캐슬에 석탄을 가져가다)', 독일어로는 'Eulen nach Athen bringen(올빼미를 아테네로 데려가다)'라고 하는데, 이러한 표현들이 가지고 있는 외연적 부분을 다른 언어로 그대로 옮겨 주어서는 원래의 표현이 가지는 등가의 의미를 전달할 수 없으며, 단순히 이러한 표현을 알고 있는 것에서 더 나아가 텍스트 차원의 등가를 구현하기 위해서는 제유와 같은 현상이 가지는 효과를 분명히 파악해야 한다는 점을 지적한다.

> 자유롭게 구성된 제유들은 텍스트 전반에 걸쳐 그 의미내용보다 보다 광범위한 의미들을 나타내며, 역자에 의해 자유롭게 구성된 제유들은 번역 전반에 걸쳐 등가 관계를 창출한다(Lederer, 1994: 59－60).

위와 같은 환유가 반드시 지시만을 위한 장치인 것은 아니다. 예를 들어서, 부분으로 전체를 대신한다고 했을 때 어느 부분을 택하는가는 그 부분의 어떤 속성에 초점을 맞추고 있는가를 '이해'할 수 있게 해 주기 때문이다. '훌륭한 두뇌'라는 환유는 사람을 지시하기 위해서 단순히 두뇌를 이용한 것뿐 아니라 두뇌로 대변되는 특별한 속성 즉, '총명성'을 나타내 주기 때문이다(Lakoff & Johnson, 1980).

환유적 개념은 우리에게 한 사물이 다른 어떤 것에 대해 갖는 관계를 통해서 그 사물을 개념화하도록 해 준다고 할 수 있다. 즉, 은유와 마찬가지로 우리의 언어뿐 아니라 우리의 사고, 태도, 행동을 구조화하고 우리의 경험 속에 토대를 두고 있다. 은유에 비해 환유는 인접성에 바탕을 두고 있기 때문에 해석하기도 훨씬 쉽고 전파력도 높아서 쉽게 대중화된다.

은유에 포괄되는 또 다른 경우가 바로 관용어이다. 전통적으로 관용어는 굳어진 은유, 사은유로 불린다(Song, 2000). 관용어는 기저에 A=B와 같은 전제가 있는 것은 아니지만 단어들의 의미의 합으로는 이해할 수 없는 제3의 의미로 굳어진 구 이상의 언어 단위로서 "비유, 문화적 관습, 의미의 확대, 구체어의 추상화" 등이 그 생성 동기가 된다(박영순, 2000: 77). 관용화되지 않은 은유가 임시어적이고 지역적인 특성을 가지고 있다면, 관용어는 어느 정도 굳어져 있고 전 지역으로 확장되어, 시간적으로 오랫동안 사용되었다는 특징을 가지고 있다. 또 관용어의 경우 적어도 구 이상의 단위가 된다.

은유와 관용어의 특성을 비교해 보면, 은유의 경우, '영희는 여우다'에서와 같이 의미가 가변적, 유동적이며, '여우새끼', '불여우'와 같이 형식의 변화가 가능한 반면, 관용어는 '영희는 바람을 맞았다'의 예와 같이 의미와 형식이 고정되어 있고, 다른 말을 첨가할 수 없다.[9)]

본 연구는 은유적인 원리에 의해서 만들어져서 비문자적인 특성을 지니는 단어, 구, 문장 등을 대상으로 하므로 관용어, 격언까지 포괄하는 넓은 의미의 은유를 중심적으로 연구하게 된다.

---

9) * 찬바람을 맞았다. * 바람을 심하게 맞았다.

2. 은유에 관한 해석이론

아리스토텔레스는 <시학 Poetics>에서 '은유는 다른 것에 속하는 명칭을 어떤 사물에 적용하는 것'으로 보았고, <수사학 Rhetorics>에서는 like라는 단어를 삭제한 비교로서의 은유를 언급하였다. 즉, 언어가 가지는 장식적인 기능에 초점이 맞춰져 있었다고 할 수 있다. 수사학에 있어서 은유와 환유는 '일탈(ecart)'로서 받아들여지며 일상적이고 공통적인 표현으로부터 멀어지고 벗어나는 표현들이다(박성창, 2002: 26).

은유에 대한 고전적인 이론은 크게 세 가지로 구분할 수 있다. 첫 번째 고전이론은 은유적 표현은 그에 상응하는 문자적 표현을 대체하기 위해서 사용된다는 대체이론이다. 예를 들어서 '아버지는 집안의 왕이다'라는 문장을 이해하기 위해서는 '아버지는 집안에서 제일 높은 분이다'와 같은 문장으로 바꾸어야 한다는 것이다. 'rat'이라는 은유적 표현은 '불성실한 사람'이라는 문자적 표현을 대체하는 것으로 간주되는 것이다. 이 대체이론적 입장을 견지하고 있는 "생성문법 학자들에게 있어서 은유는 위와 같이 '바꿔 쓰기(paraphrase)'가 가능한 경우만이 수용 가능한 은유가 되며, 창조적 은유는 수용할 수 없는 은유가 된다."(Goatly, 1997: 116－17)[10] 촘

---

10) 예를 들어서 'The man is a wolf.'라는 문장을 보자.

The man is a wolf.

man	wolf
+ definite	+ definite
+ count	+ count

스키 중심의 변형생성문법에서는 은유의 논리적 또는 문법적 일탈성으로 인해서 은유가 선택제약에 위배되는 '탈문법적 표현'으로 취급되었다.

두 번째는 아리스토텔레스가 말했던 비교로서의 은유에 대한 연구이다. 두 대상이 가지고 있는 의미 자질을 비교해서 그 사이의 유사성을 바탕으로 은유를 만들어 낸다는 것이다. 기본적으로 은유가 직유 혹은 비교의 생략된 형태라는 입장을 고수한다. 대체이론이 설득력을 이미 상실한 것에 비해 비교이론은 새로운 모습으로 그 이론적 명맥을 유지해 나가고 있다(Kittay, 1987: 18).

나머지 하나는 상호작용이론으로서 'A는 B'라는 은유에서 A와 B가 가진 유사성 이외에도 서로 다른 특징들이 서로에게 영향을 주면서 새로운 의미를 생산해 내는 측면에 중심을 두고 있다. 예를 들어서, '인생은 초콜릿 박스이다'는 은유는 인생과 초콜릿 박스뿐 아니라 그 두 가지에 의해서 주어진 문맥 사이의 상호작용이며, 그 상호작용을 통해서 문장의 의미를 이해할 수 있다는 것이다(박영순, 2000: 12).[11]

+ animate	+ animate
+ mammal	+ mammal
+ human	− human
+ adult	+ canine
+ male	+ quadrupedal
+ linguistic	+ tai
+ bipedal	+ hairy
	+ noctural
	+ vicious
	+ predatory
	+ avoid man

위에서 man의 [+human]이 wolf의 [−human]과 상충되어 선택제약을 위반하고 있는데, 이와 같이 선택제약을 어긴 경우가 곧 은유문이라는 것이다(박영순 2000: 40).

A battle is a game of chess.

위 문장에서 이미지인 chess가 가지는 일부의 자질들 즉, 위치, 관계, 전쟁, 참여자들의 지위, 행동의 속도 등은 선택, 강조되는 반면, 지형, 무기 등의 요소는 억압되는데, 이 은유를 통해 전쟁이 체스게임처럼 보이게 될 뿐 아니라 체스게임이 전쟁처럼 보이게 하는 상호작용 효과도 만들어진다.

한편, 담화분석, 화용론, 화행론에서는 은유를 '대화적 격률이 의도적으로 위반된 것'으로 간주한다(송경숙, 2005: 302). Grice의 협력원칙(Co－operative Principle)에 속하는 4가지 대화의 격률을 화자가 어떤 이유로 인해 의도적으로 그중 하나를 위반했다면 청자는 그러한 격률의 위반이 함축하고 있는 것이 무엇인지를 생각해 보아야 한다. 그것이 바로 대화함축의 원리이며 은유는 4가지 격률 중 '사실인 것만 말하라'는 질의 격률을 위반한 것으로 생각할 수 있다는 것이다.[12)]

---

11) Black은 더 나아가 은유가 고립된 단위가 아니라 문장이라고 규정하고, 은유를 단순히 두 개의 대상들 사이에서 발생되는 것이 아니라 그 두 대상이 속한 문맥적, 개념적 가정들 사이의 관계에서 발생하는 것으로 본다(Black, 1962: 231).

12) Grice의 대화 격률(conversational maxims)
양의 격률: 필요한 만큼의 정보를 주어라.
질의 격률: 사실인 것만을 말하라.
유관성의 격률: 관련이 있는 것만을 말하라.
태도의 격률: 정확하게 말하라.

3. 인지적 관점에서 바라본 은유

은유는 문학적 표현 기법이자 하나의 수사적 도구로서만이 아니라 우리의 일상에 널리 퍼져 있는 것으로 이해할 수도 있다. 우리로 하여금 생각하고 행동하게 만드는 사고, 개념체계에 은유가 깊숙이 반영되어 있다는 것이다. Lakoff & Johnson(1980)은 은유를 단순한 언어적 유희로 규정하는 전통적인 견해에 반대하고, '사람들이 자신의 언어와 경험을 이해하는 것 모두가 근본적으로 은유적'이라고 주장하며 개념적 은유(conceptual metaphor) 이론을 주창했다.

개념적 은유이론에 따르면 우리가 논쟁을 할 때 '너는 네 주장을 방어할 수 없다', 혹은 '그는 나의 약점을 공격했다'는 표현을 쓰는 것은 우리가 머릿속에서 이미 논쟁을 하나의 전쟁으로서 개념화하고 논쟁의 상황을 전쟁을 통해 이해하고 있기 때문이다. 결국, 이와 같은 표현은 인간의 사고 속에서 이루어진 [논쟁은 전쟁]이라는 은유적 개념화 과정을 언어적으로 표현한 것이다.

> 전차군단 독일
> 전차는 다시 달릴 것인가
> 전차군단의 골 샐 틈 없는 요새
> 지칠 줄 모르는 전차
> 녹슨 전차

2002년 한일 월드컵에 출전한 독일 축구팀에 대한 신문의 보도를 보면 '전차군단'이라는 말이 빠지지 않는다. 굳이 독일 축구의 특성이 어떻다고 기술하지 않아도 '전차군단'이라는 말 자체는 이미 모든 것을 말해 준다. 즉, 전차군단이라는 개념이 가지는 일반적인 특성 즉, 지칠 줄 모르는 강인함, 힘, 불굴의 의지 등이 독일 축구에 투사, 사상되면서 우리는 독일 축구를 더 명확하게 이해하게 되는 것이다. 여기서 사상(mapping)은 비대칭적이며 부분적이라는 특성을 가진다. 비대칭적이라는 것은 목표 영역(target domain)과 근원 영역(source domain)이 서로 다른 특징을 가진다는 것을 말한다. 일반적으로 추상적인 개념을 구체적인 개념을 통해 이해하지만, 추상적인 개념을 통해 구체적인 대상을 이해하지는 않는다는 점에서 사상은 비대칭적이다. 또 사상은 부분적이다. 즉, 근원영역에서 목표영역으로 사상될 때에는 목표영역의 한 측면만이 부각되고 다른 측면은 은폐된다는 것이다. 운동경기를 전쟁으로 개념화한다면 우리는 운동경기가 가지는 경쟁, 투쟁의 측면은 강조하는 반면, 친선을 도모한다든가 스트레스를 해소시킨다든가 하는 다른 측면은 은폐하게 되는 것이다(박정운, 2001: 89). 전차군단과 같은 표현들은 결국 더 큰 개념구조 즉, [축구는 전쟁], [운동경기는 전쟁]이라는 개념적 은유에 의해서 지배받고 있는 것이다. 이러한 개념적 은유에 의해 축구 선수들은 군인으로, 감독은 사령관으로, 축구장은 전장으로 이해된다. 개념적 은유 이론에서는 우리가 이해하고자 하는 영역 즉, 위의 예에서 독일축구단은 목표영역, 이해를 도와주는 개념영역 즉, 전차군단은 근원영역이 된다.[13)]

[인생은 여행]이라는 은유를 보자. 이러한 은유를 사람들이 이해

13) 개념적 은유에서는 은유 구성요소를 대상(object)과 이미지(image), 센스(sense)가 아니라 이해하고자 하는 영역 즉, 목표영역(target domain)과 비교 대상이 되는 근원영역(source domain)의 두 가지로 본다.

할 수 있는 것은 여행에 대해 사람들이 일반적으로 가지고 있는 경험과 체험이 인생에 대해 가지고 있는 경험과 일정한 유사점을 가지고 있어서 그것이 바탕이 되어 인생이 여행으로 좀 더 구체적으로 개념화되는 것이다. 그러나 만약 사람들이 이러한 공통의 체험과 경험을 공유하고 있지 않은 경우, 은유는 독자나 청자들에 의해서 이해되지 못하거나 잘못 이해될 수 있다. [인생은 여행]의 경우는 상이한 문화권이라 할지라도 구성원들이 경험과 체험을 바탕으로 체계화된 지식을 공유하고 있으므로, 이러한 개념적 은유에 기반을 한 은유적 표현은 그대로 옮겨 주어도 다른 문화권 구성원들이 이해하는 데에 큰 무리가 없다.

그러나 이러한 개념적 은유이론은 은유에 대한 인지적 이해과정을 중심으로 연구하는 다른 학자들에 의해서 보완, 발전되기도 한다. Steen은 다양한 어휘적 단위를 포함하고 있는 언어적 표현들이 가지는 특징들이 단순히 개념적 은유로서만 이해될 소지가 있다고 지적하고, 은유에 대한 인지적 관점을 "사람들이 어떻게 유추를 하고 은유를 이해하는지의 문제로 즉, 경험적, 실험적으로 연구할 필요가 있다."고 강조하였다(Steen, 1994: 12). Steen은 개념적 은유 이론에서 분석 대상이 되고 있는 관습적인 은유적 표현들은 굳이 그 기저에 있는 개념적 은유체계나 은유적 사상을 거치지 않고도 직접적으로 바로 이해가 가능하다는 점을 지적하면서, 인지적 이해과정을 중심으로 한다면 오히려 Lakoff & Johnson이 분석하고 있는 관습적 은유보다 유추적 추론 능력이나 유추적 연상의 복구를 필요로 하는 은유에 대한 연구가 이루어질 필요가 있다고 지적한다. 즉, Steen은 인지적 관점의 은유 연구라고 할 수 있는 Lakoff &

Johnson(1980)의 연구를 경험적인 실험 영역을 도입함으로써 관습성이 높지 않은 은유까지도 포괄할 수 있게 확장시켰다고 볼 수 있다. Steen 역시 은유의 연구에 있어서 다양한 장르에서 나타나는 은유에 대한 결과적 분석과 더불어서 경험적인 연구 즉, 은유가 피실험자의 머릿속에서 어떻게 처리되는가를 살펴보기 위해서 TAP을 병행하고 있다. 은유 연구에 결과분석과 경험적 연구를 병행하고 있는 Steen은 과정적 연구 방법을 논의하게 되는 Ⅲ장에서 다시 살펴보게 될 것이다.

4. 은유의 기능

은유는 단순히 비유적 언어를 위해 고안된 것이 아니라 우리가 생각하고 행동하는 방법을 구체화하는 기능을 한다. "덜 구체적이고 내재적으로 애매모호한 개념들은 우리의 경험에서 좀 더 특이하고 구체적인 개념에 의해서 구성되는 경향이 있다."(Lakoff & Johnson, 1980: 112).

시어는 대부분 비유와 상징이기 때문에 은유는 시에 많이 사용된다. 하지만, 일간신문이나 대통령의 연설문과 같이 가장 표준적이고 문자적인 표현을 선호할 것으로 예상되는 경우에도 은유적 표현이 적지 않게 등장한다.

청와대 '전열재정비'
盧는 하야를, 정부는 식물내각
부시의 반인권정치, 미 법정서 뭇매 맞아
재계, '이젠 돈 주고 뺨 맞기 싫다'
(문화일보 2003년 12월 19일자)

1963년 1월 21일 Lyndon B. Johnson 미 대통령 취임사
"…… uncrossed desert and unclimed ridge …… the star is not reached and the harvest that's sleeping in the unplowed ground ……"

1997년 1월 21일 Bill Clinton 미 대통령 취임사
"…… Yes, let us build our bridge, a bridge wide enough and strong enough for every American to cross over to a blessed land of new promise ……"

1998년 2월 25일 김대중 대통령 취임사
우리 모두는 지금 땀과 눈물을 요구받고 있습니다.
나라가 벼랑 끝에 서 있는 금년 1년만이라도 저를 도와주셔야겠습니다.
벤처기업은 새로운 세기의 꽃입니다.

2004년 3월 5일 노무현 대통령 취임사
한반도는 중국과 일본, 대륙과 해양을 연결하는 다리입니다.
하늘과 바다와 땅의 길이 모두 열렸습니다.
개혁은 성장의 동력이고 통합은 도약의 디딤돌입니다.

2002년 11월 24일 이회창 총재 모스크바대학 연설문
한반도에도 희망의 빛이 깜빡이지만, 불신과 갈등의 어두운 그림자도 사라지지 않고 있습니다.

은유는 감정적 메시지 전달이나 특정 경험의 부각, 그리고 상대방의 감탄 유발이나 정보의 구조 및 조직 등의 다양한 기능에 있어

서 다른 어떤 언어 표현보다 특별하고 효과적이다. 적절한 은유를 사용함으로써 논쟁을 효과적으로 할 수 있고 자신의 견해에 대한 긍정적인 반응을 유도할 수 있기 때문에 사람들의 의견 형성에 은유는 중대한 영향을 미친다.

Gibbs는 크게 은유의 기능[14)]을 의사소통적 기능과 사회적 기능으로 나누는데, 의사소통적 기능을 자세히 살펴보면 다음과 같다.

> 의사소통적 기능
>
> 표현불가의 가설(inexpressibility hypothesis): 문자적 표현을 썼을 경우 전달하기 어려운 아이디어를 표현하게 해 준다.
>
> 간결성의 가설(conpactness hypothesis): 간결하면서도 풍부하게 표현할 수 있는 수단을 제공한다.
>
> 생생함의 가설(vividness hypothesis): 화자 자신의 주관적 경험을 보다 풍부하고 상세하게, 생생하게 전달한다.
>
> (Gibbs, 1994: 124 - 125)

문자적 표현으로는 잘 전달하기 어려운 아이디어를 은유를 통해서 전달할 수 있고, 보다 간결하면서도 여러 가지 의미를 전달할 수 있다는 것을 말한다. 예를 들어서 '사과는 빨갛다'라는 문자적 표현은 '사과의 색이 빨갛다'는 하나의 정보를 주는 반면, '내 사랑은 만발한 꽃다발이다'는 표현은 사랑은 달콤하고 섬세하다, 아름답지만 빨리 시들 수 있다 등의 다양하고 풍부한 정보를 제공해 줄 수 있기 때문이다.

---

14) Goatly(1997)는 은유의 기능을 어휘적 공백을 메우는(filling lexical gap) 기능, 설명과 모델링, 재개념화(reconceptualization), 설득과 주장, 사상(ideology), 감정표출, 장식과 은폐, 과장의 기능, 친근감 강조의 기능, 유머와 놀이의 기능, 문제해결 기능, 텍스트 구조화(text structuring), 픽션(fiction), 전경화(foregrounding)와 정보성 향상 등 13가지로 세분하고 있다.

Gibbs가 지적하는 은유의 사회적 기능은 은유가 특정한 사회적 목적을 달성하기 위해서 사용될 수 있다는 것을 의미한다. 즉, 은유적 대화는 대화에 참여한 사람들 사이의 친밀감을 전제하고 강화한다는 것이다(Cohen, 1979). 특정한 은유를 이해할 수 있을 만큼 일정한 지식체계를 공유하고 있는 사람들 사이의 친밀감을 더욱 높여 주는 기능을 하면서 동시에 그것을 이해할 수 있을 만큼의 지식을 가지지 못한 사람들은 배제된다는 것이다.

> Michael Heseltine was Wat Tyler and John Major was Bolingbroke to Maggie's Richard Ⅱ.
>
> (Goatly, 1997: 160)

위와 같은 문장을 접했을 때 그것을 이해할 수 있는 독자들도 있겠지만, 이해하지 못하는 사람들 역시 있을 것이다. Wat Tyler가 인두세를 도입하려다 소작농들의 반란을 자초한 사람이라는 것, Richard 2세가 Bolingbroke 경에 의해서 왕위를 찬탈당한 경위, 그리고 1990년 11월 영국의 정치적 상황 등에 대한 지식을 가지고 있는 사람들은 위와 같은 은유를 이해하고 해당 사회 내에 편입되어 있다는 생각을 할 수 있지만, 위와 같은 역사적, 정치적 배경 지식을 가지고 있지 못함으로 인해서 은유를 이해할 수 없는 사람들은 그만큼 자신이 배제되어 있는 듯한 느낌을 가질 수 있다는 것이다.

다시 말하면, 은유는 특정한 경험, 감각 등을 공유하고 이러한 정보들을 이해 과정에서 활용할 수 있는 능력을 가진 사람들 사이의 하나의 연결고리가 된다(Clark & Carlson, 1981; Clark & Marshall, 1981; Gibbs, 1994: 134－5 재인용).

Ⅲ
은유와 번역

본 장에서는 번역학의 은유연구 동향, 번역에 있어서 은유가 가지는 의미, 은유 번역에 영향을 미치는 요인 등을 중심으로 은유와 번역의 상관관계에 대해서 고찰해 보고, 본 연구의 중심적 분석 방법인 결과 중심적 연구 방법과 과정 중심적 연구 방법에 대하여 살펴보고자 한다.

1. 은유 번역 연구 경향

은유의 번역과 관련된 학자들의 연구는 번역학의 연구 방향의 발전과 결코 무관하지 않다. 번역학의 연구 방향 및 주요 논쟁사항이 되었던 이슈들과 관련하여 어떻게 은유 번역에 대한 학자들의 관점이 발전되어 왔는지를 살펴보자.

1.1. 번역 가능성과 등가성(Translatability & Equivalence)

Dagut(1976)가 지적한 것처럼 은유는 그것이 번역 가능한가, 어느 정도의 ST와 TT 사이의 등가성을 달성할 수 있는가의 문제와 연관되어 있다. 은유가 번역 가능한가와 관련된 논의는 번역학의 발전 과정과 무관하지 않다. 번역 가능성과 관련하여 양극을 이루는 두 가지 관점은 모든 것의 번역이 궁극적으로 불가능하다는 입장과 모든 것이 번역 가능하다는 입장으로 나누어 살펴볼 수 있다.

독일의 언어철학자 Humboldt(1767~1835)는 언어를 역동적인 것, 정적인 상태가 아니라 활동 그 자체로 정의한다. 그리고 언어를 문화의 표현이자 언어를 통해서 세계를 지각하는 화자 개개인의 표현으로서 규정했다(Snell-Hornby, 1988: 40). 따라서 각각의 언어는 각 언어를 사용하는 사람들의 생각하는 방식을 체화한 것이므로 궁극적으로 번역이라는 것은 불가능한 과제를 해결하려는 시도가 된다(Baker & Malmkaer, 1998: 274). 이러한 입장은 미국의 민족언어학자 Sapir와 Whorf의 언어상대주의(linguistic relativity)로 이어져서 사고가 언어를 '앞지르지(precede)' 못한다는 결론을 내리게 한다. Sapir-Whorf 가설의 주장대로 언어가 사고를 결정한다면, 각각의 언어를 사용하는 사람들은 그들만의 문화, 그들만의 사고방식을 소유하고 있는 셈이 된다. 그렇기 때문에, 이런 논리대로라면, 영어를 사용하고 있는 모든 사람들은 같은 사고방식을 가지고 있다는 모순을 초래할 수 있고 동시에 상이한 언어를 사용하는 사람들은 완전히 다른 사고를 가지고 있으므로 둘 사이를 중개하는 번역활동은 완전히 불가능한 것이 된다.

위와 같은 번역불가의 입장과 정반대되는 것이 바로 모든 것이 번역 가능하다는 것으로 촘스키를 위시한 생성문법학자들의 언어보편주의(laguage universal)에서 비롯된 입장이다. 이들에게 있어서 번역은 비언어적이고 궁극적으로 보편적인 심층구조의 표상이라고 할 수 있는 표층구조를 '재코드화(recoding)'하거나 변화시키는 것이 되며 기저에 있는 심층구조가 보편적이므로 모든 것이 다 번역 가능하다는 입장으로 발전한다.

20세기 전반까지 번역은 주로 두 가지 언어 사이의 코드 전환

혹은 대체의 과정으로 이해되었고, 번역에 대한 연구 역시 외국어로 읽고 쓰는 능력을 배양하는 외국어 습득의 차원이나 상이한 언어 사이의 단어 혹은 문장들 사이의 구조적 차이점을 중심으로 분석하는 대조적 분석 등이 중심을 이루었다(Munday, 2001: 7). 70년대 이후부터 번역이 번역 활동에 참여하는 다양한 주체 즉, ST의 저자와 독자, TT 저자와 독자, 의사소통의 효과와 독자의 반응 등을 중심으로 의사소통의 하나로 연구되기 시작하면서 번역학은 언어체계에 기초한 언어 간 번역 불가능성(interlingual translatability)에 얽매여 있던 논쟁에서 해방된다(Pym, 1995).

번역을 상이한 언어 사이의 구조적 차이점을 중심으로 연구한다면 사회-문화적 관습, 가치관이 반영되어 있는 은유적 표현은 번역이 불가능한 것으로 간주될 수 있다. 코드 전환의 입장을 견지하지 않는다 하더라도 핵심적 상징이나 문화적 특징이 강한 은유는 번역이 불가능할 수 있다는 견해를 제시하는 경우도 있다.[15] 그러나 Dagut는 번역 가능성과 은유의 문제에 대해 다음과 같이 지적한다.

> 어떤 SL 은유든 그것의 번역 가능성은 (1) 특정한 문화적 경험과 그것에 의해 발생되는 의미적 연상, (2) 그것이 오버랩되는 정도에 따라 TL로 다시 재생산될 수 있는지, 없는지에 달려 있다.
>
> (Dagut, 1976: 32, Snell-Hornby, 1988: 57-8 재인용)

즉, 단순히 은유가 가지고 있는 언어적 표현 자체의 치환 가능성

15) Crutial reserves identity such as key concepts, key symbols and root metaphors may be protected by untranslatability(Baker & Malmkær, 1998: 276).

이 아니라 은유의 생성 기반이 되는 문화적 경험을 중심으로 번역이 가능한가의 여부를 생각해야 한다는 것이다. 은유 번역이 '가능한가 불가능한가'에 대한 논의에서 '어떻게 번역할 것인가'의 문제로 방향 전환이 이루어져야 한다는 것이다. Dagut가 자신의 논문에서 은유의 번역 가능성에 대해 언급한 이후 Raymond van den Broek이 1981년 '은유 번역을 통해 살펴본 번역 가능성의 한계'[16]라는 논문을 통해서 은유 번역과 번역 가능성의 문제를 다루었다(Snell-Hornby, [1988] 1995 재인용). Snell-Hornby 역시 번역 가능성의 문제와 은유 번역을 연관시키고 있는데, 그는 은유의 번역 가능성과 얼마나 번역하기 어려운지, 어떻게 번역할 수 있는지의 문제는 은유의 구조와 그 은유가 해당 텍스트 안에서 어떤 기능을 하는지에 달려 있다고 강조한다.

이렇게 은유 번역을 어떻게 할 것인가는 곧 등가성(equivalence)의 논의와 연결된다. 언어학적으로는 단일 언어 내의 두 문장의 의미 표시는 동일하지 않지만 같은 의미를 가질 때 등가(等價) 혹은 동치(同値)의 관계에 있다고 한다. 예를 들면, I spent the evening singing songs and drinking이라는 문장과 I spent the evening drinking and singing songs와 같은 두 문장이 등가 관계에 해당한다고 볼 수 있다. 그러나 번역에서의 등가는 ST와 TT 사이의 관계를 의미하며, 이는 해당 TT가 ST에 대한 번역문이라고 규정될 수 있는 정도의 관계를 말한다(Baker & Malmkær, 1998: 77). 번역이 등가성을 규정하며, 등가성이 다시 번역을 규정한다는 주장에서부터 더 이상

16) Van den Broek, Raymond(1981). The limits of translatability exemplified by metaphor translation. *Poetics Today* 4. pp.73-87.

등가성 개념이 번역에서 필수적인 요소가 될 수 없으며 단지 논의상 편의를 위해서 유지되고 있을 뿐이라는 견해에 이르기까지 등가성과 관련된 논의는 지금까지도 많은 논쟁을 야기하고 있다.

번역을 Catford(1965)의 경우처럼 단순히 출발어 어휘를 그와 등가를 가지는 도착어 어휘로 대치하는 것으로 이해할 경우, 등가성은 수치적으로 계량이 가능한 대상으로서 인식되고 원문과 번역문이 단순한 대칭적(symmetry) 관계를 가지는 것으로 이해될 수 있다(Shuttleworth, 1997).

이와는 대조적으로 번역문의 독자, 수신자의 역할이 강조되는 기능주의적 번역이론인 스코포스 이론(Skopostheorie)에서는 등가성의 역할이 훨씬 축소되어 있다. 일반적으로 기능주의 이론으로 대변되는 스코포스 이론에서 중요한 것은 목표(aim), 목적(purpose), 의도(intention), 기능(function) 등을 의미하는 Skopos이다. 여기서 TT의 skopos를 결정하는 가장 중심적인 변수는 바로 수신자(receiver or rether the addressee, Nord, 1997: 29)이다. 즉, 누구를 대상으로 번역문이 작성되는가, 해당 번역문 독자들 사이에 어느 정도의 해당 문화 고유의 세계 지식이 공유되고 있고, 그들이 어떤 기대와 의사소통에 대한 수요를 가지고 있는가가 번역의 목적과 기능을 결정짓는 가장 중요한 요인이 된다. 따라서 TT가 TC 내에서 가지는 기능과 역할이 TT와 ST 사이의 관계보다 더 중시된다. 이 이론의 주창자 중 하나인 Vermeer의 주장을 살펴보자.

> *Skopotheorie, a theory of purposeful action. In the framework of this theory, <u>one of the most important</u>*

factors determining the purpose of a translation is the addressee, who is the intended receiver or audience of the target text with their culture-specific world-knowledge, their expectations and their communicative needs. Every translation os directed at an intended audience, since to translate means to produce a text in a target setting for a target purpose and target addressees in target circumstances

(Vermeer, 1987: 29, Nord, 1997: 12 재인용)

Vermeer의 번역에 대한 위와 같은 언급에서 중요한 부분은 바로 ST에 대한 언급이 없다는 것이다. 즉, ST의 역할은 이전의 등가성에 기반을 한 다른 이론들에서보다 훨씬 낮아져 있으며, 단순히 하나의 정보제공(offer of information)의 기능만을 하고 있다는 것을 알 수 있다.[17)]

이렇듯 번역 가능성의 경우와 마찬가지로 등가성 역시 번역학의 발전에 따라 두 텍스트에 참여하는 주체들 사이의 관계 속에서 관찰되기 시작하였고 역동적 등가(dynamic equivalence)(Nida & Taber, 1969), 기능적 등가(functional equivalence)(Neubert, 1994), 화용적 등가(pragmatic equivalence)(Koller, 1989), 텍스트 등가(textual equivalence)(Baker, 1992) 등으로 그 개념이 발전, 확장되었다. 등가성의 차원에서 은유적 표현을 고찰한 학자로 Nida & Taber를 꼽을 수 있다.

Nida & Taber는 TT 독자들이 TT를 보고 ST독자들과 같은 반응,

---

17) 기능주의 이론을 주장하는 학자들 사이에도 ST와 관련해서는 이견이 존재한다. Reiss (1988)가 ST를 번역에 있어서 모든 것의 잣대가 되는 것이라고 한 것과는 달리 Vermeer(1982)는 단순히 TT 독자들에게 정보를 제공하는 역할을 할 뿐이라고 주장한다(Nord, 1997: 12). 이에 반해 Nord(1991)는 번역을 하기 전 ST와 TT의 기능을 비교해 보고 번역 과정에서 있을 수 있는 문제들을 해결해야 한다고 주장함으로써 ST의 역할을 어느 정도 유지시키고 있음을 알 수 있다.

효과를 보일 수 있어야 한다는 측면에서 역동적 등가를 역설한다. 독자의 반응, 효과를 나이다는 정보적(informative), 표현적(expressive), 명령적(imperative)[18]인 기능의 세 가지로 나누는데, 은유적 표현을 번역하는 데에 있어서 이러한 ST독자와 TT 독자의 반응의 등가를 유지하기 위해서 의미적 조정(semantic adjustment)이 필요하다는 것이다.

> 한 언어에서 다른 언어로 메시지를 전환하는 데에 있어서 어떤 경우에도 의미가 우선적으로 유지되어야 한다. 형식은 시와 같은 특별한 경우를 제외하면 2차적이다. …… 어떤 번역에서도 의미적 내용의 유실이 있을 수밖에 없는데, 번역은 그러한 의미적 유실을 최소화할 수 있어야 한다. 이러한 의미 전이문제는 관용어, 비유적 표현 등에서 가장 일반적으로 일어난다(Nida & Taber, 1969: 105－6).

즉, Nida & Taber는 역동적 등가의 관점에서 은유적 표현을 번역하는 데에 있어서 의미 지향적, TT독자 지향적인 번역을 할 필요가 있다는 점을 지적하고 있다. 비유적 표현을 가능하게 하는 원리로서 비유적 확장에 대해 Nida & Taber는 주된 의미 중 어떤 보조적인 구성성분에 의한 것으로 임의적이고 관습적이어서 대부분의 비유적 확장이 문화와 언어 특수적이라는 점을 지적한다(ibid: 88).

1.2. 문화와 은유 번역

언어가 소위 '비언어적 현실(extralinguistic reality)'과 명확히 구분

18) 명령적 기능은 사람들로 하여금 올바르게 살 수 있도록 유도하는 기능을 말하며, Nida & Taber는 성경의 경우, 단순히 하느님의 행적을 보여 주기 위해서뿐 아니라 사람들에게 '사는 방법'을 제시해 주기 위한 기능을 가진다고 지적한다(Nida & Taber, 1969).

되는 것이 아니고 진공 상태로 고립된 것이 아니라 문화의 통합된 일부분이라는 인식(Snell-Hornby, [1988] 1995: 40)과 함께 번역학 역시 언어에 대한 연구에서 문화에 대한 연구로 그 중심을 이동한다. 번역 가능성과 등가성에 기반을 하여 발전되었던 번역 이론이 80년대를 전후해서 학제 간(interdisciplinary), 문화 지향적(culture-oriented) 연구 방법[19]을 중심으로 발전하게 되면서, 은유 번역에 대한 연구 역시 이러한 번역학 전체의 연구 방향의 영향을 받아 은유적 표현이 가지는 문화적 측면, 은유 번역이 가지는 문화적 함의 등에 대한 연구가 활발하게 이루어진다.[20] 은유 번역의 문제를 다룬 거의 모든 학자들은 정도의 차이는 있지만 대부분 문화적 이슈의 한 부분으로서 은유를 다루고 있다.

추상적 개념으로서 은유는 보편적일 수도 있지만, 그 구체적인 실현 단계에서 보면 지각작용과 문화적 토대에 따른 가치판단의 차이로 인해서 언어-특수적으로 복잡하게 나타날 수밖에 없다고 Snell-Hornby는 지적한다(Snell-Hornby, [1988] 1995). 즉, 은유가 보편적인 지식체계를 바탕으로 하고 있다면 TT 독자들도 ST의 은유를 이해할 수 있겠지만 ST 문화권에 특수적인 사회-역사적, 문화적 지식체계를 기반으로 하고 있다면 ST 은유를 그대로 옮길 경우 TT 독자들은 전혀 이해할 수 없다는 것이다. 문화적 관점에서 접근하게 되면 은유는 단순히 언어의 문제가 아니라 문화의 문제이며, 은유를 번역하기 위해서 번역사들은 단순히 두 언

19) Bassnet은 번역학이 문체, 문학역사, 언어학, 기호학, 미학 등 광범위한 영역 사이의 간극을 메워 주는 역할을 한다고 정의를 내리고 있다(Bassnet, 1980: 6).

20) 이전의 연구가 문화적 측면에 대한 고려가 없었다는 것을 의미하지 않는다. 단지, 은유 번역을 연구하는 데에 있어서 그 중심점이 문화적 측면으로 옮겨 왔다는 것을 말한다.

어를 구사하는 것을 넘어서 두 문화권을 넘나들 수 있어야 한다는 점이 강조된다. Vermeer는 은유가 문화의 문제이며, 은유 번역을 위해서 번역사들은 이중 언어를 구사할(bilingual) 능력을 가지고 있어야 할 뿐 아니라 양 문화권에 대한 능력을 가지고 있어야(bicultural) 한다고 주장한다(Vermeer, 1986, Snell-Hornby, [1988] 1995 재인용).

은유 번역에서 중요성이 강조되고 있는 문화가 과연 어떤 함의를 가지고 있는지를 생각하지 않을 수 없다. 우리가 문화라고 일컫는 것은 예술에 반영된 인간의 지적인 활동과 같은 협의의 문화를 의미하는 것이 아니다. 문화는 인류학적인 의미에서 사회적으로 규정된 인간 삶의 모든 측면을 뜻한다(Hymes, 1964). 즉, 사람들이 무엇을 목표로 행동을 하며, 그 행동으로부터 어떤 사회적 역할을 기대할 수 있는지를 판단하기 위해서, 또 해당 사회 내의 기대에 부합하는 행위를 하기 위해서 알고, 숙지하고, 느끼고 있어야 하는 모든 것을 의미한다. Göhring의 문화에 대한 정의에서 가장 핵심적인 것은 다음과 같다.

◎ *the concept of culture as totality of knowledge, proficiency and perception*
◎ *its immediate connection with behavior(or action) and event*
◎ *its dependence on expectations and norms, whether those of social behavior or those accepted in language usage*

◎ 지식, 능력, 지각의 총체

◎ 행위(행동), 사건과 가지는 즉각적인 관계
◎ 사회적 행위로서 혹은 언어사용을 통해 용인된 기대와 규범에의 의존도

(Trosborg, 1997: 146)

Kussmaul은 위의 정의에 바탕을 두고 "사실적인 지식(factual knowledge)과 함께 행위적 지식(behavioral knowledge)으로서 문화의 중요성"을 강조하였다(Kussmaul, 1997: 69). 그는 문화적 능력과 번역능력을 훈련시키기 위해서 필요한 행위적 지식으로서 문화의 중요성, 문화적 규범(norms), 관습 등을 제시하면서, 텍스트를 다루는 번역에 있어서 이러한 지식은 매우 중요하다고 지적하였다. 곧, 번역을 하는 데에 있어서 ST 문화권과 마찬가지로 TT 문화권에 관습화되어 있는 문화적 규범과 관습을 따르지 않으면 번역은 성공적일 수 없다는 것이다.

TT독자들이 ST의 문화적 비유(allusion)를 이해하는 데에 있어서 어려움을 겪는 상황을 '문화적 충돌(Culture bump)'이라는 은유를 통해 표현하고 있는 Leppihalme는 이러한 문화적 충돌의 측면에서 비유적 표현의 번역 문제에 주목하고 있다. 그가 비유라고 규정하는 것은 원래의 형태대로 혹은 변화된 형태로 함축적인 의미를 전달하는 언어적 표현 전체를 말한다.[21] 'to die or not to die'라는 원래의 형태에서 'to pee or not to pee'라는 표현을 만들어 낸 것, 'I felt like Benedict Arnold'라는 문장과 같이 고유명사를 사용한 비유적 표현 등 크게 두 그룹으로 구분해서 모든 표현들에 대한 번역

21) A variety of uses of preformed linguistic material in either its original or a modified form, and proper names, to convey often implicit meaning (Leppihalme, 1997: 3).

전략을 연구하고 있다.[22] 그는 이러한 비유적 표현들을 문화적 번역 문제(Culture－bound translation problems)로 규정하고, 문화적 번역 문제의 큰 틀 내에서 비유적 표현의 번역 문제를 살펴보고 있다.

> 번역사들은 실험실과 같은 조건하의 현상을 연구하는 것이 아니라 텍스트를 헬리콥터에서 바라보듯이 즉, 가장 우선적으로 문화적 맥락을, 그리고 상황적 맥락과 텍스트에 접근해야 한다(Leppihalme, 1997: 3).

앞서 언급된 바 있는 기능주의적 번역 이론에서 문화는 매우 중요하게 다루어진다. 번역에 있어서 문화의 중요성에 대해서 Vermeer는 문화소(Culturemes)를 이용해 설명한다. 문화소란 해당 사회 구성원들에 의해서 유관하다(relevant)고 여겨지는 사회적 현상으로서 다른 문화 내의 상응하는 사회적 현상과 비교했을 때 해당 사회 문화에 특징적이라고 여겨지는 것이다(Vermeer and Witte, 1990: 137, Nord, 1997: 34 재인용). 즉, 형태에서는 다르지간 기능적인 측면에서는 유사한 것들 예를 들면, 한 문화권에서는 기차가 하는 역할을 다른 문화권에서는 차나 자전거가 할 수 있는 것과 유사한 이치다. 즉, 번역사는 ST 문화권의 문화적 현상을 자신이 속한 문화 고유의 지식을 바탕으로 해석하게 되고 자신이 속한 고유의 문화와 비교를 함으로써 그것을 지각할 수 있게 된다. 즉, 번역은 문화를 비교하는 것이다(Translating means comparing cultures, Nord, 1997: 34).

Snell－Hornby 역시 번역의 문화적 문제로서 은유 번역에 주목하

22) 그는 비유적 표현 내에 비유적인 원리로 형성된 모든 표현들을 포함시키고 있다. 직유뿐 아니라 원래의 형태대로 쓰이지 않고 약간의 변형을 거친 관용구들도 모두 포괄하고 있기 때문에 본 연구에서 연구하는 은유의 대상보다 훨씬 더 광범위하다.

고 있다. Snell－Hornby는 은유가 하나의 텍스트이며, 하나의 단어로만 이루어지는 것이 아니라고 강조하고, 번역에 있어서 은유가 문제가 되는 것이 바로 상이한 문화, 상이한 언어가 기호를 개념화하고 창조하는 방법이 상이하기 때문이며, 따라서 은유의 의미가 문화 특수적이라고 지적하고 있다. 예를 들어서, 동물의 경우, 영어로 '그녀는 고양이다'라고 한다면, 여기서의 센스는 '심술궂은, 악의 있는'이 된다. 그러나 독일어로 'katze'는 '은혜(grace)', '생기 있는(agility)'이라는 은유적 의미를 가지기 때문에 그대로 옮겨 주어서는 영어의 은유적 표현이 가지는 의미를 제대로 전달할 수 없다는 것이다. Snell－Hornby는 은유는 세 가지 즉, 대상과 이미지, 센스 사이의 복합적인 작용이고 유사성과 차이점 사이의 긴장관계를 반영한다고 지적한다(Snell－Hornby, [1988] 1995: 56).

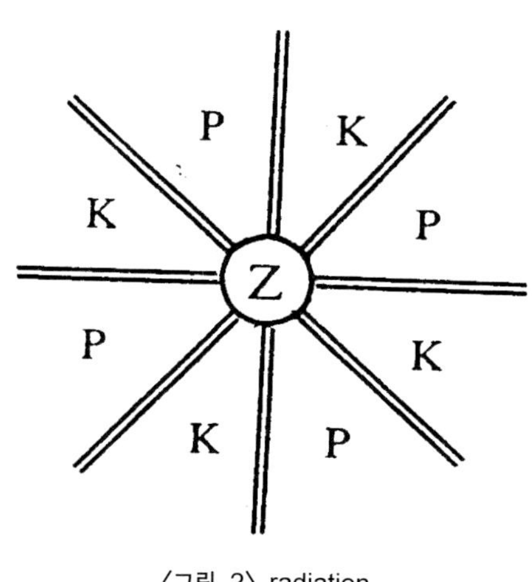

〈그림 2〉 radiation

위와 같이 방사선 방향으로 뻗어 나간 형상을 보고 독일 사람들은 '햇빛 광선이 비춘 것처럼', '별빛이 뻗어 나가는 것처럼'이라고 표현하는 반면, 같은 형상을 보고 미국 사람들은 대부분 '마차바퀴처럼'이라고 대답한다고 한다. 그만큼 사회-문화적 특성이 하나의 대상을 개념화하는 데에 영향을 미치고 있는 것이다. 그렇다고, 만일 독일어에서 햇빛 광선이 비춘 것으로 은유적으로 표현한 것을 영어로 그대로 마차바퀴로 옮겨 주어서는 안 된다고 Snell-Hornby는 지적한다. 독일어의 '햇빛 광선이 비춘 것처럼'이라는 표현에는 영어에서 비슷한 연상 효과를 가지는 '마차바퀴'에는 없는 역동성이 내재되어 있기 때문이다. 스넬-혼비는 'radiate'이라는 동사를 활용함으로써 독일어가 가진 이미지와 역동성을 같이 포함시켜 줄 수 있다고 지적하고 있다.

Kussmaul 역시 은유를 문화적 함축의 하나로 간주한다.

> 우리는 문화적 비유나 대상들을 생략할 수도 있고, 그들을 TT 문화권의 대상으로 대체할 수도 있고 함축적인 정보를 보다 외연적으로 드러나게 할 수도 있다. 애석하게도 어떤 경우에 이런 세 가지 전략 중 하나를 택해야 하는지를 가르쳐 줄 수 있는, 실질적인 측면에서 번역사를 이끌어 줄 만한 확실하면서 빠른 룰은 없다. 가장 중요한 것은 이러한 문제를 직면했을 때 어떤 전략이 적당한지를 결정하고 그 결정이 좀 더 거시적으로 해당 문화와 상황 내에서 텍스트가 가지는 기능을 고려한 상태에서 이루어져야 한다는 것이다(Kussmaul, 1995: 72).

Kussmaul은 ST와 TT 문화권 사이의 거리가 멀 때 문화적 문제가 가장 많이 발생한다고 지적하고, 예를 들어서 중국에서는 행운의 상징이 되는 용이 서구에서는 악의 상징이라는 점을 들고 있다.

그는 이렇게 상징적, 은유적 의미를 생성하는 데에 있어서 종교와 신화가 중요한 역할을 한다는 점을 지적하면서 문화적 함축이라고 할 수 있는 은유를 번역하는 전략을 생략(drop)과 대체(replacement), 외연화(explicitation) 등 세 가지로 분류하고, 이 세 가지 중의 하나를 선택하는 데에는 절대적인 룰은 없다는 것을 강조하고 있다.

Larson 역시 은유를 번역하는 것이 힘든 이유 중 하나로 함축적인 유사성 측면(point of similarity)[23]을 들고 있다. 어느 문화권에서는 돼지가 '더럽다'는 것을 연상시키는 반면, 다른 문화권에서는 '대식가'를 연결하고, 또 다른 문화권에서는 '사람들 말을 듣지 않는 성질'을 의미할 수 있는데, 이러한 유사성 측면이 겉으로 명시적으로 나타나 있지 않기 때문에 은유를 해석하기가 어려워질 수 있다는 점을 강조한다(Larson, 1984). 'John is a rock'이라는 발화는 어떤 문화권에서는 '정적인', '움직이지 않는'이라는 의미로 사용될 수 있는 반면, 다른 문화권에서는 '매우 강인한' 혹은 '과묵한'이라는 함의를 가질 수 있다는 측면에서 문화는 은유 번역에 매우 중요한 의미를 가진다고 지적한다. 또한, 해당 문화권 자체에서 은유를 얼마나 자주 사용하는가 하는 특징 역시 매우 중요하다. 예를 들어서, 솔로몬 제도에 있는 피진의 경우에는 은유적 발화가 자주 사용되지 않는다고 한다. 따라서 이러한 언어로 은유적 표현을 그대로 번역할 경우에는 TT 독자가 이해하는 과정에서 어려움을 겪을 수 있다는 것이다.

23) 이는 Newmark가 대상과 이미지를 연결시키는 공통부분으로서 규정한 sense와 같은 의미를 지니는 것이다.

1.3. 의사소통과 은유 번역

은유 번역은 광범위한 의사소통 이론의 틀 내에서도 연구된다(Gutt, 1991, 1992, 1998; 이창수, 2000). 관련성 이론(Relevance Theory)에 따르면 의사소통은 코드입력과 전환, 코드해석뿐 아니라 추론을 필요로 한다는 점을 강조한다.

(a) Joe: Will Sarah be long?

(b) Pam: She is with Frank now.

위와 같은 대화를 해석하는 데에 있어서 예를 들어 Frank가 일처리를 빨리 하는 사람이라는 맥락이 공유되어 있다면, Joe는 Pam의 간접적인 발화를 통해 'Sarah가 빨리 일을 끝낼 것이다'라는 사실을 추론한다. 반대로 Frank가 일을 느릿느릿 하는 사람이라는 맥락이 주어져 있다면 Joe는 반대로 Sarah가 매우 늦을 것이라는 사실을 추론한다. Pam의 발화 즉, 'Sarah는 Frank와 함께 있다'는 것은 외연적 의미(explicature)이며, 맥락을 통해서 Pam이 의도한 'Sarah가 빨리 일을 끝낼 것이다'는 함축적 의미(implicature)가 된다. 이렇게 기존에 의사소통에 참여하고 있는 참여자들 사이에 공유되어 있는 맥락을 변화시키는 효과는 맥락적 효과(contextual effect)라고 하는데, 위의 경우, 'Frank가 일처리를 빨리하는 사람이다'는 기존의 맥락은 'Frank와 함께 있다'라는 발화를 통해서 'Sarah가 빨리 올 것이다'라는 맥락으로 변화된다. 이 효과가 바로 맥락적 효과이다. 관련성은 이렇게 의사소통 참여자가 발화를 해석하기 위해서

들이는 노력과 그 맥락적 효과와의 상관관계 속에서 규명되는데, 적은 노력이 필요할수록, 효과가 클수록 관련성은 커진다.

이러한 관련성 이론에서 은유는 비문자적 언어 사용의 예로서 다루어진다.

Bill is a gangster.

위와 같은 발화는 적절한 맥락이 주어지면 '그는 매우 위협적인 사업 방식을 가지고 있다', '그는 사람들을 협박한다', '그는 무례하다', '그의 주변에는 무섭게 생긴 사람들이 따라다닌다' 등의 축어적 의미를 모두 포괄할 수 있으며, 이 모든 축어적 발화들을 다 합한다 해도 위의 은유적 발화가 가진 의미를 모두 설명했다고 할 수 없다. 왜냐하면 위의 은유적 표현과 아래의 축어적 표현들의 합은 의사소통의 효과, 힘에 있어서 차이가 있기 때문이다(Gutt, 1992: 49).

이렇게 관련성 이론의 관점에서 보면 "은유를 그 의미만을 풀어서 설명할 경우, 은유를 통해서만 전달될 수밖에 없는 부분들이 상실된다."(Sperber & Wilson, 1995: 236). 은유가 창조적일수록 의사소통에 참여하고 있는 청자, 독자는 더 많은 맥락을 동원하여 그것을 이해하려고 할 것이고 그만큼 이해하는 데에 드는 노력은 더 커져야 한다.

관련성 이론에서 은유의 번역은 ST가 ST 독자들에게 갖는 관련성과 TT가 TT 독자들에게 가지는 관련성을 동등하게 해 주는 과정이며, 이를 위해서는 ST가 가지는 외연적 의미와 함축적 의미의 합을 TT에서 보존하는 것뿐 아니라, 그 은유적 표현을 이해하는 데에 들어가는 노력까지 함께 살펴보아야 한다. 즉, TT가 ST에 비해 지나치게 쉽거나 어려워서는 안 되며, 은유의 경우, ST의 은유가 가지는 특성에 따라 ST의 은유가 독자들로 하여금 이해하는 데에 많은 노력을 필요로 하지 않는 관용구일 경우와 ST 저자 고유의 창조적 은유일 경우, 그것을 이해하는 데에 들어가는 노력이 다르기 때문에 그만큼 관련성도 달라지며, 따라서 번역을 할 때에도 그러한 관련성을 ST와 TT에서 동등하게 맞춰 주기 위해서 노력해야 한다는 것이다. 이러한 관련성 이론의 측면에서 볼 때, ST의 저자가 은유를 통해 색다르게 표현하고자 한 의드를 무시하고 단순히 기술적 표현으로 대체하는 것은 함축된 모든 의미를 전달하지 못함으로써 손실을 가져올 수 있다고 간주된다.

1.4. 개념적 은유 체계와 은유 번역

Ⅱ장에서 살펴본 것처럼 은유의 번역은 그 기저에 깔려 있는 개념적 은유의 모델이 있는가 없는가에 따라서도 살펴볼 수 있다. 김순미는 은유 번역에 대한 연구는 개개의 은유적 표현 뒤에 있는 개념 체계에 대한 고려가 있어야 한다고 주장하고, Lakoff & Johnson의 개념적 은유이론을 토대로 영한 번역을 분석하고 있다(김순미, 2003). 감정은유[24]에 대한 분석을 통해 개개의 감정 은유 표현들이 번역된 예를 분석, 개념적 체계와 은유의 번역 사이에 어떠한 상관

24) 우리는 화가 날 때 '에잇, 제기랄!'처럼 직접적으로 표현하기도 하고, '정말 화난다!'의 경우와 같이 화가 났다는 사실을 그대로 기술(describe)하기도 하고, '아, 끓는다, 끓어!'와 같이 '물이 끓다'는 개념을 통해서 비유적으로 감정을 전달하기도 한다. 이렇게 감정을 다른 것에 비유해서 표현하는 것을 감정은유(emotion metaphor)라고 하며, Kövecses (2000)에 의해서 본격적으로 연구되었다.

관계가 있는지를 밝히고 있다.

> My dad was <u>pink</u> with pleasure.
> → 아버지는 얼굴을 <u>핑크빛으로 물들이며</u> 기뻐하고 있었다.
> Daniel stared at me, <u>ashen-faced</u>. "You can't do this", he said.
> → 다니엘은 <u>창백한</u> 얼굴로 날 바라보더니 이렇게 말했다.
> (김순미, 2003: 142)

위의 예는 양 문화권 내에 [REDNESS IN THE FACE STANDS FOR HAPPINESS], [WHITENESS IN THE FACE STANDS FOR FEAR]라는 개념적 은유 체계가 공유되어 있기 때문에 ST의 은유적 표현을 그대로 유지시켜 주는 경우에 해당된다. 즉, 개념적 은유와 그것을 토대로 만들어진 개개의 언어표현이 일치되어 나타나는 경우를 말한다.

> SL과 TL[25]의 개념과 표현이 다 같은 경우가 번역을 하기 가장 쉽고 그대로 번역해도 무리가 없다는 것을 알 수 있고, 개념 은유가 같아도 문화, 언어적 배경이나 함의하는 것의 차이로 인해 표현이 다른 경우는 ST의 표현을 그대로 써 줄 경우 부자연스러운 문장이 되며, SL과 TL의 개념 은유가 다른 경우에는 ST에서 쓰인 표현을 직역할 수 없음을 알 수 있었다(김순미, 2003: 142).

위에서 김순미가 지적한 대로 개념적 은유가 공유되어 있다고 해서 모든 경우에 그것을 그대로 옮겨 줄 수 있는 것은 아니다. 언어 표현의 기저에 깔려 있는 개념적 은유 체계가 공유되어 있다고 하더라도 그것을 표현하는 구체적인 방법에 차이가 있을 수 있기

25) SL은 출발어(Source Language), TL은 도착어(Target Language)의 약자이다.

때문이다. 예를 들어서, 국가와 국가 사이 혹은 기관과 기관 사이의 우호 관계를 나타내는 '자매결연'이라는 표현을 보자. 러시아어에서 자매결연은 'побратимские отношения' 즉, '형제간의, 의형제의 관계'로 직역될 수 있다. 두 표현의 기저에는 [국가 혹은 기관은 가족]이라는 개념적 은유 체계가 공유되고 있다. 그러나 같은 개념적 은유를 토대로 만들어진 표현이라 할지라도 구체적인 언어 표현에서 각각 '자매'와 '형제'로 다르게 나타나는 것을 확인할 수 있다. 따라서 은유를 번역할 때에는 개념적 은유 체계에만 의존할 수는 없다. 오히려 개념적 은유와 번역과의 상관관계는 김순미가 지적한 것과 같이 'ST의 은유를 어떻게 번역할 것인가'보다 'ST의 은유를 그대로 유지시켜 줄 수 있는가'에서 더 명확하게 나타난다. 즉, 개념적 은유 체계가 공유되지 않을 때에는 어떤 경우에도 ST의 은유를 그대로 유지시켜 줄 수 없다는 것이다.

저자 자신이 지적하고 있는 것처럼 감정은유의 번역을 통해서 나타난 결과에 따르면 ST와 TT의 인지적 개념체계가 상당 부분 공통적인 것으로 나타났다. 전체 감정 은유의 개념체계와 은유 번역 전략과의 상관관계를 조사한 바에 따르면, 개념 은유가 다르게 나타나는 경우는 한 경우만이 지적되고 있다. 개념적 은유 체계에 바탕을 두고 감정 은유를 분석하고자 한 다른 시도에서도 상이한 개념적 은유가 발견되지 않았다.

> 노-한 감정은유 번역의 실례들을 분석해 본 결과, 감정 은유의 구조 즉, 개념적 은유는 양 언어에서 동일하게 나타나고 있다는 것을 알 수 있었다.[26] 그러나 그것을 번역에 어떻게 반영하는가의 문제에는 다양한 변수들이 작용할 수 있다. [LOVE IS AN ENTITY], [LOVE

IS NUTRIENT], [LOVE IS INSANITY] 등과 같은 개념적 은유들은 러시아어와 한국어 발화에서 다양한 은유적 표현들을 통해 빈번하게 드러나고 있다. 그러나 상이한 양 언어권에서 개념적 은유가 공통적으로 나타난다는 것이 모든 감정은유적 표현들을 그대로 옮겨 주어도 무방하다는 것을 의미하지는 않는다(이혜승, 2003: 198-9).

김순미가 지적한 것처럼 개념적 은유 체계를 바탕으로 은유의 번역 문제에 접근했을 때 양 문화권 사이의 개념적 은유 체계가 공유되어 있지 않은 경우에는 직역이 불가능하고, 공유되어 있을 경우에는 그대로 옮겨 주거나, 다른 표현으로 바꾸어 주는 데에 있어서 자유롭다는 사실을 알 수 있다. 은유는 문화구성원들 공통의 체험이나 경험을 토대로 체계화되어 있는 배경지식을 바탕으로 하는데, 감정의 경우 그것에 대한 체험과 경험이 문화권에 따라 크게 차이가 나지 않기 때문에 이렇게 개념적 은유체계가 동일하게 나타나는 것으로 이해할 수 있다.

1.5. 은유의 종류와 번역

Newmark는 번역사가 번역 방법을 선택하는 것이 번역의 가장 중심적인 문제라면, "번역에 있어서 가장 중요하고 특별한 문제는

---

26) ST: Какое-то отрадное чувство <u>разлито во всех моих жилах.</u>
TT: 즐거운 감정이 나의 <u>모든 혈관에 넘쳐흘렀다</u>.
(레르몬토프(1991), 문석우 역, *우리시대의 영웅*, 서울: 한길사, p.93)
위의 경우, [PHYSICAL AND EMOTIONAL STATES ARE ENTITIES WITHIN A PERSON], [물리적 상태와 감정 상태는 개인 내부의 개체들이다](Lakoff & Johnson, 1980: 50)라는 개념적 은유 구조가 공유되어 있으며, ST의 은유가 그대로 TT로 옮겨진 것을 볼 수 있다. 이혜승(2003)에서 분석된 30개의 감정은유 중 총 26개가 공유된 개념적 은유 체계를 바탕으로 ST에서 TT로 변화 없이 그대로 옮겨져 있었다.

바로 은유 번역"이라고 강조하면서(Newmark, 1988: 104), 은유의 종류에 대한 심도 깊은 분석과 그에 따른 번역 전략을 제시하고 있다. Newmark는 단어의 전이적 의미, 의인화, 비축어적으로 사용된 단어, 구 등 모든 비유적 표현을 은유 번역에 포함시키고 있는데, 관용구, 문장, 속담, 우화, 심지어 전체 텍스트 자체가 은유일 수도 있다고 지적한다.

Newmark의 은유 번역에 대한 이론은 기본적으로 본 연구 Ⅱ장에서 지적한 바 있는 비교이론 즉, 은유를 양 대상 사이의 비교를 중심으로 고찰하고 있다. 그리고 은유의 번역은 대상과 이미지 사이에 공통되는 부분 즉, 센스에 어떤 의미를 얼마나 할애할 것인가의 문제라고 규정한다.

Kissinger: A TV portrait featuring a Metternich of today

위의 문장을 번역할 때 우선 번역사는 위의 Metternich가 유럽 국회의원으로서의 그의 경력을 의미하는 것인지, 교활함을 나타내는 것인지, 관료적 성격을 의미하는 것인지를 결정해야 하고, 그것을 문자 그대로 옮겨 줄 것인지, 문자 그대로 놔두고 거기에 부가적인 설명을 덧붙일 것인지, 그를 전혀 모르는 독자들을 고려해서 그냥 '교활한' 의원 정도로 번역을 해 줄 것인지를 결정해야 한다.

그는 은유의 종류를 은유성과 그 기원, 사용되는 시기 등에 따라 6가지로 분류하고 이러한 은유들을 번역하는 데에 있어서 무엇을 고려할 수 있는지를 분석하고 있다. 은유성을 하나의 연장선으로 규정할 때 은유성이 완전히 사라진 한 극단을 형성하는 것이 사은유이며, 반대로 작가 고유의 가장 창의적인 은유가 창조적 은유이다. 그 중간에는 상투적(cliché) 은유, 표준 은유가 존재하며, 은유성과는 별도로 그 생성 기원이 다른 나라에 있는 경우에 해당하는 차용된(adapted) 은유, 그리고 최근에 형성된 은유 즉, 은유적 신조어를 '최근 생성된(recent)' 은유라고 분류하고 있다. Newmark 자신도 상투적 은유와 표준 은유를 이분법적으로 구분할 수는 없다고 지적하면서 텍스트 유형에 따라 이러한 구분이 필요한 경우가 있고 덜 중요한 경우가 있다고 언급하고 있다.

Newmark는 가장 만족스러운 번역은 TL에서 SL[27]과 같은 이미지를 재생산하는 것 즉, 은유를 같은 은유로 바꾸어 주는 것이라고 지적하고, 그렇게 되려면 TL 표현이 SL 표현과 같은 어역(register) 내에서 같은 사용빈도와 유통성을 가져야 한다고 강조한다. 이와는 반대로 은유를 풀어서 다른 의미로 바꾸어 주는 것은 정치적 완곡어법의 경우처럼 의도적으로 직접어법을 피한 표현을 보다 명시적이고 현실적이며, 솔직하게 만들어 주는 효과를 준다고 지적한다. 창조적 은유의 경우 권위 있는, 표현적인 텍스트일 경우에는 직역되지만, 그 자체가 별로 중요하지 않고 오히려 모호하다고 판단되면 다른 은유로 바꾸어 줄 수 있다고 분석하고 있다. 비문학 텍스트인 경우, 독자들의 관심을 유지시킨다는 측면에서는 그대로 둘 수 있지만, 텍스트 전체의 문체와 맞지 않을 경우에는 직역을 해서는 안 된다고 지적하고 있다.

Larson 역시 비교적 관점에서 은유 번역의 문제에 접근하고 있

27) TL은 Target Language, SL은 Source Language로 각각 도착어, 출발어를 의미한다. Newmark의 표현을 그대로 옮겨 주었다.

다. Larson은 은유가 직유와 마찬가지로 비교라는 특징을 가진다고 전제하고, 둘 사이의 차이점은 like, as와 같은 단어를 가지고 있는가, 없는가일 뿐이라고 규정하고 있다. Larson 역시 은유의 종류에 따른 번역 방법을 제시하고 있기는 하나 크게 사은유와 창조적 은유의 두 가지로 나누고, 사은유의 경우 은유를 유지시키려는 노력은 별다른 의미가 없고 직접적으로 번역이 되어도 되지만, 창조적 은유는 번역 과정에서 사은유와는 다르게 취급되어야 한다고 주장한다(Larson, 1984).

Newmark와 Larson은 이처럼 은유의 종류에 따른 번역 방법을 제시하고 있지만, Newmark 자신도 인정하고 있는 대로 은유 번역에는 너무나 다양한 변수와 요인들이 서로 상호 작용하면서 영향을 미친다. 따라서 은유의 종류별로 번역 방법을 제시하는 것은 은유 연구에서는 타당할 수 있어도 은유의 번역을 연구하는 데에 있어서는 그다지 설득력이 없어 보인다. 은유성의 정도는 은유를 어떻게 번역할 것인가에 영향을 줄 수 있는 많은 요인들 중 하나가 될 수는 있지만, 그것이 절대적이지는 않기 때문이다.

2. 은유 번역에 영향을 주는 요인

은유 번역에 영향을 주는 요인은 매우 다양하고 각각의 번역된 실례를 통해 절대적으로 어떤 요인이 영향을 미쳤다고 규정하기가 매우 힘들다. Kussmaul이 지적하는 것처럼 문화적 함축을 어떻게 번역해야 한다고 규정하고 있는 룰은 없기 때문이다(Kussmaul, 1995). 기존 학자들은 은유를 번역하는 방법에 대해 제시하면서 어떤 요인이 해당 은유의 번역에 영향을 줄 수 있었는지를 부분적으로 보여 주었다. 본 장에서는 기존 학자들이 각각의 경우에 따라 부분적으로 제시했던 요인들을 종합적으로 살펴보고, 이를 통해 번역사들이 은유적 표현을 접했을 때 잠재적으로 고려할 수 있는 요인들에 어떤 것이 있는가를 제시해 보고자 한다.

2.1. 스키마(schema), 공유된 배경지식

Ⅱ장에서 은유 번역에 있어서 ST 독자들과 TT 독자들이 공통의 체험과 경험을 바탕으로 형성된 지식체계를 공유하고 있지 않다면 그대로 옮겨 주었을 때 TT 독자들이 이해하지 못한다는 점을 지적한 바 있다. 문화권의 성원들이 이렇게 공통의 경험과 체험을 바탕으로 공유하고 있는 일정한 지식체계가 바로 스키마(schema)이다. 스키마는 학자들에 따라 '틀(frame)',[28] '장면(scene)' 등으로 불리는데, 이 스키마, 틀 개념은 80년대 후반부터 Snell－Hornby([1988], 1995), Vermeer(1990), Neubert & Shreve(1992) 등에 의해서 적극적으로 번역학에 도입되기 시작하였다. Kussmaul(1995)은 사람들은 그들이 가

28) Fillmore는 초기에는 언어적 측면을 '틀(frame)'로, 개념적 측면을 '장면(scene)'으로 구별하여 사용하기도 하였다. 그러나 현재에는 '틀(frame)'이 여러 용어들이 가지는 개념들 전체를 아우르는 통합적인 용어로 사용된다(Fillmore, 1982: 111). Kussmaul (1995)이 top－down 번역방식을 'from scene to frame'으로, bottom up 번역 방식을 'from frame to scene'으로 규정할 때의 '틀(frame)'은 Fillmore가 초기에 구분하였던 언어적 측면을 말한다. 본 연구에서는 용어상의 혼란을 막기 위하여 Bell(1991)이 번역학에 처음 차용한 스키마(schema)를 사용하기로 한다.

지고 있는 세계지식과 그들이 읽고 듣는 텍스트에 대한 경험을 중심으로 언어적 발화를 해석한다는 점을 강조하면서, 번역에 있어서 이러한 지식체계가 매우 중요한 역할을 한다는 사실을 강조하였다.

> 목표영역(target domain)을 근원영역(source domain)에 근거하여 이해하기 위해서는 근원영역에 대한 적절한 지식을 가져야 한다. 예를 들면 [인생은 여행이다]라는 은유에서 인생을 여행으로 이해한다는 것은 의식적이든 무의식적이든 여행하는 사람과 인생을 살고 있는 사람, 노정과 인생의 행로, 출발지점과 탄생시간 등의 대응관계를 마음속으로 그리는 것이다. 여행에 대한 우리의 지식구조는 여행자, 출발점, 경로, 장애 등과 같이 잘 세분화된 요소들로 이루어져 있는데, 이러한 골격의 형태로 구조화된 지식을 스키마(schema)[29]라고 하고, 이 스키마를 채우는 스키마의 요소를 슬롯(slot)이라고 한다. [인생은 여행이다] 은유는 여행이라는 스키마의 구조를 인생의 영역에 사상하는 것이며 여행자와 생활자, 출발지점과 탄생 간에 적절한 대응간계를 세우는 방식으로 이루어진다. 중요한 것은 일단 습득된 스키마는 재차 학습하거나 내용을 갱신할 필요 없이 관습화, 자동화되어서 무의식적으로 사용하게 된다는 것이다. 이것이 바로 스키마가 갖는 힘의 한 부분이다.
>
> (Lakoff & Turner, 1989: 60－2)

이러한 스키마는 특히 은유의 번역에 있어서 매우 중요한 역할을 차지하는데, ST와 TT 독자들이 일정한 지식체계로서 스키마를 공유하고 있지 못하다면 TT 독자는 ST의 은유를 그대로 옮겨 놓았을 경우 전혀 이해할 수 없을 것이기 때문이다. 스키마는 번역학에서 공유된 지식(shared knowledge), 상호지식(mutual knowledge), 배경지식(background knowledge) 등으로 다양하게 불려 왔는데, 번역

29) 유사한 개념으로 필모어(Fillmore)의 틀(frame), Schank & Abelson(1977)의 스크립트(script), Lakoff & Johnoson(1980)의 체험적 게슈탈트(experimential gestalt) 등을 들 수 있으며 스키마는 Rumelhart(1975)의 용어이다(박정운, 2000).

에 있어서 이러한 지식이 중요한 이유에 대해서 Clark & Marshall 은 다음과 같이 지적한다.

> ST는 SL 독자들을 대상으로 쓰였기 때문에 ST의 저자는 일부의 정보를 함축적으로 남겨 둘 수가 있고, TT 독자들은 ST 저자와 독자들 사이에 공유되어 있는 지식을 자동적으로 가정할 수 없으므로 번역사는 지식의 중개자로서 이렇게 부족한 배경지식을 어떻게 고려할 것인지, 고려한다면 어떤 방법을 쓸 것인지를 결정해야 하기 때문이다.
>
> (Clark and Marshall, 1981: 37, Shäffner, 1997: 130 재인용).

Seleskovitch는 "통역사가 자신이 들은 메시지를 분석하는 데에 있어서 기존에 가지고 있는 사전지식과 새로 주어진 정보를 연관시키는 과정이 필수적"이라고 지적하고 있다(Seleskovitch, 1978: 45). 여기서 지식은 이미 알고 있는 모든 것과 새로 습득된 지식을 모두 포함하는 것으로 정의된다. Lederer는 영어의 세계지식, 백과사전적 지식에 해당하는 지식 즉, 체험, 언어, 사색을 통해 얻은 개념적, 정서적 지식의 총체를 인지적 축적물(bagage cognitif)라고 규정하고, 이러한 인지적 요소의 도움을 받지 못할 경우 번역은 코드전환으로 전락한다고 강조하고 있다(Lederer, 1994).

Shäffner는 Wallstein을 인용하면서 다음과 같이 지적한다.

> 틀과 개념에 대한 이해는 번역사에게 있어서 매우 중요하다. Wallstein의 말처럼 개개의 독자가 잘못 이해하면 그로 인한 피해는 그 한 개인만 겪으면 되지만 번역사가 잘못 이해하면 셀 수 없는 독자들이 함께 그로 인한 피해를 겪어야 하며 함께 불구덩이에 빠지는 결과가 초래된다.
>
> (Shäffner, 1997: 130)

은유의 경우도 마찬가지이다. Dobrzynska는 은유적 발화가 동일 언어권 화자, 같은 문화적 배경을 가지고, 비슷한 경험을 공유하고 있는 화자들을 대상으로 할 때에는 상대적으로 더 명료하지만, 전제가 되는 공통의 지식이 좁아질수록 은유적 의사소통이 어려워진다고 강조한다(Dobrzynska, 1995).

Fillmore(1982)에 의하면 이러한 지식체계는 언어 사용자들이 언어 문화적 특수성과 관계없이 생득적으로 갖게 되는 보편적인 것과 노출된 문화와 경험에 따라 후천적으로 취득하는 것이 있는데, 후자는 다시 사회적, 사회-역사적, 문화적인 것으로 나뉜다. 사회적, 사회-역사적, 문화 특수적인 틀은 텍스트를 이해하는 데에 어려움을 초래하고 예기치 못한 의사소통 효과를 가져올 수 있기 때문에 번역 활동에서 심각한 문제를 야기할 수 있다(Cheong, 2004: 31).

은유 번역에 있어서 이러한 스키마 개념은 ST의 은유적 표현을 제대로 이해하고 분석하는 과정뿐 아니라 ST의 은유를 TT 문화권의 스키마에 맞춰서 재구성하는 데에 영향을 미친다. '그녀는 돼지다'라는 ST의 은유는 번역사로 하여금 '돼지'가 해당 문화권에서 어떠한 은유적 의미를 가지는지를 그 문화권에 특수한 스키마를 통해서 유추하고, 상응하는 의미를 가지는 대상을 TT 문화권의 스키마를 토대로 찾아내어 재구성할 것을 요구하기 때문이다.

따라서 은유의 번역에 있어서 ST와 TT 문화권 독자들이 이러한 지식체계를 공유하고 있다면 ST의 은유적 표현을 그대로 옮겨 주어도 의사소통상의 문제는 발생하지 않겠지만, 만일 그렇지 않은 경우 즉, 지식체계가 공유되지 않을 경우 즉, 사회적, 사회-역사적, 문화 특수적 지식을 바탕으로 하고 있는 경우에는 ST의 은유적 표현을 바꾸지 않고 그대로 유지시키면 TT 독자들은 ST의 은유를 이해하지 못하게 된다.

2.2. 텍스트 유형

Reiss는 언어의 기능을 단언(representation), 표현(expression), 호소(appeal)로 나누었던 Bühler의 오르가논 모델을 바탕으로 언어의 차원과 텍스트의 기능을 다음과 같이 분류한다.

〈표 1〉 텍스트 유형(Text Type)

언어기능 (Language function)	단언 (representation)	표현 (expression)	호소 (appeal)
언어차원 (Language dimension)	논리적 (logical)	미학적 (asthetic)	대화 (dialogic)
텍스트기능 (Text type)	정보제공 (informative)	표현 (expressive)	반응유도 (operative)

(Snell-Hornby, [1988] 1995: 30)

정보 제공 텍스트란 기계설명서나 관광안내 책자와 같이 독자에게 일정한 정보를 전달하는 것을 목적으로 하는 텍스트를 의미하며, 표현적 텍스트는 시나 소설 등과 같이 작가의 생각, 감정 등을 표현하는 것을 주기능으로 하는 문학 텍스트들을 말한다. 반응유도 텍스트에는 연설문과 같이 텍스트를 읽은 독자들에게 일정한 효과를 주어서 의도한 반응을 유도하려는 기능을 가진 텍스트들이 포함된다.

Reiss는 표현적 텍스트에서의 은유는 번역에서도 은유로 옮겨져야 하고, 정보제공적 텍스트에서는 반드시 그럴 필요는 없다고 주장하면서 관용구 역시 표현적 텍스트에서는 관용구로 옮겨져야 한다고 강조하였다. 그러나 텍스트의 기능에 따라 은유 번역 방식을 절대적으로 규정하는 이러한 규정적 일반화는 극단적인 오류를 낳을 수도 있고 실제로 많은 비판을 받았다. 아무리 표현적 텍스트라고 해도 그 해당 텍스트 내에서 창조적 은유가 모호하고 중요하지 않다고 판단이 되면 다른 은유나 의미로 전환을 시켜 줄 수도 있고, 마찬가지로 정보제공을 주요 기능으로 하는 텍스트일지라도 전체 논리전개에 중요한 역할을 하는 은유라면 그대로 유지시켜 주어야 하는 경우가 있기 때문이다. 텍스트 기능 자체도 사실 모든 텍스트들이 혼합적이다. 셰익스피어의 쏘넷이 기술적 용어들을 포함하고 있어서 정보제공의 기능을 하는 경우가 있기도 하고 현대 경제 텍스트들이 어휘화된 은유를 많이 포함하고 있어서 표현적 텍스트와 같은 효과를 주는 경우도 있기 때문이다. 광고의 경우도 마찬가지로 Reiss는 반응유도 텍스트로 규정하고 있지만 실제로 정보를 제공하는 기능도 한다(Snell－Hornby, [1988] 1995: 30).30)

물론, 텍스트의 기능이 은유 번역에 아무런 영향을 주지 않는 것은 아니다. Newmark 역시 표현적 특성이 강하게 반영된 텍스트의 경우 중요한 작가의 메시지, 작가의 성격, 세계관의 가장 중심이 되는 부분을 담고 있을 수 있기 때문에 그러한 텍스트에 나타나는 창조적 은유의 경우 그대로 직역을 해 줄 필요가 있다는 점을 인정하고 있고, 그러한 예들은 셰익스피어의 독일어 번역본(Tieck and Schlegel 역)이 독일어를 더욱 풍요롭게 해 주었던 것처럼 TL 표현

30) Snell－Hornby는 Reiss의 텍스트 유형론이 고전적 범주화이론의 단점을 여실히 보여 준다고 지적하고, 텍스트를 엄격하게 하나의 유형으로 규정하는 것보다 가장 전형적인 것을 중심으로 범주화하는 원형이론(Prototype Theory)적 접근방법이 필요하다고 강조한다.

을 보다 풍부하게 해 줄 수 있는 기회를 제공할 수 있기 때문이다. Reiss가 주장한 것처럼 텍스트 유형이 은유 번역 방법을 결정짓는 절대적 요인은 될 수 없다. 그러나 여러 학자들이 인정하는 바와 같이 텍스트 유형은 은유를 번역하는 데에 있어서 중요한 영향을 미칠 수 있는 요인들 중 하나이다.

2.3. 텍스트 내 은유의 기능과 종류

Snell－Hornby는 "은유를 번역하는 데에 있어서 가장 중요한 것은 은유적 이미지가 전체 텍스트에 중요한지, 그것이 텍스트의 전체 이해에 기여를 하는지, 만일 그렇다면, 그 이미지가 TT 문화권에서 얼마만큼 받아들여질 수 있는지를 결정하는 것"이라고 강조한다(Snell－Hornby, [1988] 1995: 58).

은유는 말의 질과 설득력을 높이는 기능을 하기도 하고 감정적인, 시적인 효과를 높여 주는 기능을 한다. 한국 정치인들은 청자들에게 강한 감정적, 정서적 영향을 주기 위해서 속담 등의 은유를 사용한다고 하는데(Song, 2000: 57), 적절한 은유의 사용은 곧 의사소통적으로 설득력이 강하고 감정적으로 자연스러운 효과를 가져온다(Steen, 1994: 195). 따라서 은유가 해당 텍스트 내에서 어떤 기능을 하는지가 은유의 번역 전략에 영향을 미칠 수밖에 없다.

> 은유적 이미지가 전체 텍스트에 중요한지, 그것이 텍스트 전체의 이해에 기여를 하는지, 만일 그렇다면 그 이미지가 TT 문화권에서 얼마만큼 받아들여질 수 있는지를 결정해야 한다(Snell－Hornby, [1988] 1995: 58).

즉, 텍스트의 전개에 있어서 무엇이 중요하고 중요하지 않은지를 선택해야 하고, 그것은 결국 번역사가 번역을 하기 전에 그 해당 은유가 어떤 '지위'를 가지는지에 대한 판단을 내리고 있어야 한다는 것을 의미한다.

은유의 종류 역시 은유 번역에 중요한 영향을 준다. 일반적으로 은유성이 상실되었다고 간주되는 사은유 즉, 어휘 의미화된 은유는 은유적 유추를 통하지 않아도 바로 이해된다. 'leg of the table(책상다리)'은 본래 책상을 지지하는 버팀목을 사람이나 동물의 다리에 빗대어서 나온 표현이지만 사람들은 이 표현을 이해할 때 사람의 다리와 연결시키지 않고도 바로 이해할 수 있다. 따라서 이런 경우 그 "은유적 내용을 유지시키려는 노력은 그다지 의미가 없다."(Larson, 1984: 247). 그러나 관습성이 점점 희미해지고 완전히 사라진 창조적 은유 쪽으로 갈수록 은유의 번역 전략은 다양한 변수에 의해 영향을 받게 되고 더 복잡해진다. 은유의 종류를 중심으로 은유 번역을 연구한 Newmark 역시 은유성이 유지되는 정도가 번역에 중요한 역할을 한다고 강조한다. 하지만, 은유성이 어느 정도 유지되고 있는지, 사라져서 그것이 어휘화되었는지, 아직 사전상에 비유적 표현으로 명시되어 있는지 그 과정 중 어느 단계에 위치하고 있는지를 획일적인 범주로 체계화할 수 없다. 왜냐하면, 그것은 문화적 발전단계와 개인적 지식, 경험에 의해 좌우되기 때문이다.

완전히 창조적인 은유일수록 직역을 해도 된다는 주장 역시 설득력이 없다. 실제로 창조적 은유일수록 다른 언어로 반복하기가 쉽다고 한 Kloepfer와 창조적 은유는 문자적으로 번역되어야 한다는 주장을 한 Reiss는 Dagut에 의해서 신랄한 비판을 받았다. Dagut는 이렇게 은유의 종류가 은유 방법을 결정한다는 'no problem'식의 접근방법을 비판하면서 은유의 번역 가능성이 문화적 경험과 그것에 의해 발생되는 의미적 연상 등에 달려 있다고 주장했다.

은유성의 문제는 앞서 살펴본 관련성 이론과도 연관이 있다. 관련성 이론에 따르면 명제적 형식을 가지고 있는 모든 발화는 화자의 사고를 닮아 있으며, 어떤 경우에는 완전히 일치하지만, 대부분의 경우 근사적으로 닮아 있을 뿐이다. 지금 몇 시냐는 질문에 대하여 '지금은 5시 29분 17초 53'이라고 말하는 대신 '5시 30분'이라고 말하게 되는 것을 생각하면 쉽게 이해할 수 있다. 진리치로 따지면 전자가 참이겠지만 의사소통에서 일반적으로 더 유관한 것은 후자가 되는 것이다. 관련성 이론에서 은유와 문자적 발화는 서로 다른 해석을 요구하는 독립된 개념이라기보다는 화자의 생각과 명제 사이의 유사함의 정도에 따라 결정되는 것으로서, 하나의 연장선상에 위치한다고 간주된다.

> The room is pigsty.
> Robert is a steamroller.
> Bare ruined choirs where late the sweet birds sang.

위 문장들은 아래로 갈수록 더 창조적 은유에 가깝다. 즉, 은유성의 정도가 아래로 갈수록 더 크다. 관련성 이론을 적용시켜 보면, 위의 문장들이 가지는 함의는 아래로 갈수록 많아지고 강도는 아래로 갈수록 약해진다. 위로 갈수록 청자가 그다지 많은 노력을 기울이지 않고도 이해할 수 있지만, 아래로 갈수록 청자는 수많은 함의들을 동원하여 그것을 이해하기 위해 많은 노력을 기울여야 하기 때문이다. 따라서 ST의 은유가 수치적으로 계량화할 수는 없겠지만 어느 정도의 노력을 요하는 은유인가 즉, 어느 정도의 관습성을 가지고 있는 은유인가 하는 것은 TT 표현을 결정하는 데에 영향을 미치게 된다.

2.4. ST 저자의 위상 및 사용빈도, 유통성

ST의 은유를 어떻게 옮길 것인가에 중요한 역할을 하는 것 중 하나가 바로 ST가 누구에 의해서 쓰였는가 하는 것이다. Newmark는 권위 있는 텍스트의 경우 ST의 은유는 그대로 직역을 할 필요가 있다고 강조한다. 상투적(cliché) 은유일지라도 그 텍스트가 중요한 정치인의 연설이나 다른 권위 있는 연설의 일부일 경우 이런 표현들은 그대로 유지되어야 한다는 것이다.

등가의 은유 표현이 있다고 해도 그것이 이미 오래된 표현이거나, 다른 사회계급이나 나이대의 성원들에 의해서 사용된다면 그 표현을 그대로 쓰는 것은 ST의 의미와 효과를 살려 줄 수 없다. Newmark는 표준은유를 번역하는 데에 있어서 해당 등가 표현이 이미 오래된 표현이거나 다른 사회 계급이나 다른 나이대의 성원들에 의해서 사용되고 있는 경우 그대로 번역하기 힘들다는 점을 지적하고 있다. 다음의 예를 보자.

ST(K): 우리는 고급 두뇌와 창의력, 세계일류의 정보화 기반을 갖고 있습니다.

TT(R): Корея обладает в вышей степени талантливым и пре

красно образованным народом, а также имеет самую передовую информационную инфраструктуру в мире (infokorea.ru).

직역: 한국은 매우 재능 있고 훌륭하게 교육받은 인력을 보유하고 있고, 세계 일류의 정보화 기반을 가지고 있다.

(2004. 3. 5. 노무현 대통령 취임사)

한국어에서 '두뇌'는 '똑똑하고 능력 있는 인재'를 표현하는 데에 자주 쓰이는 환유이다. 텍스트의 유형이나 장르, 사회층이나 연령에 상관없이 광범위하게 활용된다. 러시아어에서의 '두뇌'에 해당하는 단어 мозг는 마찬가지로 '인재, 능력 있는 사람' 등을 지칭하는 환유로 사용된다. 그러나 한국어에서만큼 아무런 제약 없이 광범위하게 사용되지는 않는다. 주로 '인재유출' 등의 맥락에서 사용되며, 경제적으로, 교육적으로 어느 정도 수준 이상의 사회 구성원들 사이에서 주로 쓰이기 때문에 광범위한 대중을 대상으로 하는 대통령의 취임연설에 그대로 옮기기는 무리가 있다. 따라서 번역사는 '재능 있는'이라는 다른 표현으로 풀어서 기술한 것을 알 수 있다.

2.5. 장르와 담화, 텍스트

Hatim & Mason은 은유의 번역 방법을 선택하는 데에 있어서 영향을 줄 수 있는 기호학적 범주로서 장르와 담화, 텍스트를 들고 있다.

의사소통이라는 큰 틀에서 보면 장르는 사회적으로 인정된 형태의 의사소통의 유형이다(Trosborg, 1997). 논문이나 소설, 선언문 등이 서로 다른 장르로 구분되는 이유는 사람들이 의사소통을 하면서 무엇을 성취하고자 했는지를 말해 주는 의사소통의 목적이 다르기 때문이다(Bhatia, 1997: 203). 자신이 연구한 주제에 대해서 다른 학자들에게 설명하고 연구방향의 타당성을 활자를 통해 설득하고자 하는 경우, 이러한 의사소통의 목적을 토대로 저자는 논문이라는 장르를 택할 것이고, 중대한 정치적, 외교적 결정을 만천하에 공표하고 그것이 효력을 가지게 만들고자 한다면 그것은 선언문이라는 장르로서 유형화될 것이다. 그리고 이러한 장르는 일정한 규범을 가지고 있는데 이러한 규범이 문화에 따라 달라질 수 있기 때문에 은유의 번역도 그에 따라 영향을 받을 수 있다는 것이다. 예를 들어서, 한국어의 경우 신문기사에서는 은유가 빈번하게 쓰이지만 교과서, 참고서와 같은 장르에서는 그다지 자주 쓰이지 않는다고 가정하면, 은유가 빈번하게 등장한 러시아어 교과서를 한국어로 번역할 때에는 은유적 표현들을 풀어서 다른 식으로 바꿔 주는 전략을 구사할 수 있다는 것이다.

담화는 해당 의사소통에 참여하는 사람들 사이에 공유된 태도이자 행동양식이다. 장르와 마찬가지로 "특정한 의사소통에 참여하는 사람들이 대화를 하고 생각하는 방식 역시 문화적으로 규범화되어 있다(Hatim & Mason, 1990: 71). 논문 초록을 예를 들자면, 논문 초록은 그 자체의 규범을 가지고 있는 장르이며, 담화의 측면에서 본다면 중립적인 성향을 가진다. 따라서 이러한 중립적인 특성을 가지는 논문초록에 주관적인 감정이나 상황을 표현하는 은유를 포함시키는 것은 적절하지 않다.

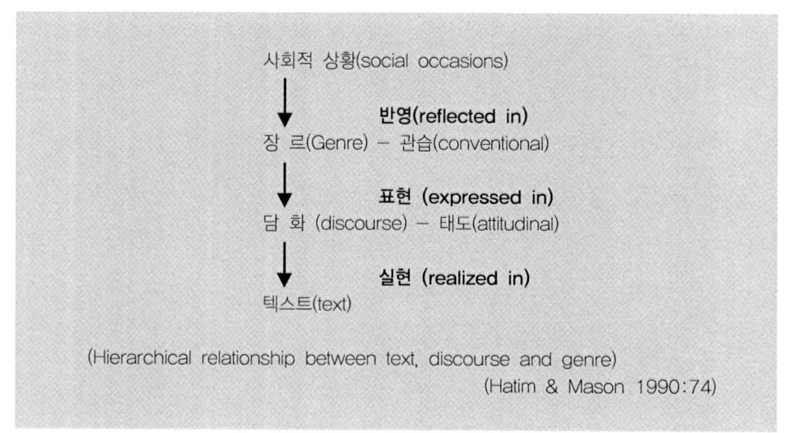

〈그림 3〉 텍스트, 장르, 담화의 계층관계

장르와 담화의 범주가 상당히 넓고 그 경계가 불분명한 것에 반해 그것이 실현된 텍스트는 구체적인 단위이다. 텍스트 차원에서 우리는 논문초록의 '논리적 결속성(coherence)'을 기대한다. 즉, 텍스트가 논리적으로 잘 연결이 되어 있어야 한다는 것이다. 은유는 텍스트 전체에 어휘적 응집력(cohesion)을 줌으로써 텍스트를 구조적으로 만들어 내는 데에 기여할 수 있다. 하나의 텍스트 내에서 개미를 '군대', '병사' 등으로 바꾸어 부름으로써 텍스트 구성력을 높이는 동시에 텍스트 전체의 설명력을 높이는 기능을 가질 수 있기 때문이다(Goalty, 1997: 163). 따라서 이러한 장르와 담화, 텍스트의 특성은 은유의 번역에 영향을 미친다.

3. 은유 번역 전략

기존 은유 번역 연구는 개개의 은유적 표현을 중심으로 번역이 될 경우 어떤 방법이 가능할 것인가에 대한 대안을 제시하거나 주로 문학작품에서 나타나는 은유 번역 결과를 분석해서 번역 방법을 보여 주는 것이 중심이었다. 본 연구는 은유 번역의 결과를 중심으로 다양한 번역 전략을 체계화하는 것과 함께 은유 번역 과정을 경험적으로 고찰해 보는 것을 목적으로 하므로 본 장에서는 번역 전략에 대한 연구로 귀결되는 결과 중심 분석 방법과 과정 중심의 연구 방법 즉, 사고발화법(Think Aloud Protocol)의 특성에 대해 살펴보고자 한다.

일반적으로 '기술(technique)'이라는 용어가 보다 낮은 단계의, 미시적인 차원의 선택(choice)을 지칭하는 데에 쓰인다면, '전략(strategy)'은 그보다 상위 층위의, 거시적 차원의 결정(decision)을 말한다(Cheong, 2004). 그러나 학자들에 따라 두 가지를 혼용하는 경우도 있고, '전략'이 개개의 어휘를 어떻게 바꾸어 줄 것인지, 통사구조를 어떻게 조정할 것인지 등 미시적인 차원의 선택을 뜻하는 것으로 사용되기도 한다. Newmark는 은유를 번역하는 방법을 'translation procedure' (Newmark, 1988: 108), 'procedure for translating'(ibid.: 109)으로 지칭하는데 이 역시, '기술' 혹은 '전략'과 유사한 개념으로 사용된 것으로 볼 수 있다.

위에서 구분된 미시적 선택과 거시적 결정 역시 그 구분이 모호해서 Wills(1994)의 경우, 선택과 결정을 나누기보다 결정(decision-making)을 요하는 문제들을 미시적인 문제들과 거시적인 문제들로 구분하고 전자를 텍스트의 의사소통적 목적과 TT가 대상으로 하고 있는 독자층과 관련된 문제로, 후자를 의미적 모호성이나 복잡한 통사구조, 수사적 전략, 주제·평언 구조, 은유적 표현, 아이러니, 왜곡된 정보구조 등과 관련된 문제로 규정하고 있다(Wills, 1994: 134 – 135).

번역학에서 전략에 대한 연구는 크게 의사소통 활동을 중심으로 그 전략을 연구한 것과 번역의 변화(shift, 이하 shift)에 대한 유형 분류 등 크게 두 가지로 나누어 볼 수 있다(Chesterman, 1998: 135). 여기서 의사소통 전략이라는 것은 의사소통의 참여자가 문제를 인식하거나 해결책을 모색하는 과정을 살펴봄으로써 어떠한 방법으로 의사소통을 이끌어 나가는가를 경험적으로 분석하는 것이다. 번역 전략을 의사소통의 전략 측면에서 연구한다는 것은 경험적 연구 즉, 사고발화법(TAP)과 같은 과정 연구를 통해서 번역사가 문제를 인식하고 그것을 해결해 나가는 과정을 하나의 전략으로서 체계화하는 것을 말한다. Færch & Kasper는 의사소통의 전략을 "특정 의사소통의 목적을 달성하는 데에 있어서 개개인이 문제가 된다고 느끼는 것을 해결해 내기 위한 잠재적으로 의식적인 계획"이라고 규정하고 있는데, 크링스(Krings)는 이러한 의사소통 전략을 번역 전략에 적용시켜 "번역 문제를 해결하는 데에 있어서 잠재적으로 의식적인 계획"[31]이라고 규정한다(Krings, 1986: 268).

Chesterman이 지적하고 있는 전략 연구의 두 번째는 shift를 중심으로 한 연구로 번역 활동에서 번역사들이 문제 해결을 위해 가장

31) Potentially conscious plans for solving a translation problem(Krings, 1986: 268).

일반적으로 택할 수 있는 전략 즉, '무엇을 바꾸는(change something)' 것을 중심으로 한 연구를 말한다(Chesterman, 1998: 140). 기존의 번역학에서 shift를 중심으로 한 연구는 품사변화나 절 구조 변화 혹은 단어, 구, 문장 단위의 변화와 같은 언어적 차원의 변화만을 중심으로 하기도 하고, 선택 과정에 영향을 줄 수 있는 규범(norm)으로 인한 변화를 모두 포괄시키는 매우 광범위한 변화를 대상으로 하기도 한다.

shift는 Catford에 의해서 처음 규정된 개념으로 "SL에서 TL로 가는 과정에서 형식적 대응에서 벗어난 부분"을 말하는 것이었다(Catford, 1965: 73). 그는 다양한 shift를 분류하고 있는데, 주로 SL과 TL 사이의 구조적 양립성에 의해서 발생하는 shift를 위주로 분석하고 있기 때문에 완전히 언어학적인 것에 한정된다. 문법적, 어휘적 상이함으로 인해 발생하는 것이므로 번역을 하는 데에 있어서 필수적인 것으로 규정된다. 그러나 TT에는 이러한 문법적, 형식적 특성이 아닌 다른 요인으로 인한 변화들이 있다. 번역 비평가들은 흔히 이러한 변화가 일어나게 된 원인에 대해서 이해하지 못했었고, 그들을 '에러'로서 취급했다.

그러나 이러한 '실수'들이 거의 모든 TT에서 발견되는 특징임을 감안, Popovič는 이러한 shift의 폭을 넓혔다. 그는 "ST에 대해서 새롭다고 느껴질 수 있는, 혹은 기대했던 곳에 나타나지 않는 모든 것을 말한다."[32]고 규정한다(Popovič, 1970: 79). 따라서 언어적 상이함뿐 아니라 문화적 특징, TT 독자층에 대한 고려, TT 규범(norm)

---

32) All that appears as new with respect to the original, or fails to appear where it might have been expected(1970: 79).

등으로 인해 발생하는 모든 변화가 shift에 포함된다. 그는 이러한 shift를 번역사가 한 실수나 무지에 의한 것이 아니라 번역사가 가능한 한 충실하게 TT를 생산하고 하나의 유기적인 통일체 속의 일부로서 재생산하기 위한 의식적인 노력이라고 규정한다. 한편, Toury의 경우 shift를 필수적 shift와 필수적이지 않은 shift로 구분하는데, 전자는 언어적 요인으로 인한, 후자는 문학적, 혹은 문화적 특징으로 인한 변화를 의미한다(Toury, 1995: 57).

shift는 크게 통사적 변화, 의미적 변화, 화용적 변화 등 세 가지로 분류되기도 한다(Chesterman, 1998: 140). 통사적 변화의 경우, Catford가 지적했던 것과 같이 품사적 변화나 절, 구 등 단위의 변화와 같은 문법적 형태 변화를 지칭하며, 의미적 변화는 의미적 상위어를 사용한다든가 다양한 방법으로 의미적 조정(modulation[33]))을 거치는 것을 말한다. 화용적 변화는 메시지를 새로운 독자층에 맞게 변화시켜 주는 것을 말하는 것으로 첨가(addition), 생략(omission), 외연화(explicitation),[34] 내연화(implicitation), 이국화(foreignization), 현지화(domestication) 등이 있다.

---

33) 리븐-즈와트(Leuven-Zwart)는 의미적 조정을 일반화(generalization)와 특화(specification)의 두 가지로 세분하는데, ST 표현을 더욱 일반적인, 중립적인 표현으로 바꾸어 주는 것이 전자라면, 문체적으로 중립적이고 일반적이었던 표현을 가치를 포함한 표현으로 바꾸어 주는 것이 후자에 해당한다.

34) 일반적으로 ST의 정보를 TT에서 더 외연화시키는 것을 말한다. 추가적으로 설명하는 구를 첨가하거나 함축적인 의미를 겉으로 드러내거나 연결사 등을 첨가함으로써 텍스트의 논리적 전개를 돕고 가독성을 향상시키려는 것을 말한다. 이러한 과정은 번역사가 TT 독자들에게 의미를 설명하기 위해서 의도적으로 선택하는 것일 수도 있고 중개 행위의 필연적인 결과로 해석되기도 한다. Toury는 이것을 translation universal의 하나로 지적한다(Toury, 1980: 60).

3.1. 결과 중심 분석 방법

Chesterman(1998)이 지적하는 대로 번역 결과 중심의 연구에 있어서 전략이란 '무엇을 바꾸는가'와 관련된 것이다. 정의상의 혼란이 있기는 하나 본 연구에서는 은유의 번역 전략을 은유라는 번역 문제를 해결하는 데에 있어서 번역사들이 잠재적으로 활용할 수 있는 방법으로 규정하고, 바꿀 것인가 말 것인가, 바꾼다면 어떻게 바꿀 것인가와 관련된 다양한 번역방법 즉, 미시적 차원의 전략으로서 연구할 것이다.

Larson은 은유의 번역 전략을 크게 5가지로 구분하고 있다. ST의 은유가 TT 문화권에서도 자연스럽게 받아들여지고 독자들에 의해서 올바로 이해될 수 있을 때 ST의 은유는 그대로 유지된다. 그러나 그렇지 않을 경우에는 은유가 직유로 바뀔 수도 있고, ST의 은유와 같은 의미를 가지는 다른 은유가 TT 문화권에 존재한다면 해당하는 다른 은유로 바꾸어 준다. 또 다른 방법으로, ST의 은유를 유지시켜 주면서 거기에 부가적인 설명을 붙여 줄 수도 있고, 은유적인 특성을 유지시켜 주지 않고 다른 표현으로 기술될 수도 있다는 것이다. Larson은 *no man is an island*라는 은유적 표현을 예를 들어서 이 표현이 위의 다섯 가지 방법으로 각각 번역될 수 있다고 설명하고 있다.

No man is an island.
No man is like an island.
No man is a mountain peak.

No man is an island. An island is by itself, but no person is isolated from others.

No man is isolated from all other people.

(Larson, 1984: 254)

Larson이 지적한 위의 다섯 가지를 간단한 기호로 설명해 보면 다음과 같다.

〈표 2〉 Larson의 은유 번역 전략

No man is an island.	M→M
No man is like an island.	M→S
No man is a mountain peak.	M→M'
No man is an island. An island is by itself, but no person is isolated from others.	M→M+D
No man is isolated from all other people.	M→D

위의 기호에서 M은 은유(metaphor), S는 직유(Simile), M'은 ST의 은유와는 상이한 은유, D는 비은유적 표현으로의 기술(Description)을 말한다. M+D는 ST의 은유를 그대로 유지시켜 주면서 TT 독자들의 이해를 돕기 위해 부가적인 기술적 설명을 덧붙여 주는 것을 말한다.

Newmark는 앞서 지적한 대로 은유의 종류에 따라 다양한 번역 방법을 제시하고 있는데, 그가 가장 심층적으로 분석하고 있는 표준(stock, standard) 은유에 대한 번역 방법을 보면 크게 7가지가 있다.

우선 첫 번째, Newmark가 가장 만족스러운 번역 전략으로 제시하고 있는 것이 바로 같은 은유적 이미지를 다른 언어에서도 재생산하기(M→M)이다. 예를 들면, 영어의 'keep the pot boiling'을 불어의 'faire bouillir la marmite(냄비를 끓게 하다: 진행시키다, 일이 되게 하다)'라는 동일한 은유로, 'wooden face'를 'visage de bois(나무 얼굴: 굳은 얼굴)'로 바꾸어 주는 경우에 해당한다. Newmark는 이와 같이 동일한 이미지를 가지는 은유가 공유되고 있다고 해도 그것이 사용되는 빈도나 유통성이 같아야 이렇게 그대로 옮겨 줄 수 있다고 지적한다. 문화적으로 공통되는 상징이나 환유도 M→M이 가능한 경우에 포함되는데 예를 들면, 영어의 'hawks and doves'는 같은 상징적 의미를 공유하고 있는 불어로 옮길 때 그대로 'faucons et colombes(매와 비둘기: 강경파와 온건파)'로 옮겨 줄 수 있다는 것이다. 이 경우는 러시아어도 마찬가지로 러시아어의 'ястребы и голуби(매와 비둘기)'도 각각 강경파와 온건파를 상징하는 은유로 사용된다. 러시아 격언, 관용어 사전(Большой словарь крылатых слов русского языка, 2000)에는 'голуби и ястребы(비둘기와 매)'의 기원이 어디에 있는지는 밝혀지지 않았으나 1960년대부터 언론매체에서 매우 활발하게 사용되기 시작하였다고 지적하고 있다. 그러나 온건파를 '비둘기'가 지칭하게 된 것은 '평화의 비둘기(голубь мира)'라는 표현에서 비롯되었다고 이 사전에서는 언급하고 있다. 비둘기는 성경에서 노아에게 올리브나무 가지를 부리에 물고 재앙이 끝났음을 알려 주었고, 고대 로마에서 비너스의 비둘기가 마르스군신의 깨어진 투구에 둥지를 튼 데에서 비롯되어 평화의 상징으로 인식되어 왔다는 것이다. 이러한 상징들은 '용(dragon)'의 경우처럼 서양과 동양 문화권에 따라 의미가 일치하지 않을 수도 있기 때문에 이렇게 그대로 옮겨 주는 것은 문화적으로 공유되는 부분이 있을 때에만 가능하다.

표준 은유를 번역하는 더 일반적인 방법으로 Newmark는 본래의 은유적 이미지를 비슷하거나 같은 이미지를 가지는 다른 표현으로 바꾸어 주는(M→M') 전략을 들고 있다. Nida & Taber가 지적한 것처럼 서양문화권의 심장(heart)을 아프리카어로 그대로 옮겨 주어서는 그 의미를 전달할 수 없기 때문에 '간(liver)'으로 바꾸어 주는 경우가 이에 해당한다. 많은 관용어들도 이와 같은 번역전략을 선택할 수 있는데, '지극히 행복한 상태'를 뜻하는 영어의 'to be on cloud nine'을 러시아어로 옮길 때 'быть на седьмом небе(일곱 번째 하늘에 있다.)'로 바꾸어 줄 수 있는 것과 같다. Newmark는 이렇게 새로운 이미지를 만들어 내는 방법도 ST의 은유와 TT의 은유가 완전히 동일한 의미와 동일한 효과를 가지는 것은 아니기 때문에 어느 정도의 의미와 톤의 변화가 있을 수 있다는 점을 지적한다. '완전히 자기 것으로 만들다', '지배하다' 등의 의미를 가지는 영어의 'hold all the cards'는 같은 주제로 만들어진 불어의 'avoir tous les atouts dans son jeu(자신의 게임에 모든 으뜸 패를 들고 있다.)'로 번역이 가능하나, 불어 표현이 영어보다 그 효과가 더 강력하다는 점을 지적하면서, 불어 표현은 영어로 이미지를 만들어 보자면 'hold all the trumps'와 같이 'hold all the cards'보다 강한 이미지를 가진다는 것이다.

다음으로는 은유를 비은유적인 표현으로 풀어서 기술하는 방법이 있다. 'reducing to sense or literal language' 즉, 의미만을 문자적 언어로 전달하는 것을 말하는데, 이러한 방법은 의미의 일부가 누락되거나 첨가되고, 화용적 효과가 감소되는 결과를 초래한다고 지적된다. 예를 들어서, 영어의 'a sunny smile'은 불어로 'un sourire radieux(밝은 미소)' 'un sourire épanoui(환한 미소)' 등으로 번역이 가능하지만 영어의 sunny smile이라는 은유가 가지는 따뜻함과 밝음, 매력적인 특성 등을 전달해 줄 수 없다는 것이다. Newmark는 이러한 표준적 은유를 TT에서 유지시켜 줄 것인지, 아니면, 다른 것으로 바꾸어 줄 것인지는 해당 맥락 내에서 은유가 가지는 중요성에 대해 번역사가 내리는 판단에 달려 있다고 지적하고 있다. 즉, 해당 은유가 전체 맥락에서 중요하다고 여겨지면 그대로 유지시키고, 맥락에서 차지하는 비중이 크지 않다고 판단되면 다른 표현으로 바꾸어 준다는 것이다. 이렇게 비은유적인 표현으로 기술하는 것은 정치적 완곡어법의 경우처럼 의도적으로 직접어법을 피한 표현을 보다 명시적이고 현실적으로 또 솔직하게 만들어 버리는 효과도 있다는 점도 지적되고 있다.

Dobrovol'skji(Добровольский)는 이와 유사한 경우로 러시아어와 독일어의 관용어의 예를 비교하고 있다. 러시아어의 поставить на карту что-л.(직역: 카드에 걸다.)는 일반적으로 독일어의 etw aufs Spiel setzen(직역: 판에 걸다.)로 번역이 가능하다. 그러나 러시아어의 поставить на карту что-л.는 단순히 '위험을 감수하다'의 의미가 아니라 '승산이 있다'고 판단되는 상황에서 위험을 감수한다는 맥락에서 사용된다는 것이다. 따라서 독일어에서 '구조대원들은 늘 목숨을 걸고 일을 한다.'는 의미를 가지는 *Rettungsschwimmer setzen ständig ihr Leben aufs Spiel*라는 문장은 поставить на карту(직역: 카드에 걸다.)라는 러시아어 관용어를 사용해서 번역해서는 안 되며 오히려 Работники спасательной станции постоянно подвергают свою жизнь опасности

(구조대원들은 늘 생명의 위협을 감수한다.)라는 비관용어적인 표현으로 옮겨 주는 것이 바람직하다고 지적한다(Добровольский, 1997: 38).

이 외에도 은유를 직유로 바꾸는(M→S) 방법이 있다. 'This room is pigsty(이 방은 돼지우리다.)'라는 영어의 은유를 '이 방은 돼지우리 같다'는 직유로 표현해 주는 것과 같다. 직유는 '~같은', '~같이'라는 보조기제를 가지는 비유적 표현의 가장 기본적인 형태로, 사실상 '은유의 예비 단계'이다(박영순, 2000: 57). Kenny는 M→S를 번역사가 TT 독자들이 가지고 있는 지식에 대해 전적으로 의지하지 못할 때 ST에는 함축되어 있는 정보를 TT에 외연화시키는 것으로 규정하면서, 직유로 바꾸어 줄 경우 TT는 ST보다 어휘, 문법적으로 더 평범(normal)하게 된다고 지적한다(Kenny, 2001: 193). 은유를 직유로 바꾸어 주는 경우에 위의 예처럼 기존의 은유에 '~처럼', '~같이'라는 기제를 덧붙여 주는 경우만 있는 것은 아니다. 다음의 예를 보자.

> ST: Kelly fixed eggs and bacon on the galley stove, and Pam <u>wolfed it down</u> so speedly that he fixed seconds despite her protests.
>
> TT: …… 그녀는 그가 만든 베이컨 에그를 <u>게 눈 감추듯</u> 먹어 치웠다. 할 수 없이 켈리는 베이컨 에그를 한 차례 더 만들어야 했다.
>
> (이창수, 2000: 76)

위에서 'wolf it down'은 굶주린 늑대가 게걸스럽게 먹는 이미지를 활용한 관용어인데, '늑대처럼 먹다'라고 하지 않고 한국어의 관용어인 '게 눈 감추듯 먹어 치우다'라는 직유를 이용하였다. 즉, ST의 은유를 전달할 수 있는 TT의 표현이 직유로 굳어져 있는 경우 그러한 표현을 활용하는 방법이다. 이창수(2000)는 우리말에서 은유보다는 직유가 많이 쓰이기 때문에 영어의 은유에 해당하는 우리말 표현이 직유의 형태로 존재하는 경우가 많기 때문에 M→S 방식의 번역이 자주 일어난다고 설명하고 있다.

위의 전략들 외에도 직유에 설명을 덧붙이거나(M→S+D), 은유를 그대로 유지시키면서 부가적인 설명을 첨가하는 방법(M→M+D) 등이 있다. 'il a une mémoire d'éléphant(코끼리 같은 기억력을 지니다)'라는 불어표현을 'He never forgets–like an elephant' 즉, 직유와 부가설명을 덧붙여서 번역해 주거나, ST의 은유를 그대로 유지하면서 각주나 텍스트 내 다른 표현을 덧붙여 주는 방법이다. Newmark는 이 전략은 ST 은유가 가지는 감정적 혹은 문화적 효과를 그것을 이해할 수 있는 일부 독자들에게는 그대로 전달하면서 그것을 이해하지 못하는 다른 독자들에게는 부가 설명을 통해서 이해를 돕는 방법이라고 설명하고 있다. ST의 은유를 그대로 이해할 수 있는 사람들을 Newmark는 '전문가(expert)'라고 부르는데, 이러한 방법은 '전문가'들과 교육수준이 높지 않은 사람들을 모두 만족시키는 번역전략이라는 뜻에서 '모차르트 해법(Mozart method)'이라고도 불린다고 한다.

마지막 은유 번역 전략은 ST의 은유를 TT에서 생략하는 방법이다. 'sharp, razor–edge wit'이라는 은유적 표현을 불어 TT에서는 생략하고 'esprit mordant(날카로운 정신)'으로 옮겨 주는 경우와 같이, 저자가 알려져 있지 않은(anonymous) 텍스트에서 잉여적이라고 판단되는 ST의 은유는 생략되는 경우도 있다고 지적된다. 이와 같은 Newmark의 은유 번역 전략을 표로 작성해 보면 다음과 같다.

〈표 3〉 Newmark의 은유 번역 전략

M→M	같은 은유적 이미지를 다른 언어에서도 재생산하기
M→M'	본래의 은유적 이미지를 비슷하거나 같은 이미지를 가지는 다른 표현으로 바꾸어 주기
M→S	은유를 직유로 바꾸기
M→S+D	은유를 직유와 설명을 덧붙인 표현으로 바꾸어 주기
M→D	은유를 의미로만 풀어서 옮겨 주기
M→Ø	생략하기
M→M+D	은유를 유지시키면서 거기에 부가적인 설명을 첨가하기

은유의 해석에 있어서 문화가 중요한 역할을 한다고 강조하고 있는 Dobrzynska는 번역사가 세 가지 중 하나를 선택할 수 있다고 지적하면서 세 가지를 크게 M→M, M→M', M→P[35]로 나누고 있다.

결과 중심의 은유 번역 전략 연구에서 또 하나의 축을 형성할 수 있는 것은 Toury(1995)가 지적하고 있는 '문제가 아닌 해결책(as a solution rather than a problem)'으로서 은유 번역이다. 이는 ST에서 비은유적인 표현이었던 것을 TT에서 은유적 표현으로 바꾸어 주거나(description→metaphor: D→M) ST에는 아무런 표현도 없던 자리에 TT에서 은유적 표현을 첨가하는 경우(∅→M)를 말한다. ST에는 은유적 표현이 나와 있지 않지만 TT에서 은유로서 바꾸어 주는 경우에 해당하기 때문에 엄밀히 말해서 '은유'의 번역 전략은 아니다. 그러나 Toury가 지적하는 것과 같이 은유는 번역에서 해결해야 하는 문제로서뿐 아니라 번역의 문제를 풀 수 있는 '해결책'

35) 문자적인 표현으로 풀어서 설명한다는 의미에서 paraphrase의 P를 사용한 것이다.

으로서도 활용될 수 있으므로 TT 중심적(proceeding from TT) 전략의 하나로서 은유 번역 전략에 포함시킬 수 있다.

번역의 결과물을 중심으로 한 연구는 수용 가능한 TT 표현을 찾기 위해서 번역사가 대상이 되는 언어를 가지고 선택할 수 있는 다양한 대안들을 보여 준다. 이러한 대안들은 번역 시장에서 번역물로 인정이 되어 수용된 번역물들을 연구한 것이므로 번역 문제를 해결하는 데에 있어서 '제대로 시도된(well-tried)' 방법이라고 할 수 있다(Chesterman, 1998: 140). 번역사의 선택과정을 직접 관찰할 수는 없으나 번역사가 선택을 할 수 있는 대안에는 어떠한 것들이 있고, 각각의 대안이 어떠한 특징을 가지고 있는가를 보여 줄 수 있다는 점에서 결과 분석 방법의 의미를 찾을 수 있다.

3.2. 과정 중심 분석 방법

결과 중심의 연구는 번역사가 선택 가능한 다양한 대안들을 보여 줄 수 있다는 장점을 가지고 있는 반면, 실제 번역 과정에서 번역사가 어떤 과정을 거쳐서 선택을 내리는지를 보여 주기에는 한계가 있다. 번역 연구는 그 과정과 결과를 모두 포괄할 수 있어야 함에도 불구하고, 결과 중심의 분석에서는 이미 번역이 된 결과를 중심으로 번역사가 어떤 것을 고려해서 선택을 하고 결정을 내렸을 것이라고 유추해 볼 수밖에 없다.

이미 존재하고 있는 번역을 연구할 때 우리는 번역사의 선택의 결과(outcome)만을 볼 수 있다. 어떠한 동기로, 무엇에 의거하여 번역사가 그러한 선택을 내렸는가 하는 것은 유추를 해 볼 수밖에 없다.

(Hermans, 1999: 21)

이러한 한계에서 출발한 것이 바로 과정 중심 연구의 중요한 축을 이루는 사고발화법(Think Aloud Protocol) 즉, TAP이다. TAP은 본래 인지심리학에서 다양한 문제해결과 의사결정 과정을 살펴보기 위해 사용되었던 실험 방법인데, 사고를 하면서 발화한다는 실험 방법을 번역학에 차용하게 된 것이다.[36]

은유가 번역사에게 끊임없는 선택과 결정을 요구한다는 측면에서 번역사가 실제로 은유적인 표현을 번역하면서 어떠한 과정을 겪으며 선택의 순간에 무엇을 고려하는지, 어떠한 과정적 절차가 결과에 어떤 영향을 주는지 즉, 과정과 결과가 어떠한 관련이 있는지를 연구하는 것은 전체 은유의 번역 연구에 큰 기여를 할 수 있을 것이다. 물론, 아직 번역 연구에 TAP과 같은 실험적인 방법을 도입하는 데에 부정적인 견해를 피력하는 학자도 있다. Toury는 번역학에서 실험적 연구 방법이 가질 수 있는 한계에 대해서 다음과 같이 지적하고 있다.

번역에 도입된 많은 실험들은 무엇을 하기 위해 설계되었는가에 있어서 분명하게 드러나지 않았다. 실험의 기저에 있는 질문들은 가끔 매우 일반적이고 모호하기까지 하고, 실험자들은 실험이 번역 이론에 있어서 혹은 적용하는 데에 있어서 어떤 함의를 가질 수 있는

36) 이바노바(Ivanova, 2000)는 통역 연구에 TAP을 도입하고 있는데, 통역을 한 후 피실험자들에게 ST의 전사본을 읽으면서 자신이 통역할 때 어떤 생각을 했었는지를 사후발화하게 하는 방법을 활용했다.

가에 대한 대답을 얻으려 하기보다 일반적인 '고찰'을 하는 데에 그치고 있다.

(Toury, 1995: 239)

그러나 이러한 심리 언어학적 실험이 선택 가능한 다양한 대안을 보여 주는 결과 중심적인 연구 방법과 함께 병행되었을 때에는, 특히 은유 번역과 같은 구체적인 문제를 해결하는 전략을 살펴보는 데에 있어서는, 보다 심층적이고 통합적인 접근을 가능하게 해 줄 수 있다고 판단된다.[37]

번역에 있어서 창조성의 의미에 대해서 중점적으로 연구하고 있는 Kussmaul 역시, 창조적인 번역을 규명하고, 창조적인 번역 전략을 연구하는 데에 있어서 단순히 결과 중심적인 연구나 과정 중심적인 연구 방법 중 어느 하나에 국한되지 않고, 텍스트의 문체적 특성을 분석하고, 발화효과(illocutionary force)를 연구하는 등 결과물에 대한 분석과 더불어서 TAP을 활용한 과정 연구를 병행함으로써 창조성에 대해 보다 심층적으로 접근하고 있다(Kussmaul, 1995).

은유를 이해하고 그것을 처리하는 과정에 대해서 주목하고 있는 Steen은 문학적 은유와 시사텍스트에 등장하는 은유, 다양한 장르의 텍스트에서 어떻게 은유가 어떤 빈도로 나타나고 있는가, 그리고 전반적으로 어떤 특징을 지니는가에 대한 결과 중심적 연구와 함께 TAP 실험을 실시, 은유가 피실험자에 의해서 어떻게 받아들여지고 평가되는지, 어떠한 과정을 거쳐서 이해되는지를 연구하고 있다.

37) 김련희 역시 결과 지향적 연구 방법에 번역 과정에 초점을 갖춘 과정 지향적 방법이 병행될 때 총체적이고 통합적인 번역연구가 이루어질 수 있다고 지적한다(김련희, 2002: 56).

7인의 대학생과 9인의 대학 강사들을 대상으로 다양한 은유적 표현이 포함된 텍스트를 이해하는 과정을 발화하게 하고, 그것을 전사한 프로토콜을 바탕으로 Steen이 조사한 바에 따르면, 은유적 표현에 대한 직접적 표현 즉, 외연적 인식(explicit appreciation)에 있어서 강사들은 50% 이상의 은유에 대해서 '은유, 은유적 비교 혹은 은유적 해석이다', '비교, 이미지, 이미지－언어, 비유적으로 쓰인 표현이다' 등 다양한 표현으로 인식을 하고 있는 반면, 학생들의 경우는 대부분의 경우 텍스트 이해 과정에서 은유에 대해 외연적으로 그것이 은유임을 인식하지 못한 것으로 나타났다고 한다.[38] 그리고 Steen은 은유에 대한 이해의 과정을 중심파악(focus processing), 은유적 연상(vehicle construction), 은유구성(metaphor construction) 등으로 구분하고 있다. 이러한 과정은 전체 피실험자 집단에서 보였는데, 강사들의 경우, 문장의 문법적 차원을 넘어선 텍스트의 다양한 특성에 대한 관심에 있어서 학생들보다 상당히 앞서 가는 것으로 나타났다고 지적한다. 중심 파악(focus processing)은 A가 대상(object), B가 이미지(image)일 경우, B가 가지는 문자적 의미에 대해서 지적을 하는 것을 말한다. 즉, 은유적 표현을 만났을 때, 피실험자가 '왜 여기에 이러한 의미를 가지는 이미지를 사용했는가'라고 문제를 제기하는 것을 말한다. 은유적 연상(vehicle construction)은 B를 통해서 텍스트의 저자가 무엇을 표현하고자 했는지, B와 A를 연결하고자 시도하는 과정을 말한다. 은유 구성(metaphor construction)은 A와 B 사이의 관계를 은유를 통해서 이해하고, A와 B 사이의

38) 4인의 강사들이 은유의 50% 이상에 대해 외연적 인식을 한 반면, 학생들은 4인이 전혀 인식하지 못했고, 전체적으로 은유에 대한 외연적 인식이 15%를 넘는 경우는 한 명도 없었다.

관계를 은유로서 인식하게 되는 단계를 말한다. 위의 세 가지 단계 특히, 은유적 연상과 은유구성의 경우, 확연히 선을 긋듯이 구분할 수 있는 과정은 아니지만, 전체 피실험자들의 발화를 통해서 인지 과정을 추리한 결과 확인된 과정이다.

사고 발화법(TAP)은 앞서 지적했듯이 인간의 뇌에서 일어나고 있는 발화 인지와 발화 생성의 과정을 관찰하기 위한 실험 방법으로 심리학에서 발전하기 시작했다(Lörscher, 1991). 인지심리학자인 Ericsson & Simon은 문제의 해결, 선택 과정을 연구하기 위해서 과정 발화 데이터를 활용했는데, 언어학에서는 주로 제2외국어 습득과 관련한 연구에서 TAP 실험이 도입되었다(Cohen & Hosenfeld, 1981; Færch & Kasper, 1986, 1987; Gerloff, 1986, Jääskeläinen & Tirkkonen－Condit, 1991 재인용). 80년대부터 블랙박스라고 불리는 번역사의 사고 과정에 대한 관심이 고조되기 시작하면서 이러한 과정에 대한 연구를 위해 TAP이 번역학에 본격적으로 접목되기 시작했다.

Ericsson & Simon의 모델은 인간의 인지를 정보처리의 과정으로 보고 있다. 즉, 단기기억[39]에 저장되어 있는 정보는 이러한 TAP과 같은 실험 방법을 통해 발화될 수 있고 그에 따라 실험자는 피실험자의 발화를 바탕으로 피실험자의 단기기억에서 일어나는 정보 처리 과정을 관찰할 수 있는 것이다. 실험 과정 중 단기기억에 저장

39) 단기기억은 관련되지 않은 대상 7개 정도를 저장할 수 있을 정도의 용량을 가지고 있기 때문에 비교적 그 용량이 제한적이고, 중간 정도의 지속성을 가지며, 기억을 끌어내는 데에 음성적, 시각적 형식이 활용된다. 반면, 장기기억은 용량이 크고 지속적인 특성을 가진다. 반면, 장기기억에 정보가 고정되는 속도가 느리고 그것을 끌어내는 데에 있어서도 시간이 오래 걸린다(Ericsson & Simon, 1980, 1984, Lörscher, 1991 재인용).

되어 있던 정보 중 일부는 장기기억에 저장되는데, 이 정보는 실험이 끝난 후에 복구될 수 있다.

Krings는 기존의 번역연구가 의사소통 유형의 하나로서 번역에 대한 추상적인 모델만을 제시하고 있으며, 번역 과정에서 있을 수 있는 심리언어학적 특징을 고려하지 못하고 있다고 지적한다. 그는 제2외국어로 프랑스어를 배우고 있는 8인의 독일 대학생들을 대상으로 TAP을 실시했는데, 그가 살펴보고자 했던 것은 피실험자들이 번역을 하는 과정과 다양한 측면에서 활용되는 전략이다. Krings는 프랑스와 독일의 잡지와 신문에 나온 기사를 선택했는데, 이러한 텍스트를 선정한 이유에 대해 다음과 같이 지적하고 있다.

> TAP을 실시하는 데에 있어서 이렇게 두 텍스트를 선정한 이유는 이 텍스트들이 다른 텍스트들에서도 얼마든지 볼 수 있는 문법, 의미, 문체적 특성으로 인해 나타나는 평범한 번역의 문제들뿐 아니라 pun, 은유적 표현, 여타 문학적 표현 등 다양한 번역 문제들을 포함하고 있기 때문이다(Krings, 1986: 264).

Krings는 은유를 중심으로 살펴보고 있지는 않지만, 은유적 표현이 번역에 있어서 '특별한' 문제가 될 수 있음을 암시하고 있다. 과정 연구에 있어서 번역 전략은 경험적인 개념으로 번역 문제를 해결하는 전략을 말한다(Faerch & Kaper, 1983). 그러나 학자들에 따라서 번역 문제를 해결하는 방법으로서의 전략은 그 개념상의 차이를 보인다. Lörscher는 번역 과정에서 나타나는 번역사의 행위, 선택과정을 중심으로 다음의 다섯 가지로 분류한다.

즉각적+해결(Instant+solution)
찾기+해결(Search+soluton)
발화+해결(Verbalization+solution)
2차 찾기+해결(Further search+solution)
부분적+해결+2차적 부분적+해결
(Partial+solution+further partial+solution)

위의 전략을 구성하는 구성요소들로서 Lörscher는 문제 인식, 문제 발화, 해결책 모색, 부분적 해결책 발견, 해결책 발견 못 함, ST나 TT의 부분들을 수정, ST나 TT 부분들을 다시 바꾸어 말함, 1차적 해결책 확인, ST나 TT 부분들에 대해 머릿속에서 재구성, 텍스트 일부에 대한 코멘트, 전위(TT 구성단위들을 자리바꿈), 텍스트 일부 번역, 번역 담화 구성 등으로 나누고 있다.

한편, Tirkkonen-Condit(2000)은 문제를 해결해서 TT를 생산해내는 과정에서 피실험자가 보여 주는 번역 과정을 핵심적 처리현상(pivotal processing phenomena)을 통해 설명하고 있다.

〈표 4〉 핵심적 처리현상(Pivotal processing phenomena)

문제(problem)	문제가 있거나 지식이 부족하다는 것을 발화	P.
잠정적 해결 (tentative solution)	최종적 해결책이라고 할 수 없는 잠정적인 TT 대안을 여러 가지 발화	Ten.So.
해결(solution)	TT를 발화하면서 최종적 해결책임을 인정	So.
자동적 해결(automatic)	ST를 다시 읽거나 설명하거나 잠정적인 해결책을 거치지 않고 TT를 발화	A.
평가(evaluation)	최종 해결책 혹은 잠정적 해결책, 자동적 해결에 대한 긍정적 혹은 부정적 평가를 발화	Eva.
연기(postpone)	문제나 잠정적 해결을 잠시 뒤로 미룬다고 발화	Post.

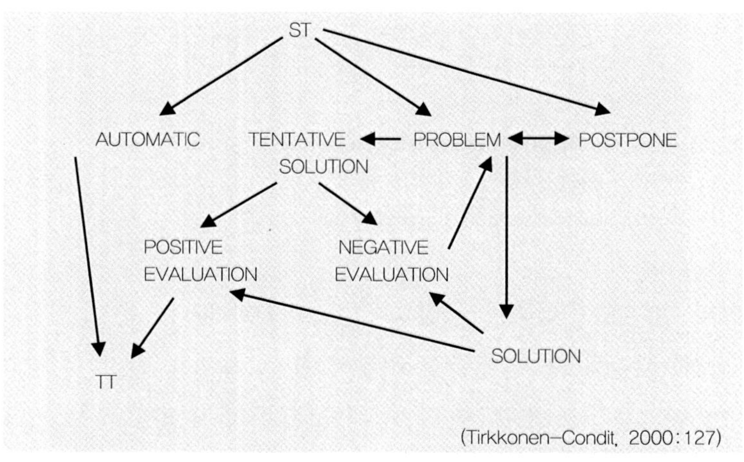

〈그림 4〉 번역의 핵심적 처리현상도

P.은 '이게 뭐지?' 혹은 '어떻게 번역해야 하지?' 등의 유형으로 번역을 하는 과정에서 문제를 접했음을 지적하는 과정이다. 잠정적 해결 즉, Ten.So.은 최종 해결책을 찾는 과정에서 여러 가지 다양한 대안들을 발화하는 것을 말한다. Eva.은 자신의 잠정적 대안에 대해서 긍정적 혹은 부정적 평가를 내리는 발화를 말한다. 즉, 자신의 대안이 특정한 이유로 '적절하다' 혹은 '적절하지 않다' 등의 평가를 하는 것을 말한다. 이렇게 긍정적이든 부정적이든 자신이 택한 대안에 대해 평가를 하려면 그만큼 해당 텍스트가 가지고 있는 특징이나 표현이 가지고 있는 특성에 대해 다시 생각해 보는 과정을 필요로 한다. 평가를 내리는 데에는 그러한 평가를 하게 되는 근거가 뒷받침되어야 하기 때문이다.

So.은 자신이 선택한 대안이 최종적임을 확인하는 과정을 말한다. '이렇게 번역을 해야겠다'고 해당 문제에 대해 자신이 내린 결정이 최종안임을 확인하는 것이다. A.는 잠정적인 해결책을 제시하는 과정 없이 곧바로 자신의 TT를 발화하는 것이다. Post.는 인식한 문제에 대해 즉각적으로 해결을 하지 못하고 잠시 미루어 두는 것을 말한다.[40] 이러한 Tirkkonen-Condit(2000)의 핵심적 처리현상은 번역 과정에서 번역사가 경험하는 과정을 집약적으로 보여주고 있다.

번역학에서의 TAP 연구는 이렇게 번역 과정에서 나타나는 행위 및 발화내용을 중심으로 번역 전략을 체계화하려는 노력과 함께, 상이한 특성을 가진 피실험자 집단의 TAP을 비교해서 나타나는 차이점을 중심으로 연구하는 경향을 보인다. Lörscher(1996)는 전문인과 일반인의 피실험자들이 번역 전략 활용에 있어서 정량적으로는 차이를 보이지 않지만, 일반인의 경우 형식 위주로, 전문가의 경우 의미 위주의 번역을 하는 정성적인 차이를 보였다고 지적한다. Jääskeläinen(1993)은 전문 번역사의 경우 우선 계획을 세우고 번역작업 전반에서 그 계획에 따라 움직이지만, 비전문가들의 경우 모든 과정이 우연적으로 이루어진다고 지적한다. 번역단위(translation unit)에 있어서도 차이를 보인다. 결과 중심적 연구에서 번역 단위는 '기호의 응집성이 있기 때문에 따로따로 번역될 필요가 없는 가장 작은 발화 조각'이라는 Vinay & Darbelnet([1958] 1995)의 정의를 시작으로 구, 문장, 텍스트, 더 나아가 '텍스트 유형이 가지는 복합적인 의미-화용적 가치'(Neubert, 1973)로, 또 '문화' 자체(Bassnet & Lefevre, 1990)로 다양하게 정의되었다. 그러나 과정 중

40) ST 읽기, TT 읽기, ST 설명, 사전 참고 등은 부차적 처리현상으로 분류되고 있는데, 이는 번역사들이 번역을 하면서 보이는 행위에 초점을 맞춘 것이다(Tirkkonen-Condit, 2000).

심 연구에서 번역 단위는 번역 과정에서 번역사가 무표적으로 이해하는 부분을 말하며, 주의를 돌리거나 다른 문제에 대해서 생각을 하면서 끊기게 되는 부분까지를 말한다. 전문가들이 문장, 담화 등 좀 더 긴 단위를 가지고 번역하면서 다른 단위를 자유롭게 넘나드는 반면, 일반인들은 단어에 집착하는 경향을 보인다는 것이다.

실험적 연구가 활발하게 진행되면서 그에 따른 문제점 역시 대두되었다. Bernardini는 실험적 연구가 앞으로 지속적인 발전을 이루려면 데이터 수집뿐 아니라 그 분석에 있어서 경험적이고 이론적인, 그리고 환경적인 다양성 문제까지도 고려할 수 있는 엄격한 실험 방법의 마련이 필요하다고 강조한다(Bernardini, 2000).

실제 실험에서 번역사들은 피실험자가 되어 자신이 번역을 하는 과정에서 계속 무슨 생각을 하고 있는지, 어떤 과정을 거치는지, 무엇을 고려하는지를 계속 발화한다. 피실험자들의 발화 내용은 테이프에 녹음이 되거나 비디오로 촬영된다. 테이프는 프로토콜을 위해서 전사되며 전사된 프로토콜은 번역 행위에 따라 분류된다. 전사 내용과 함께 결과로서 생산된 텍스트, 인터뷰, 설문 등도 활용할 수 있으며, 피실험자의 성조, 휴지시간, 비디오로 녹화한 경우 몸짓이나 표정 등도 이용될 수 있다.

피실험자 집단은 전문가와 예비전문가, 비전문가, 이중언어화자, 언어학습자 등으로 구분이 가능한데 피실험자 디자인을 어떻게 하는가에 따라 실험 결과가 달라질 수 있다. Krings는 단순히 경력의 유·무뿐 아니라 피실험자가 발화를 할 의사가 얼마나 있는지, 없는지도 실험 결과에 큰 영향을 줄 수 있다고 지적한다(Krings, 1987: 167). 텍스트는 언어 방향이나 그 유형에 따라 실험 결과가 달라질 수 있으므로 실험 목적에 맞는 텍스트를 선정한다. 통역에 대한 TAP 역시 다양하게 시도되고 있으며(Vik-Tuovinen, 2000; Ivanovna, 2000), 실험 방법에 따라 모놀로그 TAP과 대화형(dialogue) TAP이 가능하다.

Bernardini는 사고를 하면서 동시에 발화하는 것이 주체의 정신적인 상태를 반영한다고 강조하고, 발화가 실제 사고를 제대로 전달하기 위해서 가능한 피실험자와 실험자 간의 접촉은 피하거나 최소화해야 한다고 지적한다. 또 연습과 실험으로 인해서 피실험자가 단기기억에서 꺼내는 정보의 양이 달라질 수 있으므로, 실험에 익숙해져 있는 경우는 발화가 적어지고 그에 따라 사고 과정에 대한 접근 가능성도 줄어든다고 강조하고 있다(Bernardini, ibid.).

인위적인 실험 환경으로 인해 실제 번역 과정을 관찰할 수 없다는 점, 발화 자체가 사고 과정에 영향을 미칠 수 있고, 자동적으로, 무의식적으로 이루어지는 번역 과정에 대한 발화가 어렵다는 점 등 TAP 실험은 경험적인 연구가 가질 수 있는 한계를 가지고 있다. 또 실험 결과에 영향을 줄 수 있는 다양한 요인들 즉, 피실험자 디자인과 같은 요인을 효과적으로 제어할 수 있는 방법을 마련해야 한다는 과제 또한 안고 있다. 그러나 그 한계만큼 긍정적인 기대 효과도 있다. 번역 과정 자체를 가장 직접적으로 관찰할 수 있는 방법이며, 피실험자 집단에 차이를 둠으로써 전문 번역사와 그렇지 않은 일반인들의 결과 비교를 통해서 번역상의 오류를 최소화할 수 있는 교육 방법을 마련할 수 있기 때문이다.

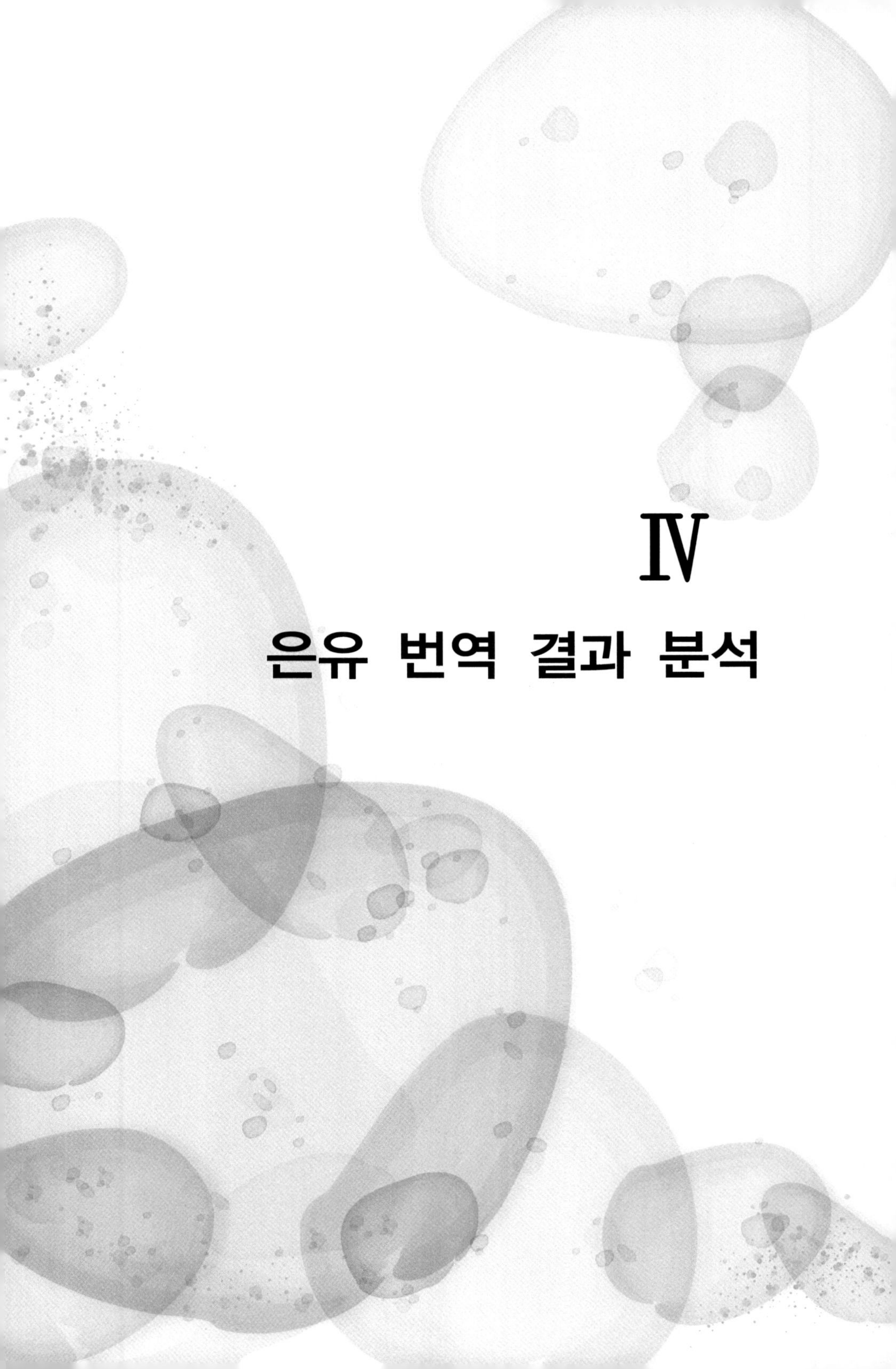

Ⅳ 은유 번역 결과 분석

1. 연구 설계 및 방법

결과물 분석에 사용된 텍스트는 총 6개, 병렬 코퍼스로 12가지의 텍스트로, 전체 분량은 출판본 기준 약 1,100페이지이다. 종류별로는 블라지미르 푸틴 대통령의 자서전, 풀리코프스키 러시아 극동지방 전권대표 회고록, 쥐리노프스키 러시아 자유민주당 대표 연설문 4종 등의 정치 담화[41][42]이다.

은유는 독자에게 강력한 감정적 반응을 일으키는 데에 사용될 수 있고, 앞서 지적했듯이 은유와 비유적 언어는 말의 질과 설득력을 향상시키는 기능을 한다. 따라서 정치 담화는 다양한 종류의 은유를 많이 포함하고 있다. 예를 들어서 미국 정치인들의 언어에는 스포츠와 전쟁에 관한 언어로부터 체계적으로 유래된 은유가 가장 흔하다고 하는데, 스포츠 은유는 복잡하고 예측하기 힘든 정치상황과 안건들을 규칙이 통하는 스포츠의 면과 관련시켜 주는 강력한 설득 장치가 된다는 것이다(송경숙, 2003). 많은 연구를 통해 은유가 사람들의 정치적, 사회적 문제에 대한 견해를 바꾸는 데에 결정적인 역할을 할 수 있다는 사실이 밝혀졌는데, 이는 "은유가 그 자체로서 사람들의 태도를 필연적으로 바꾸지는 않지만, 다른 산문(prose material)과 같이 쓰였을 때 주장하고자 하는 바를 더욱 분명하게 드러나게 하는 역할을 하기 때문이다."(Gibbs, 1994: 145)

41) Shäffner(1997)는 정치 담화를 정치와 관련된 다양한 유형의 텍스트와 연설문, 기자회견, 칼럼, 회고록 등 정치인이 한 담화를 포함하는 포괄적인 용어(umbrella term)로 규정한다.

42) 출판된 분석 대상 텍스트의 ST와 TT 목록은 참고문헌에 첨부되어 있다.

한국과 미국의 정치 담화에서 나타나는 은유에 대한 비교, 분석을 시도한 송경숙(Song)은 한국과 미국의 정치 담화를 다음과 같이 비교하였다.

> 한국 정치인들은 미국 정치인들보다 비유적 표현과 은유적 도구를 더 자주 사용하며, 한국 대통령 후보들은 자신의 의견을 표현할 때뿐 아니라 상대방을 직접적으로 공격할 때에도 은유적 표현을 사용하는 반면, 미국 후보들은 상대방을 공격하기보다 자신의 주장을 펼칠 때 은유적 표현을 더 사용하는 것으로 나타났다.
>
> (Song, 2000: 60)

일반적으로 정치 담화는 주제 자체가 단순히 정치에만 국한되지 않고 사회, 경제, 문화 등 정치인이 정책을 세우고 집행하는 다양한 분야의 주제가 다루어지기 때문에 정치 담화에서 등장하는 은유를 통해 일상생활에서 자주 접할 수 있는 은유와 그것의 번역 전략을 관찰할 수 있다고 판단, 본 연구에서는 정치와 관련된 러시아어 ST와 그에 대한 한국어 TT를 분석 대상으로 하였다.

결과 분석을 위해 우선적으로 모든 ST 텍스트들을 PDF 파일로의 스캐닝 과정을 거쳐서 다시 수정 및 검색이 가능한 텍스트 파일로 작성했다. 모든 ST에 대한 정성분석을 실시, 은유적 원리에 의해 형성되어 비문자적 특성을 지니는 단어, 구, 문장 등 광범위한 은유적 표현을 취합하는 과정을 거쳤다. Nir(1988)가 지적한 대로 은유적 특성을 얼마나 가지고 있는가, 어떤 것까지 은유에 포함을 시킬 것인가의 문제를 결정하는 데에는 분석자의 주관이 개입될 수밖에 없다. 본 연구는 '번역의 관점에서 본' 은유의 문제를 고찰하고 있으므로 은유성이 일정 정도 남아 있으면서 번역 즉, ST 이해뿐 아니라 TT 로의 재표현에 있어서 문제를 야기할 수 있는 표현들을 중심으로 분석하였다. 따라서 은유적 원리를 통해 어휘 의미의 확장이 일어난 다의어와 관용어, 속담, 격언 등이 일부 포함되었음을 밝히며, 분석 대상 선정에서 분석자의 주관이 일정 정도 개입되어 있다는 한계를 먼저 밝힌다. 문자적 의미와 은유적 의미로 모두 해석이 가능한 경우는 두 가지 해석이 가지는 차이점과 유사성을 토대로 번역 전략을 분석하였다. 다음으로 ST와 비교하지 않고 독자적으로 TT에 대한 정성분석을 실시, 두 부분을 비교, 분석하면서 일치되는 부분과 ST에는 없으나 TT에서 은유가 발견된 경우 등을 별도로 가려내었다. 텍스트 분석을 통해 발견한 은유에 대한 심층 분석을 위해 현재 한국외국어대학교에서 러시아어를 강의하고 있는 러시아인 교수 2인과 영노 번역을 전문으로 하고 있는 러시아인 1인 등 총 3인과의 면담을 통해 취합된 은유 번역의 예문들에 대한 검증과 실제 그러한 러시아어 은유가 어떠한 함의를 가지는가에 대한 확인 절차를 거쳤다.

분석 결과 총 7가지의 번역 전략을 발견할 수 있었다. M→M, M→M', M→D, M→S, M→M+D, M→S+D, M→∅ 등 본 연구에서 결과물 분석을 통해 분류한 7가지 번역 전략은 Newmark가 지적한 은유 번역의 7가지 방법과 동일하게 나타났다. 본 연구는 번역을 중심으로 은유 문제에 접근하고 있으므로 은유 번역에 활용된 위의 7가지 번역 전략을 중심으로 해당 전략에 포함되는 예문들을 분석하였다. 엄밀하게 말해서 은유의 번역은 아니지만 TT 중심적 은유 번역 전략으로 Toury(1995)가 지적하고 있는 부분 즉, ST에는 없는 표현이거나, 비은유적인 표현을 TT에서 은유로 바꾸어 준 경우에 대한 예문 분석이 별도의 장에서 분석되었다. 그리고 마지막으로 ST 은유에 포함된 사회-문화적 특성에 어떠한 것이 있으며, 그러한 사회-문화적 토대가 번역에 어떻게 반영되었는지에 대해 별도로 분석하였다.

분석 대상이 된 텍스트의 특성은 다음과 같다.

〈표 5〉 분석 대상 텍스트

	Genre	Text Type	ST 저자	주제 분야	ST 대상 독자	TT 대상 독자	번역사	번역 시기
푸틴 자서전 (2000)	인터뷰	정보제공 & 반응유도	대통령	정치, 경제, 사회, 문화	러시아 대중	한국대중	GSIT[43]	2001
풀리코프스키 회고록 (2002)	회고록	정보제공 & 반응유도	대통령 전권 대표	정치, 사회	러시아 대중	한국대중	GSIT	2003
쥐리노프스키 연설문 (1993)	연설문	반응유도	야당 당수	정치, 경제, 사회	러시아 대중	한국대중	일반	1996

2. 번역 전략 분석

노-한 정치 담화 ST와 그에 대한 TT를 분석한 결과, 은유 번역 전략은 은유를 동일한 은유로 즉, ST의 은유를 TT에서 그대로 유지시키거나, 은유를 TT 문화권의 다른 은유로 바꾸어 주는 방법,

43) 번역사가 어떠한 배경을 가지고 있는가도 역시 번역의 결과에 영향을 미칠 수 있다. GSIT라고 한 것은 통역번역대학원을 졸업한 번역사를 의미하며, '일반'은 일반 번역사를 지칭한다.

은유를 은유적이지 않은 기술적 표현으로 옮기는 방법, 은유를 직유로 바꾸어 주는 방법 그리고 은유를 은유와 부가설명을 덧붙여서, 혹은 직유에 부가설명을 덧붙여서 번역해 주는 방법, 마지막으로 은유를 생략하는 방법 등 7가지로 나타났다. 각각의 전략에 해당하는 예문들은 ST와 TT를 같이 제시하였으며, ST의 은유가 그대로 유지된 M→M의 경우를 제외하고 나머지는 비교를 위해서 ST의 은유를 그대로 유지시켜 옮겨 준 문장을 포함하여 제시하였다. 전체 78개 은유 중 일부가 전략 분석을 위한 예문으로 활용되었으며, 결과 분석을 통해 발견된 모든 은유들은 [부록 1]에 첨부되었다.

2.1. 은유 → 은유(M → M)

ST의 은유를 TT에서 그대로 유지시키는 전략은 ST의 은유가 TT 문화권에서도 자연스럽게 받아들여지고 독자들에 의해서 올바로 이해될 수 있을 때 가능하다(Larson, 1984). 다시 말하면 TT 독자들이 ST 독자들과 일정한 지식을 공유하고 있어서 그러한 지식을 바탕으로 만들어진 해당 은유를 자연스럽게 이해한다는 것을 말한다. 앞서 사회 구성원들 공통의 체험과 경험을 바탕으로 형성된 지식 체계로서 스키마의 중요성을 언급한 바 있다. 스키마는 일반적으로 번역학에서 공유된 지식, 배경지식 등으로 다양하게 불려 왔는데, Larson이 지적한 대로 ST 독자들과 TT 독자들 사이에 이러한 지식 체계가 공유되어 있는 경우 ST의 은유는 TT 문화권에서 자연스럽게 받아들여질 수 있다. 다음의 예를 보자.

ST: Одну ногу убираем: убираем Балтийское и Черное мор я – все, передвигаемся на костылях на одной ноге – сев ерных морях. Нельзя этого делать. Нельзя(주: 5).

TT: 다리 하나를 없애 버리자. 발틱해와 흑해에서 떠나 한쪽 다리는 목발에 지탱해서, 즉 북해 하나로만 앞으로 움직여 보자. 그래서는 안 된다. 결코

ST 저자는 발틱해와 흑해를 하나의 다리로 묘사하였다. 즉, 양쪽 다리 중 하나는 발틱해와 흑해를, 나머지 하나는 북해를 의미하는 은유로 사용하였다. 해당 문장에 앞서서 저자는 '사람이 한쪽 다리를 절단하고 다른 한쪽 다리로 걷기 위해서는 지팡이가 필요한데, 그렇게 불구가 되는 것을 좋아할 사람이 있겠는가'라는 질문을 던지면서 위와 같은 은유를 통해 과거 구소련이라는 국가를 하나의 몸통으로, 그리고 구소련에 포함되었던 발틱해, 흑해를 하나의 다리로서 비유한 것이다. 이는 Lakoff & Johnson(1980)의 개념적 은유로 분석한다면 [국가는 사람이다]라는 은유모델을 바탕으로 만들어진 은유적 표현이다. '이동(передвижение)'이라는 주요 기능을 가지는 다리에 대한 체험적 지식 즉, 다리가 하나 없으면 그만큼 이동하고 앞으로 나아가는 데에 장애가 있을 수밖에 없으며, 국가의 경우, 다른 나라로 자신의 세력을 확장하고 이동하는 데에 중요한 역할을 하는 것이 바다 즉, 해상로에 해당한다는 지식체계가 양 문화권에 공유되어 있기 때문에 ST의 은유는 그대로 TT에서 변화 없이 유지될 수 있었다.

이렇게 국가를 사람과 비유하거나 정치 자체를 하나의 인체조직에 빗대어 표현하는 것에 대해 Čudinov(Чудинов, 2001)는 러시아

정치 은유에서 가장 전통적으로 나타나는 은유 중 하나라고 지적하였다. 실제 번역 결과 분석에서 M→M에 해당하는 유형 중 인체 조직의 하나인 '피(кровь)'를 이용한 은유가 다음과 같이 발견되었다.

ST: Когда один и тот же аппарат, пошли уже родственники − племянник, сват − нет смысла обновляться, тогда нужна свежая кровь(쥐: 38).

TT: 똑같은 기구에 친인척들이 자리를 차지하여 쇄신의 의미가 전혀 없을 때, 새로운 신선한 혈액이 필요하다.

ST: По этому принципу уже Россия делилась, и 75 лет она была в крови и терроре(쥐: 3).

TT: 러시아는 그러한 원칙에 따라 이미 나누어졌고 75년간 피와 테러 속에서 지냈다.

'피(кровь)'에 대해 우리가 가지고 있는 지식체계는 다음과 같다.

조직의 모든 부분들을 연결하는 기능을 한다. 생경력을 보장해 주며 유전적 특징을 보유하고 있다.[44]

첫 번째 '신선한 혈액'의 경우, 인체에서 중요한 기능을 가지는 '피'를 통해 '중요한 인력'을 나타내는 제유이며, 두 번째의 경우, '피'를 통해서 '전쟁', '분쟁'을 나타내는 제유이다. 두 경우 모두, 양 문화권에 공통의 지식을 바탕으로 유사한 은유구조가 존재하기 때문에 다른 표현으로 바꾸어 주지 않고 그대로 유지시켜 주었다.

44) Основные функции − взаимосвязь всех частей организма: обеспечение жизнедеятельности организма: сохранение наследственных признаков(Чудинов, 2001: глава Ⅱ.).

물론, 위의 문장은 '혈액' 대신 '인력'으로, '피' 대신 '전쟁'으로도 충분히 번역이 가능하다.

위의 경우와 같이 사람, 인체조직을 이용한 은유 이외에도 러시아 정치 담화에서 광범위하게 확산되어 있는 은유적 모델 중 하나로 현대 러시아를 병든 조직에 비유하는 은유를 들 수 있는데, 결과 분석에서도 러시아를 병든 조직에 비유한 은유를 발견할 수 있었다.

ST: Стало ясно, что Союз болен. И это смертельная, неизлечимая болезнь под названием паралич. Паралич власти(푸: 72).

TT: 소련연방이 병든 게 분명했습니다. 치명적인 불치병이죠, 병명은 '마비', '정권마비' ……

위의 예는 소련을 불치병에 걸린 조직으로 비유한 ST 은유를 그대로 TT로 옮겨 주고 있는 경우에 해당한다. 한국어에도 다음의 예문들에서 나타나는 것과 같이 '병든 한국', '병든 정치'와 관련된 은유가 광범위하게 확산되어 있으므로 그대로 옮겨 주는 데에 무리가 없다.

흔히 정치하는 사람들을 빗대어 불치병에 걸렸다는 말을 한다. (시사월간 피플, 2002. 7. 15)

공천 반란, 몸살 앓는 여의도(주간동아, 2000년 223호)

한국 정치가 중병을 앓고 있다고, 아니 중증의 배냇병을 안고 태어났다고 ……(신동아, 2004년 538호).

한편, 나라를 곤경에 빠뜨린 즉, 병들게 한 원인으로 병균(баци

лла), 바이러스(вирус), 미생물(микробы) 등이 은유적으로 사용될 수 있는데, 일반적으로 질병을 발생시킨 원인으로 여러 가지 사상적 병폐가 은유적으로 많이 사용된다. 다음은 이러한 병균을 이용해서 만들어진 은유와 그에 대한 번역이다.

ST: Вот здесь эксперимент. Запустили бациллу коммунизма – пусть русские помучаются, посмотрим, что такое коммунизм(쥐: 19).

TT: 그래서 러시아에 공산주의라는 간상균을 투여했다. 러시아인들이 괴로워하든 말든 도대체 공산주의가 무엇인지 한 번 보자 하는 속셈으로.

위의 경우에는 공산주의를 '병균'에 비유하고 있는데, 한국문화권에서 역시 공산주의에 대한 부정적 시각이 공유되고 있기 때문에 위와 같은 은유를 그대로 옮겨 준 것으로 볼 수 있다.

ST: Там героические православные сербы, наши братья, они не будут просто так погибать, Они, как и мы, русские, мужественные люди, хотят себя защищать(쥐: 21).

TT: 그곳에서 영웅적인 정교신자들인 우리의 형제들, 세르비아인들은 그저 가만히 앉아 죽어 가지는 않을 것이다. 우리 러시아인들처럼 용감한 그들은 스스로를 방어하고자 한다.

ST의 은유가 TT로 그대로 유지된 경우에는 국가, 민족들 사이의 관계를 '가족', '가족 구성원' 사이의 관계에 빗대어 표현하는 은유 역시 포함되어 있다. 과거 제정 러시아에서는 전통적으로 '차르는 아버지', '황후는 어머니', '슬라브 민족은 형제', '정교신자는 형제'

등의 은유가 확산되어 있었는데, 이는 공산주의화된 이후에도 계승되어 브레즈네프 시대에는 '당은 가족', '당원들은 형제' 등의 은유로 계승되었다(Чудинов, 2001). 위의 '형제'라는 은유는 과거 공산주의 사상을 공유했던 국가들이나 민족적 공통성을 가지고 있는 국가들을 지칭할 때 자주 사용되는 은유인데, 일정한 사상이나 이상을 공유하고 있는 민족이나 나라들, 같은 민족적 특성을 가지고 있는 사람들을 '형제'라는 은유로 표현하는 지식체계가 한국어권에도 존재하므로 위의 은유 역시 그대로 유지되었다.

한편, 위의 경우처럼 언중에 의해서 많이 사용되어서 어느 정도 관습화되어 있는 은유들 이외에도 ST 저자가 표현력을 높이기 위해 스스로 만들어 낸 창조적 은유가 그대로 TT에서 유지된 예도 찾을 수 있었다.

> ST: На подходе к Хабаровску вдоль стальной колеи тянутся полуразвалившиеся сараи, свалки мусора, "машут крыльями" полиэтиленовые мешки(풀: 23).
>
> TT: 하바로프스크에 다다르자 철로 양쪽에 반쯤 허물어진 창고와 쓰레기 더미가 늘어서 있었고 비닐 자루들이 날개를 펄럭이고 있었다.

역 주변에 지저분하게 깔린 쓰레기들과 바람에 날리는 비닐 자루들의 모습을 묘사하면서 ST 저자는 날리는 비닐 자루를 날아가는 새가 날갯짓하는 것에 비유하고 있다. TT 역시 이러한 ST의 창조적 은유를 '날개를 펄럭이다'라는 표현을 그대로 살려서 번역하고 있다. 그러나 모든 창조적 은유가 그대로 M→M 전략을 통해 옮겨질 수 있는 것은 아니다. 창조적인 은유를 그대로 살려 주었을 때 TT 은유의 표현력이 지나치게 강조되는 경우, 다른 은유로 혹은 기술적 표현으로 다양하게 옮겨질 수 있기 때문이다. 그에 해당하는 예는 M→D 전략을 설명하는 2.3.장을 통해 제시될 것이다.

M→M에 해당하는 번역 유형에는 앞서 지적한 바와 같이 지식체계가 공유되어 있는 경우도 있지만, 그렇지 않음에도 불구하고 그대로 유지시켜 준 경우도 있었다.

> ST: Отечественной войны, они вам скажут, что женщины отдавались за кусок хлеба(푸: 180).
> TT: 여자들이 빵 한 조각에도 몸을 내줬다고 합니다.

> ST: Должны быть нормальные условия жизни, чтобы человеку не напоминали, сколько у него ранений, чтобы он получил положенный ему кусок колбасы(쥐: 16).
> TT: 전쟁 참가자들이 자기에게 얼마나 많은 상처가 있는지 상기하지 않기 위해, 그가 받을 정당한 몫의 소시지를 지급하기 위해 정상적인 생활조건을 조성해야만 한다.

위의 예는 문자적 의미와 은유적 의미 모두 해석이 가능한 경우에 해당한다. 실제로 여자들이 '빵 한 조각'에 몸을 내주었을 수도 있고, '아주 적은 식량'에도 몸을 내줄 만큼 상황이 어려웠다는 사실을 표현하기 위한 제유로 사용되었을 수 있기 때문이다. 두 번째 예도 군인들에게 '그들 몫의 소시지를 실제로 지급하기 위해서'라는 문자적 의미와 '군인들에게 정상적인 식량배급을 해 주기 위해'라는 제유로 모두 해석이 가능하다. 그러나 '우리에게 빵을 달라',

'빵 대신 자유' 등의 경우처럼 일반적으로 음식, 식량의 일부가 되는 대상은 실제로 대상 자체를 지시하기보다 그 부분으로 대변되는 전체를 지시하기 위해서 제유로 활용된다.

위의 표현을 은유의 하나로 포함시켜서 TT 문화권의 규범에 맞추어서 번역을 한다면 '밥 한 공기', '밥 한 끼'라는 한국 문화권 내의 은유로(M→M') 바꾸어 주는 방법 역시 생각할 수 있다. Nida & Taber(1969)는 그러한 경우를 의미적 전이로, Kussmaul(1995)은 대체(replacement)로 규정한 바 있다. 그러나 ST가 러시아 저자에 의해 쓰였으며, 러시아인들을 대상으로 한 텍스트임을 TT 독자들이 알고 있는 상황이고, '빵'과 '소시지'라는 대상이 한국 독자들에게 전혀 생소한 대상이 아니기 때문에 번역사는 TT 문화권에서 상응하는 이미지를 가지는 '밥 한 공기'라는 표현을 선택하는 대신 ST의 은유를 그대로 유지시켜 준 것으로 분석할 수 있다. 또 앞서 지적한 바와 같이 번역사가 위의 표현을 은유가 아닌 문자적 의미 그대로 사용된 것으로 생각하고 문자적 의미를 그대로 옮겨 주었다는 해석 역시 가능하다.

ST의 은유가 ST 문화권의 사회-문화적 특성을 반영하는 특성을 가지고 있다고 하더라도 위의 '빵 한 조각', '소시지'처럼 TT 문화권 독자들에게도 익숙한 대상이어서 해당 대상에 대한 지식을 공유하고 있고, 그래서 이해가 가능한 경우 그대로 옮겨 줄 수 있다는 사실을 확인할 수 있었다. 그러나 ST 독자들과 TT 독자들이 충분한 지식을 공유하고 있지 않아서, 혹은 Newmark가 지적한 대로 해당 TT 은유가 ST 은유에 상응하는 사용 빈도와 유통성을 가지고 있지 않아서 번역사가 적극적인 중개역할을 할 필요가 있음에도 불구하고 M→M 전략을 구사하는 경우는 전체 의미를 모호하게 하거나 왜곡시켜서 의사소통상의 오류를 가져오기도 한다.

> ST: (Немцы ……) И взяли Париж, и Варшаву, и Прагу－всю Европу повергли. И Северная Африка. Везде. И Лондон бомбили. Все могли немцы. Вот только здесь сломали они свои зубы, в России(주: 11).
>
> TT: (독일인들은) 그들은 파리도 바르샤바도, 프라하도 점령했다. 전 유럽이 파시스트의 손아귀에 있었다. 북아프리카도 도처에, 런던도 폭격을 받았다. 독일인들은 모든 것을 할 수 있었다. 그런데 여기 러시아에서 그들의 이빨이 망가지게 되었다.

위의 예에서 'сломать свои зубы(자신의 이빨을 망가뜨리다)'라는 표현은 실제로 이빨이 망가진 상황이 아니라 독일군들이 전 유럽을 점령하고 무엇이든 다 할 수 있는 힘을 가진 상황에서 러시아로 진군했다가 러시아군에게 격퇴를 당한 상황을 나타내기 위해 은유적으로 사용된 표현이다. 러시아어 관용어사전에 등재되어 있는 표현은 아니나 전체 맥락상 '실패하다', '격퇴당하다' 등의 의미를 '이빨이 망가지다'라는 표현을 통해 전달하려 했음을 알 수 있다. 한국어 화자들은 '이빨이 망가지다'와 관련된 지식을 가지고 있지 않기 때문에 '이빨이 망가지게 되었다'라고 ST의 은유적 표현을 그대로 옮겨 준 위와 같은 경우는 자연스럽지 못하고 전체적인 의미 전달이 모호해지는 결과를 낳았다.

M→M에 포함된 번역 유형에 대한 분석을 통해 번역사가 ST의 은유를 TT에서 그대로 유지시키는 전략을 활용하기 위해서는 ST와 TT 독자들이 일정한 공통의 지식체계를 가지고 있어서 그대로

옮겨 주어도 자연스럽게 이해가 가능해야 한다는 사실을 확인할 수 있었다. 지식체계가 공유되고 있지 않거나 공유가 된다 하더라도 해당 은유가 상응하는 유통성을 가지지 못한 경우, 또 Ⅲ장에서 지적된 대로 텍스트의 유형이나 장르, 텍스트 내의 은유의 기능과 종류 등의 요인이 강하게 영향을 주는 경우, 번역사는 다양한 방법으로 ST의 은유를 변화시켜야 하는데, 결과 분석을 통해 나타난 다양한 전략은 다음과 같다.

2.2. 은유 → 상이한 은유(M → M')

두 번째 전략으로 ST의 은유를 TT에서 다른 은유로 바꾸는 방법을 발견할 수 있었다. 여기에는 두 가지 경우가 있다. 첫 번째는 ST에서 A라는 대상을 통해서 전달된 은유적 의미와 기능, 효과가 TT에서는 다른 대상 즉, B를 통해서 이미 관습적으로 관용화되어 있어서 해당하는 은유적 표현으로 바꾸어 주는 경우이다. 두 번째는 ST에서 은유를 통해서 전달된 의미, 기능이 TT 문화권에서는 관용적으로 구조화되어 있지 않으나 해당 텍스트의 전후맥락 등을 고려해서 번역사가 TT 문화권의 규범에 맞는 다른 은유적 표현으로 바꾸어 준 경우이다.

ST: Язык не поворачивается(푸: 130).
직역: 혀가 돌아가지 않는다.
TT: 차마 입이 안 떨어지더군요.
ST: Как у всех этих “критиков” язык не болит!(풀: 50)

직역: 어떻게 이 모든 비평가들은 혀가 아프지 않단 말인가!
TT: 모든 비평가들은 입도 아프지 않단 말인가!

ST: …… российская армия оказалась между двух огней(풀: 97).
직역: 러시아 군대는 두 개의 불 사이에 놓였다.
TT: 러시아 군대는 사면초가 상태였다.

위의 예는 ST 문화권에서 은유적으로 관용화된 표현들이 TT 문화권에서도 다른 대상을 통해 관용화되어 있는 경우이다. 프랑스에서 '벌허리'라고 불리는 가느다란 허리가 한국어에서는 '개미허리'라는 관용적 표현으로 굳어 있는 경우와 같다(Choi. J. W, 2003). 러시아어에서는 '혀'를 통해서 전달되는 의미가 한국어에서는 '입'을 통해서 전달되었으며, '두 개의 불 사이에 놓인' 상황에 빗대어 비유적으로 '오도 가도 못하다, 진퇴양난'이라는 의미를 가지게 된 러시아의 관용어 'оказаться между двух огней (두 개의 불 사이에 놓이다)'는 '어느 누구의 도움도 받을 수 없는 고립된 상태'(연세한국어사전, 1998)라는 의미를 가지는 '사면초가'[45]라는 관용적 표현으로 전환되었다.

분명 ST에서 TT로의 번역 과정에서 변화가 있었지만, ST의 은유와 같은 혹은 유사한 의미를 가지는 관용적으로 굳어진 표현이 TT에도 존재하는 경우에 해당하기 때문에 텍스트의 유형이나 장르, ST 저자의 성향 등 다른 요인들에 의해 받는 영향은 최소화되고 비교적 쉽게 TT 표현을 찾을 수 있다.

45) '사기'의 '항우본기'에 나오는 말로 초나라 항우가 사면을 둘러싼 한나라 군사 쪽에서 들려오는 초나라 노랫소리를 듣고 초나라 군대가 항복한 줄 알고 놀랐다는 고사에서 유래한 고사성어이다.

다음은 ST의 은유가 TT의 다른 은유적 표현으로 바꾸어졌다는 점은 동일하나 은유적으로 관용화되어 있지 않기 때문에 번역사가 은유 자체가 가지는 의미뿐 아니라 그 기능과 효과, 텍스트 전후의 맥락, 장르 등을 고려해서 그와 같은 기능을 가질 수 있는 TT의 은유 표현을 찾아낸 경우이다.

ST: А что же будет со старой－то гвардией в Кремле?(푸: 183)
직역: 크렘린의 구 근위대는 어떻게 되는 겁니까?
TT: 크렘린의 옐친의 가신들은 어떻게 되는 겁니까?

ST에서 저자는 옐친의 권력에 의존해 크렘린에 입성해서 무소불위의 권력을 휘두르고 있던 정치인들을 '근위대, 친위대'에 비유하였다. 소련에서 독소 전쟁 중 수훈을 세운 부대에 수여된 칭호로도 사용되고, 러시아 혁명 당시 적위군(красная гвардия), 백위군(белая гвардия) 등으로 많이 사용되었던 표현이다. 근위대는 옐친의 측근 정치인들을 은유적으로 묘사한 것인데, 정치인들을 군인에 비유함으로써 옐친의 주변에서 하나의 조직이라고 할 수 있을 만큼 부동의 위치를 차지하고 동시에 대통령의 권력을 이용해 자신의 입지를 굳히고 있는 정치인들을 표현하였다. 옐친 대통령의 집권 말기, 대통령이 건강악화로 정상적인 직무를 수행하기 어려웠을 때, 국정을 좌지우지하다시피 한 정치인들을 뜻하므로 부정적인 뉘앙스가 포함되어 있다. 근위대와 같은 군 체계를 가지고 있지 않은 한국어로 그와 같은 은유적 의미를 전달하기 위해서 번역사는 '가신(家臣)'이라는 은유를 활용하였다. 가신은 정승의 집안일을 맡아보던 사람으로 중국 춘추시대에 각국의 대부 밑에서 벼슬을 하던 사람들을 말하는데, 주로 '권세 있는 집안에 딸려 그 주인을 아주 가까이 섬기고 따르는 사람'을 칭한다(연세한국어사전, 1998: 17). 한국 정치에서 '가신', '가신그룹'이라는 표현은 '주군'의 상대어로서 사용되는데, 주군－가신의 관계는 종종 김영삼 전 대통령과 상도동계, 김대중 전 대통령과 동교동계 등을 표현하는 데에 은유적으로 활용되곤 하였다. '가신정치, 이른바 패거리 정치……'(일요시사, 2000. 12. 28.), '가신정치 청산'(한국행정연구원 칼럼, 2003. 1. 3.), '가신정치의 폐단'(신동아, 2004. 5. 6.) 등의 경우에서 보이는 것처럼 일반적으로 '가신'이라는 한국어 표현 역시 긍정적인 효과보다 청산해야 하는, 해결해야 하는 문제로서 부정적인 뉘앙스가 강하다. 따라서 권력을 가진 정치인의 측근이면서 부정적 뉘앙스를 가지는 ST의 '근위대'라는 은유는 '가신'이라는 새로운 은유로 바꿈으로써 그 의미와 효과를 성공적으로 반영했다고 평가할 수 있다.

> ST: За десятилетие после начала горбачевской перестройки у нас многое стало разменной монетой－Родина, Честь, Имя(풀: 77).
>
> 직역: 고르바초프의 페레스트로이카 이후 10년 동안 우리에게 조국, 명예, 명성 같은 말은 잔돈이 되어 버렸다.
>
> TT: 고르바초프의 페레스트로이카 이후 10년 동안 우리에게 조국, 명예, 명성 같은 말은 헌신짝 정도로 전락해 버렸다.

위의 경우, разменная монета라는 표현은 어휘의미 그대로 표현하면 '잔돈'이다. 위의 예문에서는 과거에 중요한 가치를 지녔던 조국과 명예, 명성과 같은 것이 페레스트로이카 이후 가치 없는 것으로, 중요하지 않은 것으로 전락해 버렸다는 의미를 표현하기 위해 사용된 은유이다. 한국어에서도 '가치가 없는 물건 혹은 개체'를 표현하기 위해 '잔돈푼', '푼돈' 등의 은유를 활용할 수 있다. '잔돈푼', '푼돈'은 그 자체로 가치가 없는, 소중하지 않은 대상을 표현할 수 있지만, '과거에는 중요한 의미를 지녔으나 더 이상 중요성을 지니지 않는 대상이나 개체' 즉, 과거에서 현재로 시간이 흐름에 따라 가치가 전락해 버린 대상을 표현하기에는 적절하지 못하다. 이러한 시간의 흐름과 가치의 전락이라는 세부적인 의미를 전달하기 위해서 번역사는 '헌신짝'이라는 다른 은유를 선택하였다. 즉, 과거에는 온전한 '신발'로서 기능했지만 시간의 흐름에 따라 그 가치를 상실해서 사람들이 더 이상 소중하게 여기지 않게 된 '헌신짝'에 페레스트로이카 이후 가치가 전락해 버린 '조국', '명예'를 빗대어 표현한 것이다. ST의 은유를 '잔돈푼', '푼돈'과 같이 부분적으로 살려 주었을 때 Newmark가 지적한 바와 같이 '세세한 의미와 톤의 변화'가 있을 수 있기 때문에 그것을 최소화하기 위해 TT 문화권의 다른 은유적 표현으로 바꾸어 주었다.

위의 예에서 보이는 대로 ST의 은유가 TT에서 다른 은유로 전환된 경우는 '벌허리 – 개미허리', '혀 – 입'과 같이 관용적으로 ST와 TT의 표현이 짝이 지어져 있는 경우도 있지만, ST의 은유적 표현이 가지는 의미와 효과를 TT에서도 전달해 주기 위해서 TT 사회와 문화의 규범에 따라 다른 은유적 표현으로 바꾸어 준 경우도 있다는 것을 확인할 수 있었다.

2.3. 은유 → 기술(M → D)

ST에서 TT로 옮길 때 ST 은유를 유지시키지 않고 바꾸어 주는 경우 중 가장 높은 빈도를 보인 전략이 바로 은유를 은유가 아닌 표현으로 기술하는 M→D이다. ST의 은유가 가지는 함의를 겉으로 드러내어 보여 준다는 측면에서 외연화(explicitation)라고 할 수 있다. 일부의 예를 살펴보자.

ST: Это была чудовищная мясорубка(푸: 10).
직역: 그것은 무시무시한 고기를 가는 기계였습니다.
TT: 그건 무시무시한 대량 학살이었습니다.

ST: Возможно, оттого, что я долго носил погоны на плечах (풀: 16).
직역: 아마 오랜 세월 견장을 어깨에 달고 다녔기 때문일 것이다.
TT: 아마 오랜 세월 군 생활을 한 탓일 것이다.

첫 번째의 경우 мясорубка는 수동식으로 고기를 가는 기계를 말한다. 전쟁에서 엄청난 인명피해가 발생한 것을 이렇게 고기를 가는 기계로 묘사함으로써 참혹했던 전쟁의 모습을 강조하는 효과를 가진다. 그러나 한국어권에서는 고기를 가는 기계 자체도 일상생활에 보편화되어 있지 않고 전쟁의 상황을 고기 가는 기계와 연관시키지도 않는다. 즉, ST와 TT 독자들 사이에 '고기 가는 기계'와 관련된 지식체계가 공유되어 있지 않다. 따라서 번역사는 '고기 가는 기계'를 통해 묘사된 엄청난 사람들의 인명피해라는 의미를 대량 학살이라는 비은유적 표현으로 바꾸어 주었다.

두 번째 경우, 군인 생활을 하는 것을 견장을 어깨에 달고 다니는 것을 통해서 묘사하고 있다. 견장을 달고 다니는 것을 통해 군 생활을 한다는 것을 나타내는 일종의 환유이다. 한국의 군인들도 어깨에 견장을 달고 다니는 것은 동일하지만 견장을 달고 다니는 것 즉, 한국어에서 '계급장을 달고 다니는 것'은 일반적인 군복무 자체를 은유적으로 표현한다기보다 병장, 일병 등 일정한 군대 내의 지휘체계에 편입된 것을 의미한다.[46] ST의 '견장을 달다'라는 은유는 TT 독자들이 이해는 할 수 있기 때문에 양 문화권의 독자들 사이에 공유된 지식이 없다고 할 수는 없지만, 그 일반화, 보편화의 정도가 상이하기 때문에 번역사는 '견장'이라는 표현을 살려주지 않고 '군인 생활을 했다'라고 풀어서 설명하는 방법을 선택하였다.

ST: Есть у нас перебежчики, где лучше, туда бегут－туда, где есть возможность куда－то съездить, что－то немедленно получить(쥐: 18).

직역: 더 좋은 곳, 어딘가를 돌아다닐 수 있는 곳으로 갔다가 아니면 무언가를 금방 받을 수 있는 곳으로 왔다 갔다 하는 탈주자들이 있다.

TT: 우리에게는 더 좋은 곳, 어딘가를 돌아다닐 수 있는 곳으로 갔다가 아니면 무언가를 금방 받을 수 있는 곳으로 끊임없이 왔다 갔다 하는 사람들이 있다.

ST: Над русскими издеваются в Эстонии, а у нас в руках с только рычагов. Экономический рычаг(쥐: 24).

46) 실제로 구글 검색 사이트에서 '계급장을 달다'라는 표현으로 검색을 해 본 결과, 대부분의 경우 이병 계급장, 병장 계급장, 대위 계급장 등 계급장을 통해서 일정한 군대 내의 지위를 나타내는 환유로 쓰인 경우가 많았다.

직역: 에스토니아에서는 러시아인들을 멸시한다. 그러나 우리의 손에 얼마나 많은 지렛대가 있는가. 경제 지렛대.

TT: 에스토니아에서는 러시아인들을 멸시한다. 그런데 우리의 손에 얼마나 많은 추진 수단이 들어 있는가. 경제의 추진 수단이.

위의 경우, ST 저자는 당을 여기저기로 옮겨 다니는 정치인들을 '탈주자'로 묘사하고 있다. 자신이 필요한 것이 있는 곳, 쉽게 결과를 얻을 수 있는 곳으로 여기저기 옮겨 다니는 정치인들을 '탈주자', '도망자'에 비유한 것이다. 쥐리노프스키는 자신과 이상, 사상을 달리하는 동료 정치인들에 대해서 매우 비판적인 자세를 가지고 있는 정치인으로 정평이 나 있다. 따라서 다른 정치인들에 대해서 말할 때 그의 문체는 매우 강하고 공격적이다. 한국 정치에도 여러 당을 전전하면서 돌아다니는 정치인들이 있지만, 한국 문화권의 특성상 그러한 정치인들을 '도망자'로, '탈주자'로 묘사하지는 않는다. 번역사는 번역된 텍스트가 한국인 독자들을 대상으로 하고 있다는 점을 감안하고, 그와 같이 지나치게 감정적인 은유는 그대로 유지시키는 것보다 약화시키는 것이 바람직하다고 판단, 중립적인 표현으로 '사람들'이라는 기술적 표현을 선택했다고 볼 수 있다. 이 경우, 유사한 의미를 지니는 한국어의 은유인 '철새'를 활용해서 번역하는 것도 가능한 대안이 될 수 있다. 그러나 번역사는 은유적 표현을 자제하고 '사람들'이라는 중립적인 비은유적 표현으로 바꾸어 주었다.

두 번째 рычаг은 '지렛대'라는 기본적 의미를 가지는 어휘이며, 은유적으로 '일정한 성과를 거두기 위한 수단'으로 활용되는, 러시아어에 광범위하게 확산되어 있는 은유이다. 한국어 문화권에도 상응하는 대상이 존재하고, 한국어 화자들에게 쉽게 이해될 수 있을 만큼 보편화되어 있는 어휘이나, '일정한 성과를 거두기 위한 수단'이라는 은유적 의미로 활용될 때에는 그 사용 범위가 제한적이다. 한국어에서 '지렛대'가 그 기본적인 의미 이외로 은유적으로 사용된 예는 다음과 같다.

다국적 개발은행의 차관 등을 지렛대로 사용했으며 ……(LG상남언론재단 11권)
특히 IT를 그 지렛대로 삼아야 한다는 주장이 고개를 치밀고 있다. (코웰소식지, 2003. 03. 03)
이를 지렛대로 삼아 재정규율을 바로잡아 나가는 ……(Japan Forum, 2002년 52호)

한국어에서는 주로 '~을 위한 지렛대로 활용하다'는 통사 구조 내에서 활용되며 그만큼 은유적 의미로의 활용이 제한적이다. 다음은 러시아어에서 рычаг이 어떻게 활용되는지를 보여 주고 있다.

Наша критика－рычаг и жизни и хозяйства(마야코프스키, Проветрим республику).
우리의 비판은 지렛대, 삶, 경제이다.

Существует много <u>рычагов,</u> которые могут сделать лесную отрасль прибыльной(푸틴 대통령, 2004. 3. 18. 자원부장관 면담).
임업의 부가가치를 높일 수 있는 지렛대가 많다.

Тайные <u>рычаги</u> сознания(Subcribe.ru, 2003.10.13.).
인식의 숨겨진 지렛대.

위의 예문에서는 활용 예를 보여 주기 위해서 지렛대라는 표현을 그대로 살린 한국어 직역을 첨가했다. 문학작품에서 대통령의 연설문, 심리학 관련 신문기사에 이르기까지 다양한 장르에서 활용되며, 별다른 통사적 제약 없이 광범위하게 확산되어 있는 것을 알 수 있다. 따라서 번역사는 ST의 рычаг을 '지렛대'로 그대로 옮겨주지 않고 '추진 수단'이라는 비은유적인 표현을 선택하였다. ST 저자는 구소련에서 독립한 이후 러시아와 러시아인들에 대해 부정적인 시각을 고수하고 있는 에스토니아에 대해서 강한 불만을 나타내고, 러시아도 그에 대응할 수 있는 강력한 조치를 취할 필요가 있다는 점을 강조하고 있기 때문에 전체적인 텍스트의 맥락을 고려하면 '추진 수단'이라는 비은유적 표현 이외에도 그와 같은 강력한 조치를 나타낼 수 있는 다른 여러 TT 표현들이 가능하다. 위의 рычаг(지렛대)이라는 표현은 과정 분석 즉, TAP의 대상이 된 텍스트에도 포함되어 있는데, 번역사들이 생산해 낸 다양한 TT에서 рычаг이라는 동일한 은유가 어떻게 다양하게 번역이 되었는지를 다음 Ⅴ장의 과정 분석에서 보다 자세하게 살펴볼 수 있을 것이다.

ST: Сегодня самое страшное – это снова делить людей по политическим признакам: красные – некрасные, коричневые – белые(쥐: 3).

직역: 오늘날 가장 무서운 일은 인간을 정치적인 이유로 붉은색과 붉지 않은 색, 갈색과 흰색으로 나누는 것이다.

TT: 오늘날 가장 무서운 일은 인간을 정치적인 이유로 공산주의자와 비공산주의자, 변절자, 반동 등으로 또다시 구분하는 것이다.

위의 예는 색채와 관련된 은유이다. Morgan이 지적하는 것처럼 "색채를 중심으로 한 비유적 표현은 문화권이 서로 공유하고 있는 것만큼이나 그 차이도 많다."(Morgan 1993: 131). 첫 번째 예문에 등장하는 색들은 붉은색, 흰색, 갈색이다. 붉은색의 경우, 전 세계 공통적으로 공산주의의 상징이 된다. 붉지 않은 색은 당연히 비공산주의를 의미한다. 정치와 관련된 담화에서 갈색과 흰색은 러시아의 역사적 배경으로 인해 특정한 의미를 지니게 되었다. 과거 제2차 세계대전 전의 독일 파시스트들은 벽돌색, 갈색으로 된 제복을 입고 다녔는데, 이들이 입고 다녔던 제복의 색에서 파시스트들을 '갈색'의 사람들로 부르게 되었다. 흰색의 경우는 전통적으로 짜르의 색을 의미하는 붉은색, 금색, 백색 중 하나로 과거에는 귀족들이나 높은 직급의 사람들만이 입을 수 있는 옷의 색깔이었다. 이러한 근거로 사람들을 '흰색'으로 상징하는 것은 왕정주의자, 군주주의자 등을 의미하게 되었다. 또 러시아 혁명시기 공산주의 혁명을 주동했던 적군에 반대, 왕정수호를 위해 싸웠던 군대를 '백군'이라고 칭했는데, 이러한 의미에서 백색은 공산혁명에 반대하는 '반동'의 의미도 지니게 되었다.

본 예문에서 번역사는 각각 '공산주의자, 비공산주의자, 변절자, 반동'으로 ST의 색채은유를 비은유적으로 풀어서 설명을 해 주고 있다. 일부에서 붉은색 계열이기는 하지만 완전히 붉지도 않고 그렇다고 다른 색도 아니라는 점에서 갈색을 '변절자'라고 보는 경우도 있고, 번역사 역시 동일한 선택을 하였으나, 위 예문의 경우 사상적인 배경, 정치적인 배경이 사람들을 구분하는 기준이 되고 있기 때문에 단순히 '변절자'라는 표현보다 '파시스트'로 바꾸어서 번역을 해 주는 것이 더 타당하다고 생각된다.

앞서 M→M 전략에 대한 분석에서 일반화되어 있지 않은 ST 저자의 창조적 은유를 그대로 유지시킨 경우(예: 비닐 자루들이 날개를 펄럭이고 ……)를 분석해 본 바 있다. 모든 창조적 은유가 TT에서도 같은 은유로 옮겨지는 것은 아니라고 지적한 바 있는데, 다음의 예를 통해 확인할 수 있었다.

> ST: Душ в нашем вагоне еле "плакали."(풀: 11)
> 직역: 우리 객차에 있는 샤워기는 겨우 울었다(눈물을 흘리다).
> TT: 우리 객차에 있는 샤워실은 물이 찔끔찔끔 잘 나오지 않았다.

위의 ST 은유는 객차의 샤워기가 물이 잘 나오지 않는 것을 울어서 눈물이 똑똑 떨어지는 모양에 비유한 것이다. M→M에서 비닐 자루가 날아가는 모습을 새가 날아가는 것에 비유한 것과 유사하게 ST 저자가 표현력을 높이기 위해 고안한 은유에 해당한다. ST의 은유를 그대로 유지시켜서 표현해 준다면 '찔끔찔끔 눈물을 흘렸다' 정도로 번역이 가능하지만, 한국어로 '샤워기가 눈물을 흘리다'라는 표현을 그대로 옮겨 주면 ST 내에서의 해당 은유에 비해 시적인 효과가 더 부각되는 반면, 조금씩밖에 나오지 않는 물의 모습은 잘 드러나지 않는다. 따라서 번역사는 은유적이지는 않지만 조금씩 나오는 물의 모습을 강조하고자 ST 저자가 사용한 은유를 '찔끔찔끔 잘 나오지 않다'라는 기술적 표현으로 바꾸어 주었다.

2.4. 은유 → 직유(M → S)

네 번째 은유 번역 전략으로 은유를 직유로 바꾸어 주는 경우를 발견할 수 있었다.

ST: Я не имею в виду, что был он сухарь(푸: 50).
직역: 그렇다고 그가 마른 빵이라는 말은 아닙니다.
TT: 그렇다고 목석같다는 말은 아닙니다.

위에서 сухарь는 말라서 건조시킨 빵을 의미한다. 광활한 영토와 혹독한 기후조건을 가진 러시아의 경우, 식량을 안정적으로 공급받을 수 없는 생활조건을 가지게 되는 경우가 많다. 그래서 러시아인들 특히 시베리아, 극지방의 주민들은 식량이 부족할 경우를 대비, 습기가 없이 건조시킨 마른 빵을 만들었다. 상비수단으로 만들어 두었다가 음식을 조리할 수 없을 경우 식사 대용으로 부숴서 먹기 위한 일종의 비상식량이다. 물기가 전혀 없고 딱딱하기 때문에 사람에 비유할 때에는 '무미건조한 사람', '무뚝뚝한 사람' 등의 은유적 의미로서 활용될 수 있다. 위의 예에서 보이는 대로 번역사는 '무뚝뚝한', '무미건조한' 사람 등 은유에 대한 기술적 표현을 선택하지 않고 '마른 빵'과 같은 은유적 효과를 전달하기 위해 직유를 사용하여 '목석같은'이라는 표현으로 옮겨 주었다.

ST: Чтобы призвать к управлению государством и обществом лучших государственных мужей, нужны политические партии, внутри которых разные будут смеси и кокте йли, но все－таки появится <u>плеяда</u> людей, среди котор ых можно будет кого－то выбирать(쥐: 9).

직역: …… 그 와중에도 선택할 만한 칠요성의 사람들이 나타날 정당이 필요하다.

TT: 국정에, 사회통치에 훌륭한 사람들을 불러들이기 위해서는 그 내부에 수많은 잡탕, 혼합물이 있지만 그 와중에도 선택할 만한 <u>기라성 같은</u> 인물들이 나타날 정당이 필요하다.

위의 плеяда(pleiad)는 그리스 신화에 나오는 Atlas의 일곱 명의 딸들을 말한다. 신화에서 비롯된 이 단어는 천문학적으로 칠요성, 묘성을 지칭하기도 하고 거성군, 거장군 등의 사전적인 의미를 가진다. 본래의 의미에서 은유적인 확장을 거쳐서 '일련의 뛰어난 사람들의 집단'이라는 의미를 가지게 되었다.

문화적 거리가 먼 한국의 경우, 그리스 신화에서 비롯된 어휘들이 일반화되어 있지 않다. 최근 언론매체나 여러 학자들의 학술 논문 등에서 자주 발견되는 일련의 표현들이 있기는 하지만, 러시아나 다른 유럽의 여러 나라들만큼 일반화되어 있지 않기 때문에 이와 같이 신화에 기원을 두고 있는 어휘들이 비유적으로 사용되면 TT 문화권에는 그에 상응하는 대상이 존재하지 않으므로 다른 표현으로 바꾸어 줄 수밖에 없다. 본 예문에서는 '어두운 밤에 반짝이는 무수한 별'(새 국어사전, 1999)이라는 의미를 가진 일본식 표현 '기라성'에 바탕을 두고 있는 '기라성 같은 인물'이라고 직유를 써서 표현해 주었다. 이와 같이 신화나 성경에서 기인한 은유는 상응하는 대상이 한국 문화권에 없거나 있어도 보편화되어 있지 않으며 서양 문화 특수적인 특징을 가진다.

2.5. 은유 → 직유 + 추가설명(M → S + D)

Larson(1984)의 분석에서는 빠져 있으나 Newmark(1988)가 분류한 7가지 은유 번역 전략에 포함되어 있는 경우가 바로 ST의 은유를 직유와 부가적 설명을 덧붙여서 번역해 주는 경우인데 본 연구의 결과 분석을 통해서도 이와 같은 전략을 발견할 수 있었다.

> ST: Назовите "тараканов" поименно(푸: 162).
> 직역: 바퀴벌레들을 구체적으로 말씀해 주십시오.
> TT: '바퀴벌레' 같은 독소조항을 예로 든다면요?

위의 문장이 나오기 전 푸틴 대통령은 공산주의자들이 전국적인 기반을 가진 정당으로서 세력을 가지고 있는 것은 당연하나 사상적 '바퀴벌레' 때문에 문제라는 말을 하고 있다. 거기에 대해 기자가 다시 확인질문을 하면서 '그런 바퀴벌레들을 구체적으로 말해 달라'는 부탁을 하고 있는 텍스트이다. 위 예문에서 보이는 대로 번역사는 '바퀴벌레 같은'이라는 직유에 '독소조항'이라는 부가 설명을 따로 덧붙였다. '바퀴벌레들'을 뜻하는 тараканы는 '부조리함, 난센스, 엉터리' 즉, бессмыслица, глупость 등의 은유적 의미를 가진다. 'У него в голове тараканы(그의 머릿속에는 바퀴벌레들이 있다.)'라고 하면 그의 머릿속은 온통 쓸데없는 생각으로 가득 차 있다는 것을 의미한다. 푸틴 대통령은 공산주의자들에 대해서 사회적 기반을 가지고 있는 거대 정당임은 인정하나 사상적으로 문제가 있다는 것을 '사상적 바퀴벌레를 가지고 있다'라는 은유를 사용하였다. 바퀴벌레는 한국어권에서 상응하는 은유적 의미를 가지지 않는다. 따라서 이것을 그대로 옮겨 주면 TT 독자들은 이해할 수 없기 때문에 번역사는 바퀴벌레라는 ST의 은유를 '바퀴벌레 같은'이라는 직유로 바꾸어 주고 거기에 '독소조항'이라는 부가설명을 붙여 주었다.

2.6. 은유 → 은유 + 추가설명(M → M + D)

이 경우는 ST의 은유적 표현을 살려 주면서 부가적 설명을 첨가하는 경우이다.

ST: И есть коммунисты – единственная крупная, действительно большая партия с социальной базой но с идеологическими "тараканами."

직역: 하지만 공산당은 사회적 기반을 확보하고 있는 유일한 거대 정당입니다. 그러나 그들은 사상적 '바퀴벌레'를 가지고 있습니다.

TT: 하지만 공산당은 사회적 기반을 확보하고 있는 유일한 거대 정당입니다. 문제는 그들이 가지고 있는 '바퀴벌레'라고도 할 수 있는 사상적 독소조항입니다.

앞서 직유에 추가설명을 붙여 주는 경우에 해당하는 예문의 바로 앞에서 이어졌던 문장으로 TT에서는 '바퀴벌레'라는 은유에 대해서 그것을 유지시키면서 추가설명을 덧붙여 준 것을 확인할 수 있다. 푸틴 대통령이 공산주의자들의 사상에 대해 강하게 비판하고 공산주의자들의 사상이 '내용 없는 엉터리'에 지나지 않는다는 것을

'바퀴벌레'라는 은유를 통해 감정적으로 표현하고 있는데, 번역사는 엉터리, 난센스라는 감정적인 설명 대신 '독소조항'이라는 다소 중립적인 부가설명을 첨가함으로써 ST 은유의 의미를 전달하였다. ST의 은유가 가지는 효과를 은유를 유지시키면서 거기에 부가설명을 덧붙였기 때문에 ST의 은유를 이해할 수 있을 만큼 러시아어에 대한 지식을 가지고 있는 사람들과 상응하는 지식을 가지지 못한 일반인들을 모두 만족시키려는 번역 전략이라고 볼 수 있다.

ST: Если черные стрелы Барбаросса, майн Кампфа прочерчивались на Россию с запада, то зеленые стрелы фанатиков ислама тянутся с юга на север, по Волге до Татарстана(풀: 79).

직역: 바르바로스와 마인 캄프의 검은 화살이 서쪽에서 러시아로 날아왔다면, 이슬람 광신도의 푸른 화살은 볼가 강을 따라 남쪽에서 북쪽 타타르스탄까지 날아오고 있다.

TT: '마인 캄프(히틀러의 저서 나의 투쟁(Mein Kampf)으로 여기서는 히틀러를 뜻함)'와 '바르바로사(히틀러의 대소작전 암호명으로 '붉은 작전'이라는 뜻)'의 검은 화살이 서쪽에서 러시아에 날아왔다면, 이슬람 광신도들의 푸른 화살은 남쪽에서 북쪽으로 볼가 강을 따라 타타르스탄까지 날아오고 있다.

위의 경우 바르바로스는 히틀러가 소련을 침공할 당시 명명했던 작전이고 마인 캄프는 히틀러의 저서를 말한다. 러시아에게 있어서 독일 나치 세력과의 제2차 세계대전은 매우 중요한 의미를 지닌다. 소련은 제2차 세계대전 자체에 당시 소련이 전체 유럽으로 세를 확장하고 있는 나치를 물리침으로써 소련뿐 아니라 전 유럽을 나치로부터 해방시켰다는 역사적인 의미를 부여하고 있기 때문에 러시아인들에게 바르바로스나 마인 캄프는 히틀러와 관련해서 잘 알려진 친숙한 대상이다. 따라서 ST의 저자는 '바르바로스와 마인 캄프의 검은 화살'이라는 은유적 표현을 쓰는 데에 있어서 별다른 부가적 설명을 붙이지 않고 있다. 그러나 히틀러의 작전이나 저서에 대한 지식을 가지고 있지 않은 한국인 독자들은 이것을 그대로 직역했을 경우 전혀 이해하지 못한다. 따라서 번역사는 해당 정보를 텍스트 내 괄호 안에 부가적으로 첨가하여 주었다.

> ST: Потому что он был с Кавказа, он знал ситуацию, понимал, что нельзя создавать национальные государства. Это кровь и война.
>
> 직역: 그는 까프까즈에서 왔기 때문에 상황을 알았고, 민족국가를 만들어서는 안 된다는 것을 이해했다. 그것은 피와 전쟁이다.
>
> TT: 그는 까프까즈에서 왔기 때문에 상황을 알았고 민족국가를 만들어서는 안 된다는 것을 이해했다. 그것은 피와 전쟁으로 가는 지름길이라는 것을 이해했다.

ST의 은유를 TT에서 그대로 유지시켜 주는 전략을 사용한 예에서 '피'와 관련된 은유가 상당히 많이 발견되었다는 점을 이미 지적했다. 위의 예는 같은 '피'를 이용한 은유지만 TT에서 텍스트 내에 추가적으로 설명을 붙여 준 경우에 해당한다. '~로 가는 지름길'이라는 설명이 첨가되지 않았다고 해서 TT 독자가 ST의 은유를 이해하지 못하지는 않기 때문에 앞서 예를 들었던 두 경우에 비해서 추가설명이 필수적이라고 할 수는 없다. 그러나 ST에 대한 직역('피와 전쟁이다')과 실제 번역문('피와 전쟁으로 가는 지름길이다')을 비교해 보면 실제 번역사가 택한 TT 표현이 더 자연스럽고 그 의미가 명확하게 드러난다는 것을 확인할 수 있다.

2.7. 은유 → 생략(M → ∅)

ST의 은유를 TT에서는 생략한 경우 역시 발견할 수 있었다.

> ST: Вы помните, Наполеон пошел напрямую: Европу покорил, олимп победы. Что там Россия?
>
> 직역: 나폴레옹이 직접 진군하여 유럽을 정복하였다. 승리의 올림포스이다. 러시아는 어떠한가.
>
> TT: 나폴레옹이 직접 진군하여 유럽을 정복했던 것을 기억할 것이다. 그런데 러시아가 뭐 별거라도 된단 말인가.

олимп(올림포스)는 제우스신과 함께 그리스 신화에 나오는 12신이 함께 살았던 그리스의 산을 말하는 것으로 '특정 분야 최고의 영예, 존경(вершина славы, почета в какой -л. сфере деятельности)'이나 '실력 있고 유명한 시인, 작가, 음악가, 운동선수 그룹(группа признанных и знаменитых поэтов, писателей , музыкантов, спортсменов)' 등의 은유적 의미를 가진다.[47)]

위 예문의 олимп победы(승리의 올림포스)는 올림픽 시상식의 금메달리스트가 올라가는 가장 높은 제단을 의미하는데, 본 텍스트 내에서는 나폴레옹이 유럽을 정복하는 최고의 성과를 거두었다는 점을 강조하기 위해서 은유적으로 사용되었다. 그러나 TT 문화권 즉, 한국 문화권에서는 신화에 기초한 이러한 은유적 표현이 일반

---

47) Большой словарь крылатых слов русского языка(2000).

화되어 있지 않을 뿐 아니라 ST 은유가 가지는 효과를 적절히 전달할 수 있는 방법을 찾기가 쉽지 않다. 번역사가 олимп победы(승리의 올림포스)를 제대로 이해하지 못했거나 그에 해당하는 TT 표현을 찾지 못해서인지, 아니면 의도적으로 생략하는 전략을 택한 것인지는 결과를 토대로 한 분석에서는 정확하게 파악할 수 없으나, 결과적으로는 ST의 은유가 TT에서 생략된 경우에 해당한다.

이렇게 생략하는 방법에 대해 Newmark는 '저자가 알려져 있지 않은(anonymous) 텍스트이며, 해당 은유가 잉여적이라고 판단될 때' 라는 두 가지 조건을 제시하고 있다. 그러나 위의 경우는 저자가 유명한 러시아 정치지도자 중 한 명이며 텍스트 내에서 олимп победы(승리의 올림포스)라는 표현은 앞과 뒤의 정반대되는 상황 즉, '나폴레옹이 전 유럽을 정복했는데, 러시아에서는 패배했다'라는 것을 연결시켜 주는 역할을 하므로 단순히 잉여적이라고만 볼 수는 없다. 이러한 M→∅ 전략은 단순히 생략이 아니라 ST 표현에 포함된 정보를 누락시키거나 왜곡시킬 가능성이 있으므로 매우 신중을 기해야 하는 전략이라 할 수 있다.

전체 12개의 ST, TT 병렬 코퍼스를 대상으로 분석한 결과, 은유를 번역하는 데에 있어서 번역사가 선택할 수 있는 전략에는 총 7가지가 있다는 사실을 확인할 수 있었다. 전체 크퍼스에서 총 78개의 은유를 발견할 수 있었으며, 각각의 번역 전략별 은유의 정량적 수치는 다음과 같다.

〈표 6〉 결과분석을 통해 나타난 은유 번역 전략

M→M	M→M'	M→D	M→S	M→S+D	M→M+D	M→∅	계
25 (32.05%)	14 (17.95%)	27 (34.62%)	3 (3.85%)	1 (1.2%)	7 (8.97%)	1 (1.28%)	78

가장 많은 비중을 차지한 전략은 M→D로, 총 34.62%에 해당되었다. 그다음으로 은유를 변화 없이 그대로 유지시켜 주는 M→M(32.05%)을 들 수 있고, 나머지 전략의 비중은 M→M', M→M+D, M→S, M→S+D, M→∅ 순으로 나타났다. 이러한 정량적 수치를 통해서 러시아 정치 담화를 한국어로 번역하는 데에 있어서 번역사들은 은유를 다른 기술적 표현으로 바꾸어 주는 전략을 가장 많이 선택하였으며, 은유를 그대로 유지시켜 주거나 다른 은유로 바꾸어 주는 전략이 그다음으로 활용되었다는 것을 확인할 수 있었다. 또 전체 78개 은유 중 직유에 부가설명을 덧붙이거나 생략을 하는 경우는 각각 하나의 경우만 발견되었기 때문에 전체 활용 가능한 7가지 전략 가운데 번역사들에 의해서 가장 소극적으로 활용된 전략에 해당한다는 것을 알 수 있었다.

3. TT 중심의 번역 전략

이것은 ST에 없던 은유를 TT에 만들어 내는 경우를 말한다. ST에는 은유가 없기 때문에 엄밀히 말해서 은유 번역 전략에 포함시킬 수 있는가에 대해서는 이론의 여지가 있다. 앞 장에서 분석된 은유 번역 전략이 'ST에서 비롯된(proceeding frcm ST)' 전략이라면 이것은 'TT에서 비롯된(proceeding from TT)' 번역 전략이다. Toury는 "문제로서의 은유가 아닌 해결책으로서의 은유"로서 이와 같은 번역 방법이 가능하다는 점을 지적하였다(Toury, 1995: 83).

ST: Всегда исходили из того, чем меньше жена знает, тем крепче спит(푸: 63).
직역: 아내가 잘 모를수록 푹 잘 수 있을 거라고 생각하는 거죠.
TT: 아내는 모르는 게 약이라고 생각하는 거죠.

ST: особенно после распада СССР, …… страна окажется уже очень скоро на грани развала(푸: 133).
직역: 소련의 붕괴 이후, …… 우리나라는 와해 위기에 놓이게 될 것이라는 것을 …….
TT: 소련의 붕괴 이후 …… 우리나라는 벼랑 끝으로 치닫고 있다는 것을 …….

ST: Инфляцию создали такую, что невозможно ее терпеть (쥐:).
직역: 참을 수 없을 정도의 인플레이션으로 고통을 겪고 있다.
TT: 천정부지로 솟는 인플레이션으로 인해 매우 어렵게 살고 있다.

ST: Было ощущение постоянной радости и праздника(푸: 56).
직역: 마냥 행복하고 즐거웠지요.
TT: 마냥 행복하고 즐거웠으니까요. 정말 깨가 쏟아졌지요.

ST에는 은유적 표현이 존재하지 않음에도 불구하고 번역사가 TT로 재구성하는 과정에서 텍스트 자체의 표현력을 높이고 더 나아가, ST 표현을 강조하기 위해서 은유로 바꾸어 주었다는 사실을 알 수 있다. 엄밀히 말해서 은유 표현에 대한 번역 전략이라고는 할 수 없으나 번역사가 다른 경우보다 더욱 적극적인 전략을 구사한다는 측면에서 본 연구에서 독자적인 부분으로 포함되었다. 위의 4가지 유형 중 마지막 유형은 심지어 ST에는 아무런 표현이 존재하지 않는데 TT에서 은유적 표현을 첨가해 준 경우이다.

'아는 것이 적을수록 깊게 잠을 잘 수 있다'라는 기술적인 표현은 '모르는 게 약이다'라는 한국어의 관용어에 의해 간결하면서도 더 정확하게 전달되었다. 마찬가지로 와해 위기에 놓인 소련의 급박한 상황은 '벼랑 끝으로 치닫다'[48]로, 국민들이 도저히 참을 수 없을 정도의 인플레는 '천정을 모르고 뛰는 물가'로 표현력을 높인 은유를 통해서 더 강조된 것을 볼 수 있다. 마지막 예는 푸틴 대통령의 부인인 류드밀라가 무엇을 해도 마냥 행복하기만 했던 신혼시절을 회상하는 부분이다. 흔히 한국에서 신혼시절의 행복을 비유하는 데에 자주 쓰이는 '깨가 쏟아지다'[49]라는 관용어를 덧붙여 줌으로써 당시 대통령 부부의 행복했던 신혼 분위기를 한국 독자들이 더욱 실감할 수 있게 표현해 주었다. 나머지 경우는 은유적이지 않은 표현을 은유로 바꾸어 준 D→M에 해당하는 경우라면, 마지막의 예는 아무 표현도 없던 자리에 은유를 첨가해 준 ∅→M에 해당한다고 할 수 있다.

48) 벼랑으로 치닫다 – 위험하게 되다(박영준 외, 1996).

49) 깨가 쏟아지다 – 오붓하여 몹시 아기자기하게 재미가 나다(ibid., 1996).

4. 사회 – 문화 특수적 은유

위에서 부분적으로 제시된 예문들을 보면, 'рычаги(지렛대)', 'разменная монета(잔돈)'와 같이 러시아의 사회 – 문화적 특징과 직접적으로 연관이 없는 은유가 있는가 하면, 'коричневые(벽돌색)', 'сухарь(마른 빵)'의 경우처럼 러시아의 역사적 배경이나 사회 – 문화적 환경에 직접적으로 기인하거나, 사회 – 문화적 배경과 관련이 있는 은유들이 있다. 이는 사람들이 가지고 있는 체계화, 절차화된 지식으로서 틀을 보편적 지식체계와 사회적, 사회 – 역사적, 문화적 지식체계로 나누는 Fillmore(1982)의 구분과 일맥상통한다. 즉, 서로 다른 문화권이라 할지라도 공유되어 있는 보편적인 지식체계를 바탕으로 형성된 은유라면 그대로 직역을 했을 때 TT 독자들이 이해할 수 있는 반면, ST 사회나 문화에 특수적인 현상이나 대상을 이용해서 만들어진 은유라면 그만큼 TT 독자들이 이해하기 어려워지고 번역사의 적극적인 중개 역할이 강조되어야 하기 때문이다. 따라서 본 장에서는 이렇게 번역사의 적극적인 중개 역할을 필요로 하는 사회 – 문화 특수적 은유들을 그것이 무엇을 토대로 만들어졌는지, 그 기원을 중심으로 살펴보고자 한다.

러시아 성구(phraseology)가 가지는 문화적 함축, 문화적 의미에 대해 연구하고 있는 Dobrovol'skij(Добровольский , 1997) 역시 ST의 은유적 표현을 그대로 직역했을 때 TT 독자가 이해를 할 수 있다면 그것은 ST와 TT 독자들이 가지고 있는 체계화된 지식이 어느 정도 공유되어 있다는 것을 의미하며, 전혀 이해할 수 없다면 그것은 해당 은유가 사회-문화 특수적인 특성을 가지고 있어서 ST와 TT 독자들 사이에 배경지식이 공유되어 있지 않기 때문이라고 지적하였다.

4.1. 사회-문화적 생활환경

다음의 예들은 러시아, 더 나아가 서양 문화권의 생활환경에 영향을 받았거나, 직접적으로 연관이 있는 경우에 해당한다.

> ST: А политика-это сливки экономики. Значит, и в экономике мы отстаем в 50 раз.
>
> 직역: 정치는 경제의 크림(유지: 乳脂)이다. 즉, 경제에서 우리는 50배나 뒤져 있다는 것을 의미한다(쥐: 43)
>
> TT: 정치는 경제의 노른자위이다. 그것은 경제에서는 우리가 50배나 뒤져 있다는 것을 의미한다.

сливки는 크림(cream)이라는 뜻을 가지는 어휘이다. сливки는 과거 재래식으로 소의 젖을 짜서 보관한 우유를 일정 시간 두었을 때 병 위쪽에 생기는 크림을 말한다. 양이 매우 적고 우유의 영양분이 응축되어 있는 것으로 여겨져 과거 귀족들, 상층계급의 사람들만이 먹을 수 있었던 최고급 식품이다. 빵과 우유가 주식이 되는 식생활 환경, 유제품이 주된 식단을 차지하는 생활환경이 반영된 어휘로 그 양이 적고 품질은 최상이라는 의미에서 'сливки общества(사회의 크림)'라고 하면 사회의 '핵심부분, 엘리트' 등을 지칭하는 은유로 발전, 사용되고 있다. 영어의 cream, 불어의 créme

역시 유사한 은유적 의미를 가지는데, 이는 빵과 우유를 주식으로 하는 서양권에 공통된 은유로서, 문화적 거리가 먼 동양권의 언어로 번역할 때 어떤 식으로든 바뀔 필요가 있는 경우라고 할 수 있다.

해당 문장이 나오기 전 텍스트의 맥락을 보면 ST의 저자는 정치 분야에서 러시아가 다른 나라에 비해 10배 정도 뒤쳐져 있다는 사실을 지적하였다. 가장 핵심이 되는 부분에서 10배가 뒤져 있다면, 전체로 따지면 50배 정도가 뒤져 있다는 것을 강조하고자 ST의 저자는 '정치는 경제의 크림이다'라는 문장에서 сливки라는 은유를 사용하고 있다. 이런 유형의 은유에는 러시아, 더 나아가 유럽식 식생활 문화가 반영되어 있기 때문에 유사한 문화를 가지지 않은 다른 문화권의 언어로 번역하는 데에 있어서 번역사는 그 의미를 파악하는 것뿐 아니라 해당하는 TT 표현을 찾아내는 데에도 더 많은 노력을 기울여야 한다. TT 문화권 즉, 한국어에서 '크림'은 러시아의 경우처럼 보편화되어 있지 않을뿐더러 은유적으로도 활용되는 경우가 없기 때문에 번역사는 '핵심적인 부분'이라는 ST 은유의 의미를 계란의 '노른자위'라는 은유로 표현해 주었다.

> ST: И глупо говорить: нет, я буду <u>семечками торговать</u>, или ……(푸: 186).
> 직역: 저는 <u>과일 씨를 팔</u> 겁니다라고 할 수는 없지 않습니까.
> TT: 저는 길에서 <u>포장마차나 할</u> 겁니다라고 할 수는 없지 않습니까.

위 예문은 푸틴 대통령이 자신이 옐친의 후계자로 지목되었을 때 거절도 하지 못하고 그렇다고 기뻐할 수도 없었던 상황과 관련되어 있다. 푸틴 대통령은 자신이 후계자로 지목된 사실이 그렇게 마음에 들지 않았다는 사실을 언급하면서 그럼에도 불구하고 정치를 그만하고 갑자기 서민 생활로 돌아가겠다고 할 수는 없었던 상황을 길거리에서 '과일 씨나 팔'겠다고 할 수만은 없었다고 표현하였다.

러시아에서는 사람들이 해바라기 씨나 다른 과일의 씨를 손에 들고 길거리에 서 있는 광경을 쉽게 목격할 수 있다. 돈을 벌 수 있는 기술도, 경험도 가지지 못한 사람들이 가장 쉽게 할 수 있는 일이 텃밭에서 가꾼 과일이나 여러 종의 식물의 씨앗을 가지고 나와서 파는 것이다. 본 예문에서 '씨를 판다'는 것은 그만큼 흔하면서도 누구나 할 수 있는, 주로 서민들이 하는 일이라는 의미를 전달하기 위한 은유로 활용되었다. 그러나 한국에서는 과일 씨를 판다는 것이 '아무나 할 수 있는, 서민들의 일'이라는 함의를 가지지 않는다. 그만큼 러시아와 한국의 생활환경이 다르기 때문에 빚어지는 당연한 결과이다. 그대로 직역을 해 주면 ST의 의미가 제대로 전달될 수 없다. 번역사는 흔하면서 하층민이 할 수 있는 일을 TT 사회 즉, 한국 사회의 규범에 맞는 '포장마차를 하다'는 은유적 표현으로 바꾸어 주었다.

ST: <u>Двор－колодец</u>, пятый этаж без лифта(푸: 13).
직역: <u>우물마당</u>에 엘리베이터도 없는 5층 아파트였다.
TT: 엘리베이터도 없고 햇빛도 들지 않는 '<u>우물형 아파트</u>'였어요.

주) 네모난 우물처럼 아파트 건물 4채가 사각형 모양으로 에워싸고 있어 가운데 있는 공터에 햇빛이 들어오지 않아 어두운 'ㅁ'자형 아파트.

колодец는 러시아의 우물을 말한다. 러시아의 우물은 일반적으로 사각형의 모양을 하고 있으며, 그 깊이가 매우 깊다. 러시아인들이 '우물'에서 연상하는 이미지 역시 깊은 사각형 모양이다. 본 예문에서 마당을 '우물'에 비유한 것은 고층의 아파트 4채가 사방을 에워싸고 있어서 가운데에 있는 마당은 어둡고 마치 깊은 우물같이 보인다는 연상에서 기인한다. 즉, 러시아의 생활양식이 그대로 은유에 반영되어 있다고 볼 수 있다. 그러나 한국의 우물은 러시아의 우물과는 모양도 다르고 사면이 아파트로 둘러싸여서 가운데가 어두운 마당을 '우물'에 비유하지도 않는다. 따라서 번역사는 이러한 문화적 차이를 메워 주기 위해서 ST의 은유를 어느 정도 살려 주면서 "네모난 우물처럼 아파트 건물 4채가 사각형 모양으로 에워싸고 있어 가운데 있는 공터에 햇빛이 들어오지 않아 어두운 'ㅁ'자형 아파트"라는 각주를 통해 보충적인 설명을 해 주었다.

> ST: Но вы же еще ни с кем не <u>съели пуд соли</u>(푸: 181).
> 직역: 당신은 누군가와 <u>1뿌뜨(16kg)의 소금을 먹어 본</u> 적이 없지 않습니까.
> TT: 각하께선 누군가를 오랫동안 겪으면서 <u>동고동락</u>한 적이 없었던 걸로 알고 있는데요.

뿌뜨는 과거 제정러시아 시대의 중량 단위로 약 16㎏, 40파운드에 달하는 무게를 말한다. 소금을 누구와 함께 1뿌뜨나 먹는다는 것, 특히 상대방만 먹게 내버려 두는 것이 아니라 같이 먹었다는 것은 그만큼 그 사람과 친하고, 서로를 아끼는 친구로서 오랜 시간을 함께 보냈다는 것을 의미한다. 러시아 고유의 생활-문화 환경의 하나로서 오랜 기간 러시아에서 통용되어 온 계량 단위가 은유적 표현에 쓰이는 경우 역시 그대로 직역을 할 수 없다. 따라서 번역사는 그의 유사한 함의를 지니는 '동고동락'이라는 4자성어[50]를 이용한 기술적 표현으로 바꾸어 주고 있는 것을 볼 수 있다.

러시아 고유의 계량단위와 마찬가지로 러시아 사회에만 존재하는 지명이나 인명을 이용해서 만들어진 은유의 경우 사회-문화 특수적 은유에 포함될 수 있다. 대상 자체가 다른 나라에는 없는 것이기 때문에 번역사는 해당 대상이 포함된 은유적 표현을 풀어서 설명하거나 부가설명을 덧붙이는 방법 등을 선택하게 된다. 이런 경우는 은유적으로 표현하는 데에 사용된 대상 자체가 TT에는 없기 때문에 어떤 식으로든 바꾸어 주게 된다.

> ST: …… в котором все чиновники мэрии подтвердили, что в случае поражения Собчака они <u>покинут Смольный</u>(푸: 107).
>
> 직역: 시청 직원들은 소브차크가 당선되지 않을 경우 <u>스몰늬를 떠나겠다</u>는 공동성명을 …….
>
> TT: 만일 소브차크가 당선되지 않을 경우 시청의 전 직원이 <u>사임하겠다</u>는 공동성명을 …….

위 예문의 스몰늬(Смольный)는 뻬쩨르부르그 시청사가 위치하고 있는 곳의 명칭이다. 이것은 부분을 통해서 전체를 나타내는 제유이다. 즉, 스몰늬는 뻬쩨르부르그 시를, 스몰늬를 떠난다는 것은 뻬쩨르부르그 시청을 떠난다는 것, 즉 사임한다는 것을 의미한

50) 오래전 실제 있었던 사건에 빗대어서 표현하기 때문에 비유적 특징을 가지는 고사성어와는 달리 단순히 현재의 상황을 단순하게 4글자로 표현해 주는 것이므로 기술적 표현에 포함된다.

다. 번역사는 TT 독자들에게는 별다른 함의를 가지지 않는 은유적 대상 스몰늬를 유지시키지 않고 비은유적인 표현으로 풀어서 '사임하겠다'라고 바꾸어 준 것을 볼 수 있다.

> ST: И после этой работы подвалы Лубянки могут показатьс я для человека счастьем(푸: 179).
> 직역: 이 일이 있은 후 루뱐까의 지하실이 차라리 낙원 같다고 여겨진다.
> TT: (그는 각하에게 심문받는 것에 비하면) 루뱐까의 지하실이 차라리 낙원 같다고 했다던데요.
> 주) 루뱐까는 연방보안국의 소재지이며, 지하에 취조, 감금실이 있는 것으로 알려져 있다.

위의 예는 본문 내에 추가설명을 붙여 주는 경우와 유사하나 해당 은유에 대한 정보를 텍스트 내에서 해결하지 않고 각주를 통해 첨가하는 경우에 해당한다. 여기서 루뱐까는 KGB 소재지를 말한다. 이 경우 역시 장소를 통해서 해당 기관을 나타내는 제유이다. '루뱐까의 지하실'은 곧 구 KGB의 악명 높은 취조실, 감금실을 의미하는데, 이렇게 ST 문화권 고유의 지명을 이용한 은유일 경우, 같은 문화권에서 해당 지식을 공유하고 있지 못한 TT 독자들에게는 생소하고 이해가 되지 않는다. 번역사는 ST 독자와 TT 독자들 사이의 배경지식의 간극을 메워 주기 위해서 "루뱐까는 연방보안국의 소재지이며, 지하에 취조, 감금실이 있는 것으로 알려져 있다."라는 각주를 통해서 부가적인 설명을 덧붙여 주고 있다. 이렇게 은유 자체에 러시아 고유의 지명이 포함되어 있는 경우, 그 지명이 함축하는 의미는 사회-문화적으로 해당 사회에 구조화되어 있다. 그러나 TT 독자들은 해당 대상물이 ST 독자들에게 가지는 의미를 추론해 낼 수 없기 때문에 ST의 은유를 그대로 옮겨 주는 전략인 M→M은 바람직하지 않다.

한편, 다음과 같이 러시아의 민화를 바탕으로 만들어진 은유도 사회-문화 특수적 은유에 포함될 수 있다.

> ST: Действовали как бы из-за угла, чтобы не торчали уши, не дай Бог(푸: 44).
> 직역: 귀를 보이지 않게 하기 위해서였습니다.
> TT: 쥐도 새도 모르게 일을 처리하기 위해서였습니다.

위 경우는 '양의 탈을 쓴 늑대(Волк в овечьей шкуре)'가 어린양들을 잡아먹으려다가 양의 탈 밖으로 늑대의 귀가 나와서 그만 들켜 버렸다는 내용의 민화에서 기원한 은유이다. 즉, 귀를 드러낸다는 것은 자신의 정체, 비밀을 들켜 버린다는 것을 뜻한다. 러시아의 민화, 민담은 러시아인들의 생활 속에 뿌리 깊게 박혀 있기 때문에 그러한 민화에서 유래된 은유가 상당히 많이 존재한다. 번역사는 '아무에게도 들키지 않게'라는 의미를 '쥐도 새도 모르게' 라는 관용어를 통해서 표현해 주었다.

> ST: Но показать уши считалось неприличным(푸: 47).
> 직역: 귀를 보인다는 것은 바람직하지 않았습니다.
> TT: 드러낸다는 건 바람직하지 않던 시절이었습니다.

위의 경우 역시 동일한 민화에 기원을 두고 있다. 의미는 동일하지만 이 경우 번역사는 '(정체를) 드러낸다'는 기술적인 표현으로 바꾸어 준 것을 볼 수 있다.

4.2. 역사적 배경

역사적 배경에 기인한 은유 역시 이러한 사회-문화 특수적 은유에 포함시킬 수 있다.

ST: Если черные стрелы Барбаросса, майн Кампфа прочерчивались на Россию с запада, то зеленые стрелы фанатиков ислама тянутся с юга на север, по Волге до Татарстана(풀: 79).

직역: '마인 캄프와' 바르바로사의 검은 화살이 서쪽에서 러시아에 날아왔다면, 이슬람 광신도들의 푸른 화살은 남쪽에서 북쪽으로 볼가 강을 따라 타타르스탄까지 날아오고 있다.

TT: '마인 캄프(히틀러의 저서 나의 투쟁(Mein Kampf)으로 여기서는 히틀러를 뜻함)'와 '바르바로사(히틀러의 대소작전 암호명으로 '붉은 작전'이라는 뜻)'의 검은 화살이 서쪽에서 러시아에 날아왔다면, 이슬람 광신도들의 푸른 화살은 남쪽에서 북쪽으로 볼가 강을 따라 타타르스탄까지 날아오고 있다.

위 경우는 은유 전략 분석에서 M→M+D, 즉, 텍스트 내에서 은유에 보충설명을 같이 첨가해 준 경우에 해당한다. 전략에 대한 설명 부분에서 자세히 언급했지만, 나찌 독일과의 제2차 세계대전에서 승리한 것은 러시아에게 있어서 단지 러시아만을 구한 것이 아니라 전 유럽을 구한 것으로 큰 역사적 의미를 가진다. 따라서 러시아인들에게 있어서 제2차 세계대전 당시 나찌 독일이 가지고 있던 소련에 대한 침공 계획인 바르바로스와 히틀러의 저서 마인 캄프는 나찌 독일을 상징하면서 동시에 은유적으로 독일의 나찌즘을 의미한다.

전략 분석에서 언급된 바 있는 коричневый (갈색) 역시 독일의 파시스트들이 입고 다녔던 제복의 색을 이용해서 은유적으로 '파시스트'라는 의미로 사용되었으므로 그 기원은 역사적 배경에 있다고 볼 수 있다.

4.3. 그리스 신화, 성경

한편, Kussmaul(1995)이 지적한 것과 같이 문화권 사이의 거리가 멀수록 신화와 성경에 있어서 상당한 차이가 있을 수밖에 없는데, 그리스 신화나 성경에 기원을 두고 있는 은유 역시 상이한 문화권 언어로 번역되는 데에 있어서 사회-문화적 특수성으로 인해 어려움을 야기한다.

ST: Чтобы призвать к управлению государством и обществом лучших государственных мужей, нужны политические партии, внутри которых разные будут смеси и коктейли, но все-таки появится плеяда людей, среди которых можно будет кого-то выбирать(쥐: 9).

TT: 국정에, 사회통치에 훌륭한 사람들을 불러들이기 위해서는 그 내부에 수많은 잡탕, 혼합물이 있지만 그 와중에도 선택할 만한 기라성 같은 인물들이 나타날 정당이 필요하다.

앞서 은유→직유(M→S)의 예에서 지적한 대로 위의 плеяда(pleiad)는 그리스 신화에 나오는 Atlas의 일곱 명의 딸들을 말한다. 본래의 의미에서 은유적인 확장을 거쳐서 '일련의 뛰어난 사람들의 집단'이라는 의미를 가지게 된 경우이다. 최근에는 그리스어나 그리스 문화에 대한 관심이 줄어들긴 했지만 19C까지만 해도 러시아 학교에서 그리스어는 필수 과목이었을 정도로 러시아 사회 내에서 그 영향력이 컸다. 러시아뿐 아니라 전체 유럽에서 그리스에서 로마로 이어지는 과거의 역사는 매우 중요한 위치를 차지한다. 때문에 러시아어 어휘에는 그리스 신화, 그리스에서 로마로 이어지는 과거의 역사와 관련된 어휘들이 상당히 많이 자리 잡고 있다. ST의 은유가 TT에서 생략된 경우에 해당했던 олимп победы(승리의 올림포스) 역시 이러한 신화에 기초한 은유라고 할 수 있다.

다음은 그리스 신화에 기원을 두고 정치 관련 텍스트에서 은유적으로 활용된 어휘들이다.

> Конституционная схема власти не вмещается в прокрустово ложе[51)] испольнительной вертикали(Российская газета 2004. 2. 22일자).
>
> 국가의 헌법구조는 행정부가 짜놓은 틀에 간섭하지 않는다.

> Многопартийность, "Сизифов труд[52)]" – Что ошибочно?
> (press21.ru 2002. 4. 24일자)

---

51) прокрустово ложе는 고대 그리스의 강도 프로크라스티즈가 사람을 잡아 와서 자신의 침대에 눕혀 보고 사람이 침대보다 크면 발을 잘랐고, 작으면 발을 잡아 늘였다고 하는 그리스 신화에서 비롯된 것으로 자신의 이론에 맞게 무리하게 사실을 왜곡하는 것, 자신에게 유리하게 짜 놓은 자의적 틀을 은유적으로 표현한 것이다.

52) сизифов труд은 시지푸스의 노동 즉, 아무리 해도 결실이 없는 일, 헛수고 등을 말한다.

다당제－시지포스의 노동: 무엇이 잘못되었는가?

러시아는 그리스에서 시작된 정교를 계승, 공유하고 있는 슬라브 민족이기 때문에 이러한 많은 어휘들은 종교적인 특성 역시 강하게 나타난다. 16C 러시아를 통치했던 차르 이반 뇌제는 심지어 러시아를 로마와 비잔틴에 이은 '제3의 로마'라고 칭하고 정교의 진정한 후계자임을 강조하기도 했다.

ST: Есть золотое правило, основополагающее принцип любой демократической системы……(푸: 178)
직역: 민주주의의 원칙을 규정한 황금률이 있습니다.
TT: 민주주의 제도의 원칙을 규정한 철칙이 있습니다.

위의 'золотое правило(황금률)'는 성경의 누가복음 6장 31절과 마태복음 7장 12절에 나오는 구절로, '너희는 남에게서 바라는 대로 남에게 해 주어라'라는 예수의 가르침을 의미한다. 한국 문화권에서 '황금률'이라는 표현은 성경과 관련된 텍스트나 미국이나 영국 등 기타 서양 문화권에서 번역된 텍스트의 경우를 제외하고는 그대로 사용되는 예는 드물다.[53] 따라서 번역사는 황금률을 그대로 유지시키지 않고 '철칙'이라는 표현으로 바꾸어 주었다.

53) 실제 google.co.kr 사이트에서 검색해 본 결과, 황금률이라는 표현은 성경과 관련된 텍스트나 번역 텍스트에서 중심적으로 나타나고 있는 것을 확인할 수 있었다.

5. 소결

러시아 정치 담화와 그에 대한 한국어 번역문 총 12개 병렬코퍼스에 대한 분석을 통해 나타난 은유 번역 전략은 총 7가지이다. ST의 은유를 동일한 은유로 TT에서 재생산하는 M→M, ST의 은유를 TT 문화권의 규범에 맞는 상이한 은유로 바꾸어 주는 M→M', 은유가 아닌 기술적인 표현으로 재표현하는 M→D, 은유를 직유로 바꾸어 주는 M→S, 그리고 은유를 그대로 유지시킨 상태에서 부가적 설명을 첨가하는 M→M+D와 직유로 바꾸고 그것에 설명을 덧붙이는 M→S+D, 마지막으로 ST의 은유를 생략하는 M→∅ 등이다.

전체 분석에서 가장 많이 나타난 전략은 M→D로 전체의 34.62%를 차지했고, 그다음으로 ST의 은유를 TT에서 그대로 유지시켜 주는 M→M이 32.05%로 나타났다. 러시아와 한국 독자들 사이에 공유된 지식체계가 있어서 번역사의 특별한 중개 없이도 ST의 은유가 TT 독자들에게 자연스럽게 이해되는 경우, 은유를 그대로 별다른 변화를 거치지 않고 그대로 유지할 수 있었다. 공유된 지식체계의 예로서 국가나 정치체제를 사람, 인체조직이 비유하는 경우에 해당하는 '피', '다리', 그리고 국가를 병든 조직에 비유하는 경우에 해당하는 '질병', '병균', 국가나 민족을 가족에 빗대어 표현하는 은유에 해당하는 '형제' 등을 들 수 있었다. M→M은 이렇게 양 문화권의 독자들 사이에 공유된 지식이 없는 경우, '이빨이 망가지다'의 경우처럼 자칫 의미를 왜곡하거나 모호하게 만드는 결과를 낳기도 한다는 사실을 확인할 수 있었다.

번역사의 적극적인 중개활동은 ST의 은유가 다른 표현으로 바뀌는 경우 두드러지게 나타났다. M→M'는 ST의 관용어가 유사하거나 동일한 의미를 가지는 TT 문화권의 관용어를 가지는 경우(예: ST의 '혀'와 TT의 '입')와 일반적으로 관습화되어 있지 않은 은유이지만 상응하는 의미와 효과를 전달할 수 있는 다른 은유가 TT 문화권에 존재하는 경우(예: ST의 '잔돈'과 TT의 '헌신짝')에 가능했다.

ST의 은유는 상응하는 은유적 표현이 TT 문화권에 존재하지 않거나, 상응하는 유통성과 사용빈도를 가지지 않을 때 비은유적인 기술로 옮겨질 수 있었다(예: ST의 '고기 가는 기계'와 TT의 '대량학살'). M→D는 본 결과 분석에서 가장 많이 나타난 전략으로, ST 은유의 함축적 의미를 TT 독자들이 이해할 수 있도록 외연화하는 것을 말한다. 이 전략은 Newmark가 지적한 대로 ST 은유가 가지는 의미의 일부를 누락시키거나 첨가하는 결과를 낳을 수 있고, 화용적 효과를 감소시킬 수 있다는 특성을 가질 수 있다는 점을 확인하였다.

ST의 은유를 직유로 옮길 수도 있었고(예: ST의 '마른 빵'과 TT의 '목석같은') 은유에 추가설명을 첨가하거나(예: ST의 '바르바로스의 검은 화살'과 TT의 '바르바로스—히틀러의 대소작전 암호명으로 '붉은 작전'이라는 뜻—의 검은 화살'), 직유에 설명을 덧붙이는(예: ST의 '바퀴벌레'와 TT의 '바퀴벌레 같은 독소조항') 전략을 통해 TT로 옮길 수 있다는 것을 알 수 있었다. 마지막으로 분류된 전략인 생략(M→∅)은 ST 정보의 누락이나 왜곡을 초래할 수 있으므로 저자를 알 수 없는 텍스트 내의 잉여적인 표현에 해당하는 은유에 한해서 적용할 수 있음을 확인할 수 있었다.

이 외에도 ST에 은유가 존재하지 않더라도 표현력을 증가시키거나 강조하기 위해서 TT에서 은유를 첨가시키거나(예: '깨가 쏟아졌지요'), ST의 비은유적인 표현을 은유로 바꾸어 주는 전략(예: ST의 '와해 위기에 놓이다'와 TT의 '벼랑 끝으로 치닫고 있다') 역시 발견할 수 있는데, 이는 엄밀하게 은유의 번역 전략이라고 할 수는 없으나 문제가 아닌 적극적인 해결책으로서 은유를 활용한다는 측면에서 주목할 필요가 있다는 점을 지적하였다.

그리고 전체 결과 분석을 통해 분류된 은유 번역 전략의 예를 바탕으로 은유 번역 연구에서 중심이 되는 사회-문화적 특성을 조사해 본 결과, 사회-문화적 생활환경에 기인한 은유(예: '크림', '과일 씨를 팔다')와 역사적 배경에 기인한 은유(예: '벽돌색의', '흰색의'), 그리고 신화와 성경에 토대를 둔 은유(예: 'Atlas의 일곱 딸', '황금률') 등의 세 가지로 범주화가 가능하다는 사실을 확인하였고, 이러한 범주에 속하는 각각의 예에 대한 분석을 통해, 사회-문화적 특성이 강하게 반영된 은유를 번역하는 데에 있어서 번역사는 적극적인 중개 즉, ST의 은유를 다양한 방법으로 바꾸어 주는 전략을 활용할 필요가 있다는 사실을 알 수 있었다.

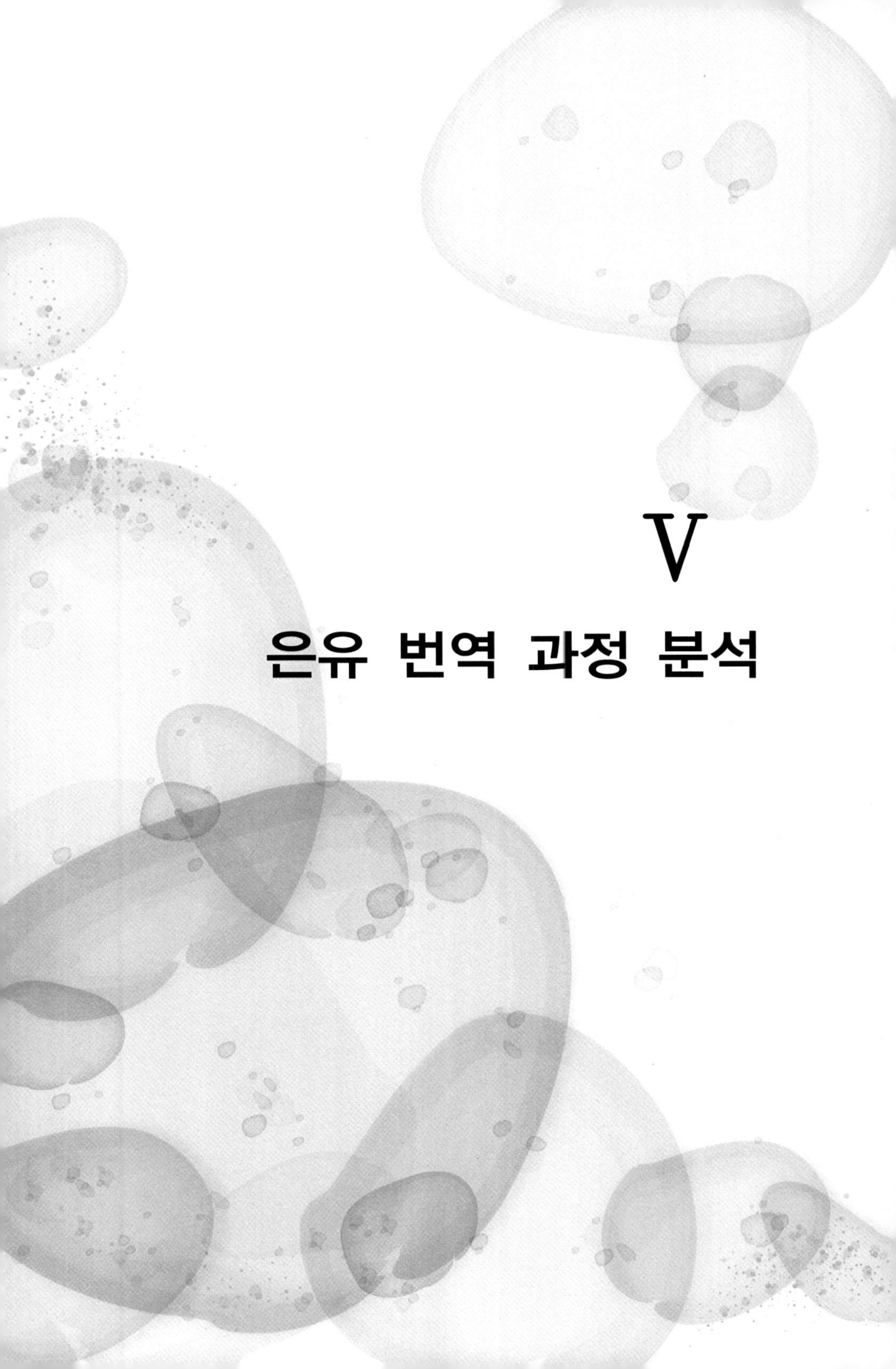

V
은유 번역 과정 분석

1. 연구 설계 및 방법

기존의 번역학 내 은유 연구는 결과를 통해서 과정을 유추해 보는 결과 중심적 연구에 한정되어 있다. 번역에 있어서 은유가 많은 문제를 야기한다는 사실에 대해서는 모든 번역학자들이 동의하고 있지만, 번역사들이 실제 은유적인 표현을 접했을 때 무엇을 고려하며, 어떤 해결 방법을 택하는지, 그리고 실제 번역 과정과 결과가 어떠한 상관관계를 가지고 있는지에 대한 경험적인 연구는 전혀 이루어져 있지 않다. 따라서 본 연구에서는 Ⅳ장에서 진행된 은유 번역의 결과를 토대로 한 전략 분석과 함께 은유 번역에 대한 경험적 연구가 병행되어야 한다고 전제하고, TAP 실험을 통해 은유의 번역 과정을 살펴보았다.

본 실험의 피실험자 주집단은 한국 외국어대학교 통역번역대학원을 졸업한 이후 5년 이상의 통번역 경력을 가진 전문 번역사 7인이며, 이들은 주어진 텍스트를 번역하면서 자신의 머릿속에서 떠오르는 생각들을 모두 발화하였다. 이들의 발화 protocol과 번역 결과 생산한 텍스트가 주요 분석 대상이 되었다. 보조집단으로는 현재 통역번역대학원에 재학 중인 예비 번역사[54) 3인이 실험에 참여했는데, 이들의 실험 결과는 주집단의 실험결과와의 비교, 분석을 통해 은유 번역에 있어서 오류를 최소화할 수 있는 방안을 마련하

54) semi-professional이라고 지칭하며, 이러한 집단의 특성을 전문 교육기관에서 번역교육을 받고 있기 때문에 번역 방법론에 대한 지식을 습득하고 어느 정도의 번역 능력은 갖추었지만 번역을 할 때 많은 문제를 겪는다(Kussmaul, 1995: 8). 본 연구에서는 비전문가 혹은 아마추어라는 표현 대신 예비 번역사라는 표현으로 바꾸어 주었다.

기 위한 자료로서, 그리고 번역의 질을 향상시키기 위해 필요한 과정적 절차를 비교, 연구하는 데에 활용되었다.

실험 재료로서 선택된 텍스트는 러시아 자유민주당 당수 쥐리노프스키의 1993년 5월 1일 노동절 대중 연설문으로서 결과 분석에서도 사용되었던 러시아어 원문이다. 번역작업은 피실험자 1인이 참여하는 모놀로그였으며, 실험자는 실험 방법에 대한 정보는 제공하되 실험 과정에 전혀 관여하지 않았다. 피실험자들은 자신의 발화를 녹음한 테이프와 번역의 결과물인 TT를 실험 결과물로 제출하였으며, 녹음된 테이프는 전량 전사되었다. 전사된 텍스트의 총 분량은 전문가 집단 43.6페이지, 예비 번역사 집단 33.3페이지, 총 약 76.9페이지[55]이며, 전체 전사 시간은 전문가 약 421분, 예비 번역사 352분, 총 약 774분이다.

본 장에서는 실험에 있어서 결과에 영향을 미칠 수 있는 세 가지 요인 즉, 피실험자, 텍스트, 번역작업의 유형에 대해서 자세히 살펴보겠다.

1.1. 피실험자

피실험자의 경력과 언어 능력은 실험결과에 많은 영향을 준다. 본 실험에 대한 분석이 전문가 집단과 비전문가 집단의 두 집단으로 나누어서 진행되었기 때문에, 실험 설계 단계에서부터 각각의 집단에 속하는 구성원들이 가질 수 있는 차이점을 최소화하는 것이 중

55) A4용지 10포인트, 줄 간격 160% 기준이다.

요하였다. Bernardini 역시 TAP 실험을 상이한 특성을 가지는 두 집단으로 나누어 실시할 경우 피실험자 집단에 속하는 개개인의 특성을 최소화할 필요성에 대해 지적한 바 있다(Bernardini, 2001: 243). 최종적으로 분석이 실시되는 실험에 참여한 피실험자의 총인원은 15인이며, 모두 이전에 TAP 실험을 해 본 경험이 없는 사람들이다. 경력 5년 이상의 전문 통번역사 7인이 주집단(A ~ G), 그리고 통번역대학원에 재학 중인 예비 통번역사 8인이 보조집단(H ~ O)이 되었다.

실험에 앞서 실험 관련 숙지사항을 담은 텍스트가 배부되었으며, 피실험자의 경력 및 주요 활동 분야 등이 실험 결과에 영향을 미칠 수 있다고 보고 전문 번역사와 예비 번역사들을 대상으로 예비 설문조사를 실시하였다. 양 집단 모두 한국어를 모국어로, 러시아어를 번역 언어로 하는 한국인들이다. 예비 설문조사 결과, 통번역대학원에 재학 중인 총 10인의 예비 피실험자 중 2인이 다른 실험자들과 하나의 실험 집단으로 포함되기에 부적절하다고 판단되어 분석 대상에는 포함시키지 않았다. 2인 중 1인은 모국어를 러시아어로 하는 벨로루시 출신의 러시아어-한국어 이중 언어 화자(bilingual)였고, 다른 1인은 러시아 체류기간이 10년이 넘고 8년이 넘는 통번역 관련 경력을 보유하고 있었다. 두 경우 모두 통번역 경력을 충분히 가지고 있지 않고, 한국어를 모국어로 하는 예비 통번역사 집단에 포함될 수 없었으므로 최종 분석에 포함되지 않았다.[56]

실험 관련 숙지사항에는 TAP 실험의 의의와 방법, 실험하게 될

56) 전체 학생들 중 일부에게 어떠한 이유로 실험을 하지 않을 것을 권하는 것이 다른 피실험자들에게 심리적 영향을 줄 수 있을 것으로 판단, 실험은 위의 두 학생들에게도 동등하게 실시되었다. 위의 2인에게도 사전에 실험 결과가 분석에 활용되지 않을 것이라는 언급은 하지 않았다.

텍스트 즉, ST의 저자와 장르, ST가 작성된 시기와 대상과 관련된 정보와 한국독자들을 대상으로 이미 번역이 된 원고임을 주지시키는 정보가 주어졌다. 결과에 영향을 미칠 수 있는 실험 목적에 대한 정보는 주어지지 않았다.

다음은 실험 관련 숙지사항과 실험에 참여한 총 15인의 설문 결과이다.[57]

TAP(Think Aloud Protocol) 실험 관련 숙지사항 및 사전 설문지

실험에 응해 주셔서 진심으로 감사드립니다.

TAP은 번역 과정 중 번역사의 머릿속에서 일어나는 인지적 과정을 관찰하기 위한 방법으로서 피실험자인 번역사는 번역을 하면서 직접 자신의 머릿속에서 일어나고 있는 과정을 입으로 발화하게 됩니다. 텍스트의 이해, 어휘의 선택 등 일반적으로 번역을 할 때 거치게 되는 번역 과정 자체를 모두 가능한 한 자신의 말로 표현하고 내뱉는 것입니다. 실험은 번역사들이 실제 번역에 임할 때와 같은 환경에서 진행됩니다. 즉, 평소에 번역을 하실 때와 같은 상황에서 말을 하면서 번역을 하신다고 생각하시면 될 듯합니다. 사전 및 번역에 참고가 될 만한 여타 자료들을 참고해도 무방합니다. 발화된 모든 내용은 녹음을 하고, 최종적으로 번역된 텍스트와 그것의 과정을 발화한 테이프가 실험의 결과물이 됩니다.

실험을 하시게 될 텍스트는 러시아 자유민주당 당수 쥐리노프스키의 1993년 5월 1일 대국민집회 연설입니다. 한국어로 번역, 출간된 쥐리노프스키 저서에 포함되어 있는 연설문입니다. 텍스트의 전후 맥락, 전체적 흐름 등을 파악할 수 있도록 전체 텍스트를 드리며, TAP을 하시게 될 부분은 텍스트에 표시되어 있는 부분입니다.

(실험 결과의 분석을 위해서 텍스트는 컴퓨터 파일로서, 녹음테이

57) AB 번역과 BA 번역 시 거치는 번역 과정이 상이한지, 상이하다면 어떻게 상이한지에 대한 질문이 설문내용에 포함되어 있었는데, 이것은 BA를 중심으로 이루어지는 본 실험과 직접적인 연관이 없으므로 본문에 싣지 않는다.

프는 가능한 녹음의 질을 높일 수 있는 환경에서 하 주실 것을 당부드립니다. 컴퓨터 앞에서 작업을 하실 때에는 녹음의 질이 유지될 수 있도록 마이크를 입 가까이 놓고 녹음을 해 주시면 감사하겠습니다.)

〈표 7〉 전문 번역사 설문결과[58)]

	활동 경력(년)	통/번역 비율 (%)	언어방향 비중(AB/BA%)	주요 경력분야	번역 시 ST 저자나 발주자의 요구 유·무
A	8.5	90/10	50/50	과학기술	과학기술용어 영어표현 첨가
B	6.2	10/90	20/80	출판번역	
C	6.2	70/30	30/70	다양한 분야	
D	6.9	50/50	50/50	제품 설명서, 연설문	
E	6.3	20/80	40/60	과학기술	과학기술용어영어
F	5	20/80	10/90	법률, 기술	법률용어는 정확한 TT법률용어, 기술은 영어표현
G	13	70/30	50/50	다양한 분야	

피실험자들의 설문에는 위의 표에 포함된 것 이외에도 번역 시 특별하게 주의하는 사항이 있는지를 묻는 조항이 있었다. 이 조항에서 번역사들은 AB, BA의 경우 모두 자연스러운 표현, 문체, 문화 간 차이, 정확한 내용 전달 등의 요소를 지적했다.

〈표 8〉 예비 번역사 설문결과

	활동경력(건)	통/번역 비율 (건)	언어방향 비중(AB/BA)(%)	주요 경력 분야	번역시 ST 저자나 발주자의 요구 유·무
H	4	3/1	100/0	없음	없음
I	3	1/2	0/100	〃	〃
J	0	0	0	〃	〃
K	25	20/5	50/50	〃	〃
L	25	20/5	30/70	〃	〃
M	4	3/1	50/50	〃	〃
N	5	5/0	0	〃	〃
O	4	2/2	0/100	〃	〃

58) 부록에 구체적인 설문 내용이 제시된다.

보조집단에 속하는 H에서 O에 해당하는 피실험자들은 설문 결과, 통번역 경험이 전혀 없거나, 통역대학원에 입학하기 전이나 재학 중 수행통역이나 문서 번역을 한 경험이 있다는 사실을 위와 같이 지적하고 있다. 전문 통번역사로 활동한 경험이 없으므로 이들의 설문은 경력의 유무, 활동연수가 아닌 통번역 수주 횟수가 중심이 되었다.

1.2. 텍스트

텍스트는 1993년 5월 1일 러시아 자유민주당 당수 쥐리노프스키의 대중집회 연설문이다. Ⅳ장에서 지적했던 대로 정치 담화에는 정치와 관련된, 혹은 정치인이 작성한 다양한 유형의 텍스트와 장르가 포함되는데, 본 연구에서는 연설문을 실험 텍스트로 선정했다. 연설문은 문화적인 영향을 가장 많이 받는 장르이며(Shäffner, 1997), 설득적 담화(persuasive discourse)로서 청자에게 반응을 유도하기 위해서 은유를 포함한 다양한 비축어적인 수단, 간접적인 수사를 활용하는 특징을 가지기 때문이다.

쥐리노프스키는 러시아의 우익, 민족주의 세력을 대표하는 정치인으로 민족주의적 이상을 강조하는 동시에 야당으로서 여당에 대한 공격을 다양한 비유적 수사를 통해 표현하는 것으로 유명한 정치인이다. 주제는 소련이 붕괴된 후 러시아와 구소련에서 분리 독립해서 떨어져 나간 국가들과의 관계를 새롭게 정립할 필요성이 있다는 것으로, 민족주의자라는 성향에 걸맞게 1993년 현재, 독립해서 독자적인 국가를 구성한 구소련권 국가들에 대한 비판과 그러한 결과를 초래한 여권 정치인들에 대한 비판이 주된 내용이다.

텍스트 선정은 특히 전체 실험 설계에서 매우 까다로운 과정을 거쳐야 했다. 은유적 표현이 정치 담화에 자주 등장한다 하더라도 실험이 가능한 정도의 길이의 텍스트에 다양한 특성을 가진 은유가 포함되어 있는 텍스트를 선정하는 것이 사실상 매우 어려운 작업이기 때문이다. 이러한 어려움에 대해서는 은유 연구에 TAP을 도입한 Steen 역시 지적하고 있는데, 적절한 길이에 충분한 은유적 표현을 담고 있는 텍스트를 구하기가 매우 어려웠다는 사실을 밝히고 있다.[59](Steen, 1994) 그는 또 텍스트가 실험자에 의해서 의도적으로 만들어진 텍스트가 아니라 실제 존재하는 텍스트였다는 점, 일부 텍스트의 경우 길이가 길어서 편집을 해서 사용했다는 점을 언급하고 있다. 그는 텍스트 선정을 위해 본 실험에 들어가기에 앞서 예비조사(pilot study)를 거쳤는데, 은유의 처리 과정을 보기 위해서는 지나치게 어려운 텍스트나 텍스트 자체가 하나의 은유로서 기능하는 시의 경우는 부적절하다고 결론을 내렸다.

텍스트 선정에 앞서 본 연구에서도 적절한 텍스트를 선정하기 위해서 예비조사를 거쳤다. 최대한 다양한 은유 번역의 예를 보기 위해서 쥐리노프스키 연설문 4종의 각 부분에서 등장한 다양한 은유적 표현들을 논리구조를 맞춰서 임의로 하나의 텍스트를 만들고 이 편집된 텍스트를 대상으로 TAP 실험을 해 보았다. 실험 결과, 예비조사에 참여한 참여자 2인 중 1인이 실험자에 의해서 임의로 작성된 텍스트가 아닌가 하는 의문을 제기하며, 실제 텍스트가 작

---

59) Suitable very short stories with sufficient number of metaphors had not been found in the first search for materials(Steen, 1994: 117).

성된 시기나 상황 등을 알 수 없기 때문에 번역을 하기가 매우 어렵다는 사실을 토로하였다.

따라서 본 실험에서는 실제 존재하고 있는 텍스트를 활용하고, 임의의 편집을 거치지 않은 텍스트를 대상으로 실험을 실시했다. 쥐리노프스키 연설문 전문이 피실험자들에게 제공되었으며, 은유적 표현이 포함된 일부에 대해서 실험이 실시되었다. 다음은 실험이 실시된 텍스트이다.

Мы партия, которая не лжет. Мы получили два года назад голоса избирателей, и я им благодарен:за правду. Только за правду. Более шести миллионов россиян проголосовали за меня. И на любых ближайших выборах мы знаем, что мы получим уже 30% голосов избирателей, в пять раз больше. Ибо сего дня партия известна по всей стране и даже во всем мире. Но будут шельмовать нас, и вы должны знать, что политика связана, к сожалению, с ложью и грязью. Вот до референдума обещали всем зарплату повысить. Ну, пускай повысят. Повысят стипендию, пенсию. Пенсию повысили на две тысячи рублей в месяц. А цены? Цены же еще быстрей идут вверх. Поэтому надо научиться различать:если с 1 апреля нам не повысили квартплату, то с 1 июля повысят, и зачтут то, что должно было быть повышено с 1 апреля. Эту разницу они учтут при повышении с 1 июля. На несколько месяцев стали вроди бы к нам добрее: не повышают. Все равно они повысят.

Мы тоже, когда придем к власти, может быть, будем повышать некоторые цены. Неизбежна какая－то ценовая политика, но на что повышать цены и за чей счет это делать? Не за счет нашего населения. Давайте повышать цены на международном рынке. Наша нефть очень дорогая, лес, металл …… Давайте там продавать очень дорого. У них брать больше денег, у наших партнеров. Ближнему зарубежью продавать по мировым ценам. Мы же до сих пор их снабжаем по－дешевке!

Над русскими издеваются в Эстонии, а у нас ведь в руках столько рычагов, Экономический рычаг. Пусть эстонцы хитрее, оборотистее русских. Но у русских рубильник. Вырубаем рубильник, пускай хитрые эстонцы при лучине читают свои древние эстонские книги. Пусть читают, пожалуйста. И снова запрягают лошадей, потому что у них не будет денег на мерседесы, тойоты, фольсвагены и вольво. В России должна быть здоровая экономика. Да, у нас более суровый климат. Да, мы более грубый, может быть, народ, потому что много наш народ воевал. Он измучен. Посмотрите даже эти последние 90 лет: с 1903 года воюем. Почти ни одного мирного года. С русско－японской войны до теперешней войны на Кавказе. Мы же все время воюем. Постоянно русских убивают, русские ранены, и постоянно всем помогаем. Надо это прекратить.

텍스트 선정 전 3인의 현지인[60] 설문을 통해, 해당 텍스트에서 사용된 은유에 어떤 종류가 있으며, 각각 어떠한 특성을 가지는가에 대한 조사가 실시되었다.

전체 3인에 대한 설문 내용은 다음과 같다.

〈표 9〉 현지인 설문결과

	텍스트 내 은유적 표현에는 어떤 것이 있는가	해당 은유적 표현이 가지는 특성은 어떠한가
A	рычаг(지렛대), рубильник(차단기)	두 가지 표현이 은유에 해당한다.
B	рычаг(지렛대), (рубильник)(차단기)	рубильник의 경우, '전기공급을 중단하다'는 은유적 의미로 사용되었을 수 있고, 실제로 '차단기를 내린다'는 행위 자체를 묘사하는 기술적 표현으로 사용된 것으로도 해석이 가능하다.

60) 현재 한국외국어대학교에서 교수로 재직 중인 2인과 1인의 영노 통역사에게 의뢰하였다.

C	рычаг(지렛대), рубильник(차단기), (лучина) (나뭇가지, 시골 조명)	рычаг, рубильник은 은유적으로 쓰였으며, лучина의 경우, 해당 대상 자체가 현대 러시아에서 좀처럼 볼 수 없는 것이므로 은유적으로 '전기가 없는 상태에서 책을 읽을 만큼 어려움을 겪다'는 의미로 전체 문장 자체가 은유적으로 쓰인 것으로 해석이 가능하다.

실험을 시작하기 전 실험자가 선정한 텍스트에 어떠한 표현이 은유적으로 쓰였으며, 그 은유가 어떠한 특성을 가지고 있다고 생각하는가에 대한 설문에서 3인의 러시아인은 위와 같은 평가를 내렸다. 실험자 본인은 рычаг(지렛대), рубильник(차단기), при лучине читать книги(시골 조명기구 아래서 책 읽다) 등 위의 세 가지 표현이 모두 은유에 해당한다고 보았으나 전체 3인이 공통으로 ① рычаг와 ② рубильник의 두 가지 표현을 지적하였으므로 이 두 가지 표현이 중심이 되었다. 위의 표현들이 가지는 의미와 그 활용되는 특성은 다음과 같다.

① рычаг(지렛대)

...... у нас ведь в руках столько рычагов. Экономический рычаг.

(우리 손에는 얼마나 많은 지렛대가 있는가. 경제적 지렛대 말이다.)

RKD:[61] ① 지렛대, 공간, ② 개의 다리, ③ 추진 수단

RRD:[62] ① 지지점을 중심으로 회전이 가능한 축으로 적은 힘으로

61) 노－한(Russian－Korean)사전(1987), 서울: 주류출판사.

62) 노－노(Rusiian－Russian)사전 Словарь русского языка. Москва.: Академия Наук СССР. 1986.

Рычаг:

① Стержень, который может вращаться вокруг точки опоры и служит для уравневешивания большей силы при помощи меньшей.

무거운 것을 들어 올려 균형을 맞추는 데에 쓰인다.

② 행위를 하게 하는, 행동을 일으키는 수단

рычаг은 Ⅳ장에서 분석한 바와 같이 '지렛대'라는 기본적인 의미를 가지고 은유적으로 '일정한 성과를 거두기 위한 수단'의 의미로 활용되는 어휘이다. 이 경우, 한국에도 '지렛대'라는 대상 자체가 존재하고 한국어 화자들이 지렛대가 어떠한 기능을 하는지 쉽게 이해할 수 있다. 그러나 러시아어에서 문학, 대통령 연설, 신문기사 등 다양한 장르에서 특별한 제약 없이 광범위하게 쓰이는 것에 비해 한국어에서는 주로 '~로 활용 가능하다', '~로 이용하다' 등의 구조 내에서 주로 활용되고 그 사용빈도 역시 제한적이다. 그대로 옮겨 줄 경우 TT 독자들이 의미를 이해할 수는 있겠지만, 전체적인 한국어 표현이 자연스럽지 못하고, ST의 '지렛대'가 가지는 은유적 효과를 제대로 TT를 통해 반영할 수 없다. 즉, 번역사는 ST의 рычаг이 가지는 '일을 처리하는 데에 있어서 주도적으로 쓰일 수 있는 수단'이라는 은유적 의미를 효과적으로 전달하기 위해 상응하는 TT 표현을 찾기 위한 노력을 기울여야 할 것이다. Newmark가 지적하는 바와 같이 은유는 은유로 바꾸어 주는 것이 가장 바람직하다. 그러나 같은 어역(register) 내에서 같은 사용빈도나 유통성을 가지고 있지 않은 경우, 번역사는 ST의 이미지를 TT의 다른 이미지로 바꾸어 주는 방법을 선택할 수 있는데, 이 경우 역시 동일한 빈도로 사용되는 점을 감안해야 한다.

위의 рычаг은 ST의 은유가 TT에서 상응하는 빈도나 유통성을

---

② Средство, которое возбуждает деятельность кого－, чего－л., приводит в действие что－л.

가지지 않으므로 번역사는 다른 은유로 바꾸어 주거나 즉, ST의 M을 TT의 M'로 바꾸어 주거나, 은유적이지는 않으나 은유적 표현이 가지는 효과를 줄 수 있는 다른 기술적 표현을 찾아보려는 노력을 해야 한다. 다른 은유적인 표현을 활용할 수도 있고, 의미를 풀어서 기술해 주는 방법을 선택할 수 있다. Ⅳ장에서 분석되었던 M→S, M→M+D, M→S+D 등 다양한 다른 번역 방법들도 가능할 것이다.

② рубильник(긴 막대모양의 전기차단기)
У русскиих <u>рубильник</u>. <u>Вырубаем рубильник</u>……
(러시아인들은 차단기가 있다. 이 차단기를 내려 버리자.)

RKD: 나이프스위치(칼날 모양의 개폐기)
RRD: 손잡이가 달린 수동식 전기차단기

рубильник은 큰 공장에서 전기를 차단하는 데에 사용되는 긴 막대기 모양의 차단기를 말한다. '러시아인들은 차단기를 가지고 있다'는 문장에 이어서 나오는 '차단기를 내려 버리자'는 표현과 텍스트 전체의 논리전개를 포괄적으로 살펴보면 어떠한 은유적 의미를 가지고 있는지 유추할 수 있다. '에스토니아 사람들이 러시아인들을 경멸하고 무시하는데, 그런 에스토니아인들에게 전기 공급을 끊어 버림으로써 본때를 보여 주자, 전깃불 없이 한 번 잘 살아보라고 하자'는 감정적으로 격앙된 의미를 가진다. 즉, '전기 차단기를 가지고 있다. 이 차단기를 내려 버리자'는 표현은 '에너지 공급을 중단하다, 막다'라는 의미를 매우 감정적으로, 그리고 강하게 상징적으로 전달하는 은유로 활용되었다.

이 표현은 위의 러시아인 설문에서 B의 피설문자가 지적했다시피 실제로 전기차단기를 내리는 행위 자체를 기술적으로 표현한 것으로 이해할 수도 있다. 그러나 전체 텍스트의 맥락을 보았을 때, 실제로 전기차단기를 내리는 물리적인 행위 자체가 아니라 그 행위가 가질 수 있는 상징적 의미 즉, 전기, 에너지를 끊는다는 의미를 감정적으로 전달하는 데에 더 중심이 있고, A와 C의 피설문자가 공통적으로 은유로 분류하고 있으므로, ① рычаг과 함께 은유적 표현의 하나로 포함시키고 피실험자들의 실험 결과를 분석하였다.

①의 경우와는 달리 은유에 활용된 대상 자체가 한국어 화자들에게 익숙하지 않고, 이중언어사전(RKD)에 기술된 '나이프스위치, 칼날 모양의 개폐기'라는 표현을 그대로 옮겨 주게 되면 ST 은유를 통해 저자가 전달하고자 했던 감정적 효과뿐 아니라 의미 자체도 모호해지게 된다. 따라서 번역사는 이중언어사전 이외에 다른 참고자료들을 활용하거나 전체 텍스트의 맥락을 적극적으로 고려해서 해당 표현이 가지는 의미를 도출해 내기 위한 노력을 기울여야 한다. 뿐만 아니라 '전기 공급을 끊다'는 은유적 의미를 감정적으로 표현해 줄 수 있는 적절한 TT 표현을 찾기 위한 노력을 기울여야 한다. '차단기를 내리다'라는 ST의 은유를 그대로 옮겨 주어도 전후 문맥을 통해 에너지 공급을 중단한다는 의미를 도출할 수 있으므로 그대로 TT에서 유지시키는 전략을 선택할 수도 있다. 다른 한편으로 차단기를 내리는 것보다 한국에서 에너지 공급을 중단한다는 것을 은유적으로 표현하기 위해서 더 일반적으로 쓸 수 있는 표현을 고민할 수 있고, 앞의 рычаг의 경우와 마찬가지로 기술적 표현으로 대체하는 방법도 가능할 것이다.

피설문자 C가 지적했던 лучина, 더 정확하게 말하면 при лучине 역시 해석을 하는 방법에 따라 은유적인 해석과 기술적인 해석이 모두 가능한 경우이다. лучина는 전기가 일상생활에 보급되기 이전 고대 러시아에서 나뭇가지의 끝을 불이 잘 붙도록 잘게 잘라서 불을 붙여서 조명을 대신하곤 했던 것을 뜻한다. 노-한사전에는 '나뭇조각, 광솔(농가의 조명용)'이라는 의미 기술이 되어 있는데, 에너지 공급이 중단되어 전기가 들어오지 않을 때 책을 읽기 위해 활용할 수 있는 방법의 하나로 제시된 것이다. 즉, '에너지가 들어오지 않는 상태에서 어려운 생활을 하다'라는 의미를 강조하기 위해서 '나뭇조각에 불을 붙여 책을 읽다'라는 표현을 써 준 것이다. 이 경우, 앞의 'вырубить рубильник(차단기를 내리다)'라는 표현과 맥락적으로 연관이 되어야 의미를 이해할 수 있다. 그러나 피설문자 3인 중 나머지 2인은 은유적인 표현보다 즉, '전기가 없어서 лучина에 불붙여서 책을 읽다'라는 문자적 의미로 해석하는 것이 바람직하다는 의견을 제시하였다. 따라서 과정 분석에서 중점적으로 살펴보게 될 은유적 표현은 ① рычаг, ② рубильник, 두 가지이다.

위 두 가지 모두 앞뒤 문장에서 두 번씩 반복된다. 즉, ①의 경우 'у нас столько рычагов(우리는 지렛대를 많이 가지고 있다)'와 'экономический рычаг(경제적 지렛대)'에서, ②의 경우 'у русских рубильник(러시아인들에게는 차단기가 있다)'와 'вырубаем рубильник(차단기를 내리자)'에서 각각 두 번씩 연이어 나타나고 있다. 동일한 은유이고 같이 연결이 되어 있으므로 전체적으로 발화 protocol 분석, 시간분석, 핵심적 처리현상 분석에서는 하나의 은유적 표현으로 분류되며, 번역 전략에 대한 세부 분석에서는 각각의 두 가지가 다르게 번역이 되는 경우가 있으므로 ①1과 ①2, ②1과 ②2로 나누어 살펴보기로 한다.

실험 관련 숙지사항을 통해 ST 저자와 장르, ST가 작성된 시기(1993년)와 장소(대중집회) 등에 대한 정보가 주어졌으며, 이미 해당 텍스트는 한국 내에서 출판이 되어 있다는 것을 공지함으로써 TT가 단순히 실험을 위한 텍스트로서뿐 아니라 한국인을 대상 독자로 하는 실제 번역문으로 기능할 수 있다는 사실을 암시하였다.

1.3. 번역작업 유형

번역작업은 1인의 피실험자가 참여하는 모놀로그 TAP 방식을 활용했다. 참고자료는 사전을 포함, 자신이 원하는 모든 종류의 자료를 동원할 수 있도록 가능성을 열어 놓았다. TAP은 그 실험에 참여하는 참여자의 수에 따라 크게 모놀로그와 다이얼로그로 구분된다. 모놀로그 TAP의 경우, 실험에 참가하는 피실험자가 혼자서 번역을 하면서 발화를 하는 것을 말하며, 다이얼로그는 말 그대로 두 명 혹은 그 이상의 피실험자가 공동으로 번역작업을 하면서 서로에게 질문을 하고 대답을 하는 과정을 관찰하는 것을 말한다. 과정 중심적 번역 연구를 하고 있는 여러 학자들 사이에서도 모놀로그와 다이얼로그 TAP에 대한 선호도에 있어서 차이를 보이고 있다. Kussmaul(1995)에 따르면 House(1988)의 경우는 다이얼로그 TAP이 실험에 참여하는 피실험자들의 발화를 자연스럽게 도울 수 있다는 점에서 다이얼로그 TAP을 선호하고 있다. Kussmaul은 다양한 종류의 영문 텍스트를 독일어로 번역하는 과정을 분석하는 데에 있어서 모놀로그와 다이얼로그 TAP을 같이 병행하고 있다. 본 연구에서 모놀로그 TAP을 선택한 이유는 다이얼로그 TAP 실험 방식 자체가 가질 수 있는 다음과 같은 한계 때문이다.

1. 서로 묻고 대답하면서 문제를 해결해 나가는데, 상대방이 '왜 그렇게 생각하느냐'고 물었을 때, 실제 자신이 생각했던 것을 말하는 것이 아니라 '이상적'이라고 생각될 수 있는 대답을 찾아서 할 가능성이 있다.
2. 실제 번역은 한 사람이 한다. 따라서 두 사람이 같이 번역하는 상황을 녹음하는 것은 실제 번역 상황에서 한 사람의 번역사가 어떤 사고를 하는지를 보여 주지 못한다.
3. 두 사람이 번역을 하면서 발화를 하게 될 때 대화를 이끌어 나가는 리더격이 있게 마련인데, 그 리더가 번역 능력에 따라 결정되는 것이 아니라 단순한 개인적 특성에 따라 결정될 수 있다(Kussmaul, 1995: 11).

TAP은 실험에 임하는 피실험자의 심리적인 상태가 실험 결과에 영향을 미칠 수 있기 때문에 실험자는 실험 중 피실험자와의 접촉을 가능한 피하거나 최소화해야 한다(Bernardini, 2001: 243). 따라서 본 실험에서 실험자는 피실험자가 실험을 하는 과정에 전혀 개입하지 않았으며, 가능한 실제 번역 과정과 같은 환경에서 실험할 수 있도록 피실험자에게 실험에 방해가 될 수 있는 요인들을 가능한 한 최소화해 줄 것을 당부했다. 참고자료는 사전이든 인터넷이든 모든 유형의 자료를 참고할 수 있도록 하였고, 러시아 현지인과의 면담 가능성도 열어 두었다.

텍스트의 일부에 대한 실험이 실시되었으나, 실험과 관련되지 않은 부분의 텍스트 번역에 영향을 줄 수 있는 전체적 맥락, 텍스트 관련 정보가 포함되어 있을 수 있으므로 해당 부분 앞에 선행되는 1페이지 분량 가량의 내용을 읽고 실험에 임해 줄 것을 당부하였다.

2. 연구결과 분석

2.1. 주집단 실험 결과

결과 중심의 분석에서도 전문 번역사들의 번역문이 분석 대상이 되었으므로 과정 분석 역시 주집단으로 전문 번역사들의 실험 결과가 분석되었다. 주집단의 발화 과정 녹음 시간은 총 421분이며, 전사 프로토콜은 43.6페이지에 달한다. 모든 발화는 전사되었고, 피실험자가 머뭇거리거나 발화를 하지 않는 동안 휴지가 얼마나 지속되는지를 초 단위로 기록하였다.

2.1.1. 텍스트 전체 번역 단계

전문 번역사들은 우선 ST를 읽으면서 비교적 즉각적으로 의미를 도출하고 번역작업을 동시에 진행하였다. ST를 읽어 내려가면서 ST 표현에 대해서 그 의미를 사전이나 여타 참고자료 등을 통해서 찾아보는 일은 텍스트 내에 포함된 은유적 표현이 나오는 부분을 제외하면 거의 찾아볼 수 없었다. ST를 읽어 내려가면서 ST 저자의 성향이나 문체 등에 주의를 기울이는 모습을 보였으며, 전체적으로 첫 번째 번역 단계를 마치고 난 후에는 ST로 다시 돌아가기보다 자신이 번역한 TT를 다시 읽으면서 전체적인 표현과 문체를 가다듬는 모습이 나타났다.

〈표 10〉 번역 단계 기호설명

STR – 출발어 텍스트 읽기(Source Text Reading)
TTR – 도착어 텍스트 읽기(Target Text Reading)
ST – 구두 번역(Sight Translation)
T – 번역(Translation)
M – 수정(Modification)

〈표 11〉 전문 번역사 번역 단계

	번역 단계	번역 단계 수
7인 중 3인(A, B, C) (42.86%)	STR & T ⇨ TTR & M ⇨ TTR & M	3번
7인 중 1인(E) (14.3%)	STR & ST ⇨ T & M ⇨ TTR & M	3번
7인 중 1인(G) (14.3%)	STR ⇨ T & M ⇨ TTR & M	3번
7인 중 2인(D, F) (28.54%)	STR & T & M ⇨ TTR & M	2번

ST에 대한 의미 파악은 거의 무의식적으로 이루어졌으며 TT의 적절한 표현을 찾는 데에 더 많은 시간을 투자하고 주력하는 모습을 보였다. 위의 STR & T는 ST를 읽으면서 번역을 동시에 하는 것을 말하며, STR & ST는 ST를 읽으면서 문장구역을 하듯이 구두로 번역을 하는 것을 뜻한다. 화살표는 피실험자들이 한 번 텍스트 끝까지 작업을 완료하고 다시 처음으로 돌아가는 것을 의미한다. 화살표가 1개일 경우, 2번, 2개일 경우 3번 텍스트 처음부터 끝까지의 작업을 마쳤다는 것을 의미한다.

번역작업을 완료할 때까지 전체 텍스트를 단위로 검토하는 과정 즉, 번역 단계는 7인 중 5인(71.4%)이 3번, 나머지 2인(28.6%)이 2번으로 나타났다. 그리고 처음 번역 단계를 거치고 나면 다음 단계에서는 ST로 돌아가는 즉, ST 표현을 읽거나 ST 전체를 읽거나 참고하는 모습은 보이지 않는 반면, TT 즉, 자신이 번역한 텍스트를 전체적으로 읽으면서 검토하는 모습(TTR)이 모든 피실험자에게서 두드러지게 나타나는 것을 볼 수 있다. 이는 번역사들이 번역문으로서 자신의 TT가 가지는 완성도를 높이기 위해서 ST에 의존하기보다 독자적인 텍스트로서 TT를 생산하는 데에 주력하기 때문으로 분석될 수 있다.

전문 번역사들은 또 번역을 하면서 선택과 결정의 순간에 ST 저자의 성향이나 ST가 작성된 시기, 시대적 배경, ST 장르와 문체적 특징 등을 고려하면서 번역을 하는 모습이 발화를 통해 나타났다. 다음은 발화를 전사한 protocol의 일부이다.

> TAP:
>
> 쥐리노프스키라는 사람이 원래 러시아에서 좀 이상한 정치인이고 …… 문체는 그냥 일반적인 뭐뭐 한다체로 그냥 가기로 결정했고 …… 쥐리노프스키가 우아한 사람이 아니니까, 그냥 이 사람 어투, 이 사람의 평소 행동을 생각해서 약간 구어적이면서도 조금 낮은 듯한 조금 그 스타일이 안 나는 그런 표현 '합시다' 뭐 이런 표현을 썼어요. …… (A)
>
> TAP:
>
> 쥐리노프스키는 좀 말을 막 하는 사람이니까 구어로 막 해도 상관없을 것 같아 …… 2년 전 우리는 유권자의 표를 얻었다. …… 이게 언제 거야? 93년, 93년이라 …… 어느 상황을 말하는 걸까. 쥐리노프스키 약력을 보면 나와 있으려나? 일단 선거에서 쥐리노프스키가 어떻게 나와 있는지를 봅시다. …… 이 사람은 극우민족주의자이고 ……. (B)

TAP:

이것을 이 도착어를 읽게 되는 사람이 한국어 화자들일 테니까 한국어 화자의 입장에서 러시아 상황을 이해할 수 있도록 배려를 해야 할 것 같고…… 쥐리노프스키 음…… 의견을 담은 텍스트 번역을 해야겠는데…… 시점을 보니까, 지금부터 한 10년 전 텍스트네. 93년 5월 1일자 텍스트, 그때는 지금이랑 시대적 배경이 상당히 달랐을 것 같네. …… (G)

위의 발화에서 나타나 있는 대로 전문 번역사들은 구체적으로 TT로의 적절한 표현을 찾아내는 과정에서 텍스트 전체의 특성, ST 저자 즉, 쥐리노프스키의 성향과 ST 작성 시기, 배경 등에 대해서 포괄적이고 적극적으로 고려하는 모습을 보여 주었다. 다음은 피실험자별로 번역 총소요시간과 프로토콜 전사분량, 번역 시 고려대상, 번역 단계, 참고자료 등을 정리한 표이다.

〈표 12〉 전문 번역사 실험 특성

	총소요시간 (분)	protocol 전사 분량(A4)	번역 시 고려대상	번역 단계		참고자료[63]
A	47.25	4.5	ST 장르, ST 저자 성향, 문체, 시대적 배경, TT 용도	STR&T ⇨ TTR&M ⇨ TTR&M	3	
B	61.50	5.6	ST 저자 성향, 시대적 배경, TT 표현	STR&T ⇨ TTR&M ⇨TTR&M	3	RKD,I
C	63.04	6.6	ST 저자 성향	STR&T ⇨ TTR&M ⇨ TTR&M	3	RKD
D	78.24	7.1	자연스러운 TT 표현	STR&T&M ⇨ TTR&M	2	RKD, KKD
E	59.44	5.6		STR&ST ⇨ T&M ⇨ TTR&M	3	RKD, I
F	42.10	5	ST 문체	STR&T&M ⇨ TTR&M	2	RKD
G	69.40	9.2	ST 장르, ST 저자 성향, 문체, 시대적 배경, TT 표현	STR ⇨ T&M ⇨ TTR&M	3	RKD, CR
계	420.97	43.6				

전문 번역사들의 전체 발화시간은 420.97분으로 1인당 평균 60분이 소요된 것으로 나타났으며, 번역을 하는 과정에서 ST의 장르와 저자의 성향, 문체, ST가 작성된 시기의 시대적 배경 등을 고려하는 것으로 나타났다. 또 번역 시 노한사전과 국어사전, 인터넷 등을 참고하고 러시아인과의 면담을 통해서 문제를 해결하는 경우도 보였다.

2.1.2. 은유 번역 과정 관찰

앞서서 텍스트 내의 은유적 표현에 어떤 것이 있으며 어떠한 특징을 가지는지를 살펴보았다. 아래의 텍스트는 은유가 포함된 부분을 부분적으로 발췌한 것이다.

> *Над русскими издеваются в Эстонии, а у нас ведь в руках столько рычагов. Экономический рычаг. Пусть эстонцы хитрее, оборотистее русских. Но у русских рубильник. Вырубаем рубильник, пускай хитрые эстонцы при лучине читают свои древние эстонские книги. Пусть они читают пожалуйста.*

번역 과정은 총 3가지로 구분하여 살펴보았다. 첫 번째, 실제 번역사들의 발화 protocol을 분석해서 번역을 하면서 번역사가 어떤

63) 기호 설명:
RKD – 노한사전(Russian – Korean Dictionary)
RRD – 노노사전(Russian – Russian Dictionary)
RED – 노영사전(Russian – English Dictionary)
KKD – 국어사전(Korean – Korean Dictionary)
CR – 러시아인 면담(Consulting with Russian)
I – 인터넷(Internet)

생각을 하고 무엇을 고려하는지를 살펴보았다. 두 번째, 전체 발화 시간 대비 은유 번역에 소요된 시간을 분석하였고, 세 번째, 핵심적 처리현상(pivotal processing phenomena)이라고 불리는 실제 번역 과정에 대한 분석을 실시하였다. 일부 과정 중심 연구를 중심으로 하는 번역학자들은 번역을 하면서 번역사가 실제로 어떠한 처리과정을 겪는가를 일종의 문제 해결 방법으로서 번역 전략의 하나로 규정하기도 하지만(Lörscher, 1991) 본 연구에서는 오히려 이러한 핵심적 처리현상이 번역사가 번역을 하면서 거치는 과정을 보여 주는 데에 효과적이라고 판단, 번역 과정의 일부로서 분석해 보았다. 그리고 이러한 과정이 최종 번역의 결과물인 각 피실험자의 TT에 어떻게 반영되었으며, 어떠한 변수들이 영향을 미쳤는가를 검토하였다.

2.1.2.1. 발화 protocol 분석

Steen(1994)은 은유적 표현을 사람들이 어떻게 이해하는가, 그 과정을 연구하기 위해서 TAP을 실시했는데, 그가 중심적으로 살펴본 것은 피실험자들이 은유적인 표현을 접했을 때 그것을 '은유적이다', 혹은 '비유적으로 쓰였다' 등의 발화를 통해 은유에 대한 인식을 하는가 하는 문제와, 어떠한 과정을 통해서 은유를 이해하는가이다.

> - 외연적 인식(explicit appreciation): 은유에 대한 인식
> '은유, 은유적 표현, 비교, 은유적 해석, 이미지, 이미지-언어, 비유적으로 쓰인 표현이다' 등등 은유적 표현을 보고 그것을 인식하는 발화.

본 실험의 주집단인 전문 번역사들의 경우 전체 7인의 피실험자 중 3인(42.9%)이 ②рубильник에 대해서 은유적 표현이다, 은유로 다

시 TT에서 살려 주어야 한다는 등의 외연적 인식 발화를 하였다(D, E, G). 다음은 외연적 인식 발화를 한 피실험자들의 protocol 분석이다.

TAP:
(рубильник 부분) 공급을 막아 버리면, 에너지원을 틀어 버리면, 자금줄을 끊어 버리면, 이런 걸로 이렇게 대칭될 만한 표현이 없을까…… 급유선을, 급유선을…… 이건 비유적으로 쓰인 게 아니잖아…… 자금줄을 틀어쥐다 이런 말은 딱 느낌이 오는데…… 좀 더 비유적으로 쓰면서 뭔가 딱 끊어 버리는 …… 그런 말 없을까. (D)

TAP:
(рычаг과 рубильник 부분) рубильник 이걸 어떻게 해결하지? 이걸 칼자루라고 하는 게 더 낫지 않나? 하지만, 그렇게 되면 рычаг을 해결하기가 어렵네…… рычаг을 그냥 지렛대로 놔두면 안 되는데…… 좀 은유적으로 쓰이는 게 없나?(4초) …… 카드패? 뭐로 바꿔주지? (E)

TAP:
(рубильник 부분) 이게 무슨 의미로 쓰인 거지? 하, 이렇게 비유적으로 쓰이면 어려워…… (G)

이러한 외연적 인식 비율은 Steen이 미국의 대학 강사들을 대상으로 실험한 결과에서 나타난 50%보다 조금 낮게 나타난 것이다. 외연적 인식을 하고 있는 위의 D, E, G의 피실험자 중 E의 경우에는 ① рычаг과 ② рубильник을 같이 살펴보면서 둘 중 '칼자루'라는 은유를 어디에서 활용할 것인가를 고민하는 모습을 보여 주었다. 즉, 두 표현 모두에 대해서 외연적 인식을 하고 있었다. 나머지 D와 G의 경우는 모두 ②에 대해서 비유적으로 재표현할 필요성이 있다는 점을 지적하고 있는 것을 알 수 있다. 다음은 각각의 표현에 대한 발화 protocol 분석이다.

① рычаг(지렛대)

TAP:

рычаг을 한국말로 좀 어색하니까 좀 생각을 해 보죠, 일단은 지렛대, 뭐, 기반, 기반으로 그냥 기반으로 가야 되겠어요, 아 이게 갑자기 좋은 표현이 나왔어요, 칼자루라는 표현을 쓰려고 해요, 우리에게 칼자루가 있는 것이 아니냐, 이걸 칼자루라고 그냥 한국식으로 번역을 하는 게 좋겠네요. (A)

TT:

⇨ 그러나 칼자루는 우리가 쥐고 있습니다.

TAP:

столько рычагов. рычаг.(9초) 어떤 고삐?(5초) столько рычагов(8초) 그만큼의…… 어떤 수단이 있다? экономический рычаг…… 경제적 제제수단, 우리에게 방어할 방법(3초) …… 우리에게는 충분한 대응수단이 있다, 경제적 대응 가능성이다. (B)

TT:

⇨ 경제적 대응수단을 동원할 수 있다.

TAP:

(ST 읽고) 여기에서 рычаг이라는 것은 무슨 의미일까요, 한 번 사전을 찾아보고 생각을 좀 해 보죠. 사전적인 의미로는 당연히 지렛대라는 의미인데, 여기서 그냥(3초) 지렛대라고 하기에는 좀 아닌데, 어쩐다죠?(4초) 에스토니아에서는 우리 러시아인들을 무시합니다. 그러나 우리 손에 경제적, 그런, 우리 러시아가 경제적 столько рычагов(7초) 그러나 러시아가(3초) 여러 면에서 뭐라고 해야 되나요?(3초), 많은 주도권을, 그냥 рычаги를 주도권이라고 하고 넘어가 보죠, 우리 러시아가 많은 주도권을 쥐고 있습니다. 경제적 주도권이 있다는 말입니다. (C)

TT:

⇨ 그러나 우리 러시아가 많은 주도권을 쥐고 있습니다.

TAP:

지렛대가 아니, 지렛대? 지렛대…… 우리는 도구가 있습니다. 이걸

뭘, 이 뭐라고 하더라…… 그들에게 맞설 수단이 있습니다. (D)

TT:

⇨ 우리는 그에 맞설 수단을 손에 쥐고 있습니다.

TAP:

그런데 рычаг이 무슨 지렛대 같은 건데, 그냥 지렛대라고 하면 안 되는데, 좀 은유적으로 쓰이는 게 없나? 얼마나 우리 손에 많은 지렛대가 들려 있는가……(4초) 지렛대라는 말을 여기서(3초) 칼자루, 칼자루라고 하면 어떨까, 어, 카드패, рычаг, 그런데 우리가(6초) 경제적 바로 경제적 칼자루 말이다. (E)

TT:

⇨ 그런데 우리 손에 얼마나 많은 칼자루가 들려 있는가!

TAP:

в руках столько рычагов…… 그런데 рычаг이 무슨 지렛대 같은 건데, 얼마나 우리 손에 많은 지렛대가 들려 있는가(4초), 지렛대라는 말을 여기서……(3초) 칼자루, 칼자루라고 하면 어떨까…… 그런데 우리가……(6초) экономический рычаг 경제적, 바로 경제적 칼자루 말이다. (F)

TT:

⇨ 우리 손에 얼마나 많은 칼자루가 들려 있는가 바로 경제적 칼자루 말이다.

TAP:

지렛대가 있다. 저 지렛대를 뭐라고 옮겨 줘야 하나? 여기서 의미하는 거는 영토부터 시작해서 러시아 원자재를 의미하는 것이 틀림없는데, …… 지렛대를 경제하고 관련시키면 뭐라고 쓸 수 있을까…… 충분한 가능성? 경제적 잠재력, 잠재력으로 갈까? …… 뭔가 이 사람 꼬인 마음이, 마음속에 담겨 있는 게 꽤 있는데…… рычаг을 일단 경제적 발전 가능성으로 보면 어떨까? (G)

TT:

⇨ 우리 러시아인들은 얼마나 많은 경제적 발전 가능성을 지니고 있는가.

위의 발화 protocol[64]에서 보면 전문 번역사들은 100% 피실험자 모두 рычаг이라는 은유적 표현이 무엇을 의미하고 있는지를 이해하고 있었다. 전체 7인 중 4인(A, C, E, G) 즉, 71.4%의 피실험자들이 рычаг을 그대로 '지렛대'로 옮겨 주어서는 안 된다는 문제 인식(P.), 평가발화(Eva.)[65]를 하였으며, 그와 유사한 발화를 하지 않더라도 '지렛대'가 아닌 다른 다양한 대안들을 제시하면서 어떤 것을 선택해야 할지 고민하는 모습을 보여 주었다. 이는 곧 ST의 은유를 그대로 유지시키는 M→M 전략은 불가능하다는 판단을 모든 피실험자들이 하고 있었다는 것을 의미한다. 전체 번역 결과를 보면 실제로 이러한 인식이 그대로 반영되어 있는데, 100%의 피실험자들에게서 ST의 은유가 다른 표현으로 바뀌어져 있었으며, 세부 전략을 보면, 흥미롭게도 전체 7인 중 3인 즉, 42.9%의 피실험자들이 공통적으로 '칼자루를 쥐고 있다'라는 TT 문화권의 은유적 표현으로 바꾸어 주었다. 에스토니아를 좌지우지할 수 있는 중요한 수단이라는 은유적 의미를 한국어의 '칼자루'라는 은유를 통해 효과적으로 전달해 준 것이다. 물론, 이것이 рычаг이라는 표현을 언제, 어디서나 '칼자루'로 옮길 수 있다는 것을 의미하지는 않는다. ST 저자와 특성, 전체 논리전개에서 '강력한 수단'이라는 의미를 표현해 줄 수 있는 방법을 찾아야 했기 때문에 가능했던 대안이다. 나머지 피실험자들은 각각, 수단, 가능성, 주도권 등 ST의 рычаг

64) ①과 ②에 대한 protocol 전문은 [부록 3]과 [부록 4]에 첨부되어 있으며, 본문에서 인용된 protocol에는 ST 앞뒤 문장의 표현을 러시아어로 읽거나 번역사의 선택과 관련이 없는 발화는 생략되어 있다.

65) 어떻게 번역을 할 것인가에 대한 문제제기와 이렇게 번역하면 안 될 것 같다는 부정적 평가가 같이 연이어서 나오는 경우가 많았으므로 그런 경우는 P.와 Ten.So. 두 가지 모두에 해당한다.

이 가지는 의미를 기술적 표현으로서 바꾸어서 전달해 주었다.

② рубильник(вырубить рубильник)

(차단기, 차단기를 내리다)

TAP:

하, 여기서 рубильник 지금 여기 굉장히 기분 나쁘게 썼는데, 이거 рубильник이 전선을 그 연결스위치를 연결부분을 끊어 버린다는 얘긴데 이게 인제 에스토니아로 가는 그 전기나 므슨 각종 전력을 끊는다는 얘긴데 이대로 하며는 한국말로 이해가 안 될 테니까 이제 이것을 의역을 해야 돼서, 스위치로 해야 될지 버튼으로 해야 될지, 아니면 진짜 도끼로 해야 될지, 그걸 정확히 도끼가 아니라 스위치나 뭐 버튼이나 전송관이나 파이프관, 이런 식으로 얘기를 해야 될 거 같은데 일단 스위치로 가죠. (A)

TT:

⇨ 스위치는 러시아가 갖고 있습니다. 스위치를 절단해야 합니다.

TAP:

рубильник……(사전참고) 어허 나이프스위치? 에스토니아인들이 약삭빠르게 굴도록 내버려 두자. 하지만 우리 러시아에는 나름의 방법이 있다? 그러니까 원유수송관을 막아 버리는 것이다. 연료수송을 막아 버리는 것이다, 그 얘긴 없지만 여기서 вырубаем рубильник 그게 그거겠지? 연료관을 막아 버리, 막아 버리고…… (B)

TT:

⇨ 우리 러시아에도 나름의 효과적인 방법이 있다. 연료 수송관을 막아 버리는 것이다!

TAP:

그대로 직역을 하면 개폐기를 끊어 버리자는 말인데, 그 칼자루를 휘둘러보죠, 칼자루를 휘둘러봅시다.(3초) 그 칼자루를 휘두릅시다, 웬일이니, 칼자루를 휘두릅시다. (C)

TT:

⇨ 하지만, 우리가 칼자루를 쥐고 있습니다. 칼자루를 휘두릅시다.

TAP:

개폐기를 내려 버려, 끊어 버리면, 잘라내 버리면 그렇지…… 우리가 음…… 그들의 숨통을 끊어 버리면, 이건 너무 비약일까? 에너지 공급을 중단하면……이라고 가면? 이거는 좀 비유적으로 나왔는데, 에너지 공급을 중단한다는 너무나, 너무하지? …… 좀 더 비유적으로 쓰면서 뭔가 이 딱 끊어 버리는, 에너지 공급을 중단한다, 이런 걸로 이렇게 대칭될 만한 표현이 있을까? …… 숨통은 아니라고 했지, 아까? …… 공급을 중단하면? 에너지원을 틀어 버리면? 그것도 이상하지…… 자금줄을 틀어쥐다 이런 말은 보면은 느낌이 딱 오는데…… 자원공급을 틀어막아? 아니, 급유장치라고 할까? 자원의 공급선을 막아 버리면? 우리가 손가락 하나 까딱 하면이라고 하면 어떨까? (D)

TT:

⇨ 우리가 에스토니아로 가는 자원의 공급선을 틀어막아 버린다면……

TAP:

그렇지만, рубилник을 찾아봐야겠네. рубилник, рубилник(7초), 스위치(?)(3초) 아(5초) 어, 스위치는 스위치네, 그러니까 스위치를 내리면, 그러니까, 우리가 전기를 꺼 버리면, 그 사람들은 전기 없이 호롱불 밑에서 글을 읽어야 한다는 의미인데, 이 рубильник을 칼자루라고 하는 게 더 낫지 않나? 그러면 앞의 рычаг을 해결하기가 힘든데…… 전기 스위치는 우리 손에 있는데, 스위치 꺼 버리면? выруба ем은 없애 버린다는 건데, 스위치를 끈다고 해도 되나? (E)

TT:

⇨ 정작 전기 스위치는 우리 손에 있지 않습니까? 우리가 스위치를 꺼 버리면……

TAP:

나이프스위치? 아, рубильник이 스위치라는 뜻이네, 그러면 어, 스위치는 러시아인들이 가지고 있다, 스위치는 러시아가 갖고 있다?

우리가 스위치를 뽑아 버리면? (F)

TT:

⇨ 스위치는 러시아의 손에 있다. 우리가 스위치를 뽑아 버리면……

TAP:

나이프스위치? 칼날모양의 개폐기라구? 이게 무슨 의미로 쓰인 거지? 하, 이렇게 비유적으로 쓰이면 어려워(10초) 어스토니아 사람들이 어떻게 했길래 이 당수가 이런 말을 하는지 궁금하다…… 나이프스위치, 개폐기……(3초) 물음표 하고 놔두고, лучина 시골구석에서 이게 지금 등잔이라는 의미도 같이 있는 것 같은데. 결국 문명의 반전, 여기서의 개폐기가 아마도 등잔불 아래서…… 여기서 차단한다는 의미가 되겠네…… 여기서는 음…… 알겠어 개폐기가 뭔지, 음, 그러니까 러시아가 가지고 있는 에스토니아의 경제 숨통이네…… 막아 버리겠다는 거니까, 에스토니아 사람들이 시골 등잔불 아래서 옛 에스토니아 책이나 읽도록…… 상당히 강력한 표현이네. (G)

TT:

⇨ 우리 손안에 에스토니아 경제의 숨통이 놓여 있다. 우리가 그 숨통을 막아 버려 영리한 에스토니아인들이……

피실험자들에 따라 차이는 있지만, 전체 7인 중 3인(42.9%)의 피실험자들이 전기를 차단한다는 의미를 가지는 한국어의 은유적 표현인 '스위치를 끄다' 혹은 '스위치를 절단하다', '스위치를 뽑다'를 택했다. 전기 공급을 중단한다는 의미를 가지는 'вырубить рубильник'이라는 표현에 포함되어 있는 рубильник이라는 대상 자체가 한국어 화자들에게 익숙하지 않고, 전기 공급을 중단한다는 것은 오히려 우리의 일상생활에서 '전기스위치를 끄다, 내리다'라는 행위로서 익숙하기 때문에 42.9%의 번역사들이 이러한 익숙한 대상을 사용한 표현으로 바꾸어 준 것이다. 익숙하지 않은 대상이기 때문에 대부분의 경우 사전을 참고하지만 사전상에 기술되어 있는 '나이프스위치, 칼날모양의 개폐기'라는 의미에 의존하지 않고 전후 문장의 문맥과 전체 텍스트의 맥락을 고려해서 은유적 의미를 도출하는 모습을 보여 주었다.

예를 들어, G의 경우, 나이프스위치라는 표현에 대해서 한참을 고민하다가 에스토니아와 러시아 사이의 관계와 뒤에 이어지는 '전깃불 없이 책 읽다'라는 문맥을 통해서 나이프스위치가 아니라 전기 공급을 끊는다는 것을 의미한다는 사실을 발견하였다. E.의 경우도 사전을 찾아보고 뒷문장의 'при лучине читать'와 연결지어서 '전기를 꺼 버리면 호롱불 밑에서 글을 읽어야 한다는 의미이다'라고 발화를 하면서 그 의미를 이해하고 있다.

① рычаг의 경우와 마찬가지로 번역사들은 다양한 대안을 제시하고 그중 어떤 것을 선택할 것인가를 고민하는 모습을 보여 주었다. 특히, D의 경우 여러 가지의 대안(개폐기를 내리다, 숨통을 끊다, 에너지 공급을 중단하다, 에너지원을 틀어쥐다, 자금줄을 틀어쥐다, 자원공급을 틀어막다, 자원의 공급선을 막아 버리다, 손가락 하나 까딱 하다 등) 사이에서 '이렇게 옮기면 이상한가' 혹은 '이렇게 하면 안 될까', 등 자신의 대안에 대한 긍정, 부정적 평가를 계속적으로 반복하고 있는 모습을 보였다.

2.1.2.2. 은유 번역 소요시간 분석

텍스트 전체를 번역하면서 발화한 시간 대비 은유 번역 소요시간을 분석해 보면 다음과 같다.

〈표 13〉 소요시간 분석

	총소요시간(초)	①	②	①, ②소요시간 총합(초)	총소요시간 대비 백분율(%)
A	2,845	139	42	181	6.36
B	3,710	197	106	303	8.16
C	3,784	122	83	205	5.41
D	4,704	42	711	753	16
E	3,584	324	188	512	14.28
F	2,530	54	86	140	5.53
G	4,180	208	305	513	12.27
평균치	3,620	155	202.9	358	9.71

피실험자들의 소요 시간을 분석한 결과, 전체 텍스트에 대한 발화시간 대비 은유 번역시간은 평균 9.71%로 나타났다. 전체 피실험자 중 가장 많은 시간을 투자한 사람은 D로 문맥상 가능한 다양한 대안들 가운데 어떤 것을 선택하는 것이 바람직한가를 계속적으로 고민하는 모습을 보여 주었고, 당연히 이것이 소요시간의 증가로 이어졌다. ①과 ②를 비교해 보면, ①의 경우는 거의 모든 번역사들이 즉각적으로 의미를 도출해 내지만 ST의 은유적 효과를 어떻게 TT에서 반영해 줄 것인가를 중점적으로 고민한 반면, ②의 경우에는 생소한 단어의 의미를 이해하기 위해 투자하는 시간과 유사한 효과를 가지는 TT 표현을 생각해 내기 의해 선택과 결정의 과정을 거치는 시간이 비슷하게 나타났다.

2.1.2.3. 핵심적 처리현상(Pivotal processing phenomena) 분석

본 장에서는 전사된 발화에서 드러나는 두 집단의 은유 번역 과정을 구체적으로 체계화시켜 보기 위하여 Tirkkonen－Condit(2000)이 핵심적 처리현상(Pivotal processing phenomena)으로 분류했던 과정을 바탕으로 피실험자들의 발화를 기호화하였다. Tirkkonen－Condit(2000)의 핵심적 처리현상은 일반적으로 번역사가 거치는 번역 과정을 보여 줄 수 있는 유용한 틀이 된다. 핵심적 처리현상은 아래의 표에 나타난 것과 같이 크게 6가지 과정으로 나뉜다.

〈표 14〉 핵심적 처리현상(Pivotal processing phenomena)

문제(problem)	문제가 있거나 지식이 부족하다는 것을 발화	P.
잠정적 해결 (tentative solution)	최종적 해결책이라고 할 수 없는 잠정적인 TT 대안을 여러 가지 발화	Ten.So.
해결(solution)	TT를 발화하면서 최종적 해결책임을 인정	So.
자동적 해결(automatic)	ST를 다시 읽거나 설명하거나 잠정적인 해결책을 거치지 않고 TT를 발화	A
평가(evaluation)	최종 해결책 혹은 잠정적 해결책, 자동적 해결에 대한 긍정적 혹은 부정적 평가를 발화	Eva.
연기(postpone)	문제나 잠정적 해결을 잠시 뒤로 미룬다고 발화	Post.

(Tirkkonen－Condit, 2000: 127)

문제(problem: 이하 P.)는 정확히 말하면 문제인식의 과정으로 ST를 읽으면서 이해가 되지 않는다는 표현을 하거나, 어떻게 옮겨 줄 것인가를 고민하는 과정을 말한다. 잠정적 해결(Tentative solution: 이하 Ten.So.)은 번역사 자신이 아직 최종적인 선택을 하기에 앞서서 어떠한 것을 선택해야 좋을지를 고민하는 과정이다. 즉, 여러 가지 가능한 대안들을 발화하고, 그 대안들 중 무엇을 선택하고 결정할 것인지에 대한 번역사의 갈등이 나타나는 과정이다. Ten.So.은

다양한 표현들을 단순히 나열만 하는 것이 아니라 최종적으로 선택될 가능성이 있는 실질적인 대안들 사이에서 고민하는 과정을 말한다. 따라서 단순히 사전상에 기술된 의미들을 겉으로 나열하는 것과는 다르다. 이 Ten.So.과 과정상 직접적으로 연결되는 부분이 평가(Evaluation: 이하 Eva.) 과정이다. 즉, 자신이 잠정적으로 제시한 대안에 대해서 어떤 것이 타당하고 타당하지 않은지의 여부를 자신이 평가하는 과정을 말한다. Eva.는 종종 P.과 같이 나타나기도 하는데, 피실험자의 '이렇게 옮겨 주면 안 될 것 같은데……' 혹은 '그대로 직역하면 안 될 것 같은데'라는 유형의 발화는 번역 방법에 대한 문제 인식임과 동시에 '그대로' 번역하는 방법에 대한 부정적 평가를 담고 있기 때문이다.

해결(Solution: 이하 So.) 과정은 자신의 선택에 대해서 그것이 최종적인 선택임을 발화하는 것을 말한다. 자동적 해결(Automatic: 이하 A.)은 말 그대로 ST 표현을 반복해서 읽거나 자신의 여러 TT 대안들 사이에서 고민하는 과정 없이 곧바로 ST의 표현에서 TT 표현을 발화하는 것을 말하며, 연기(Postpone: 이하 Post.)는 선택을 할 수 없을 때 잠시 결정을 미루는 과정을 말한다.

단순히 사전을 찾아보고 사전의 내용을 소리 내어 읽는 것과 자신의 대안의 하나로서 발화하는 Ten.So.은 쓰여 있는 protocol만 보아서는 혼동이 될 수 있는데, 발화를 들으며 전사를 하였기 때문에 피실험자의 사전 찾는 행위와 연관이 되어 있는지 아니면 번역을 하면서 자신의 대안으로서 발화를 한 것인지 구분이 가능하였다. 그리고 질문 형태로 전사되어 있는 부분도 그것이 문제에 대한 인식(P.)인지 잠정적 대안의 하나로서 발화한 것인지, 혹은 자신의 대안에 대한 평가(Eva.)인지가 활자화된 protocol만으로는 혼란스러울 수 있다. 이러한 부분들 역시 실제 녹음된 발화를 들으며 전사하는 과정에서 자연스럽게 구분할 수 있었다. 같은 대안을 반복해서 발화하는 것은 하나의 Ten.So.으로 처리하며, 단어의 뜻을 파악하지 못해서 '이게 무슨 뜻이지?', '이게 뭐지?' 등 같은 유형의 의문사항을 여러 번 반복해서 자신에게 질문을 던지는 것 역시 하나의 P.으로 처리하였다.

다음은 ① рычаги과 ② рубильник(вырубить рубильник)에 대한 protocol을 토대로 번역 과정을 기호화한 것이다. 실제 protocol과 번역 과정에 대한 비교분석은 [부록 3]에 첨가되어 있다.

〈표 15〉 ①에 대한 전문 번역사 핵심적 처리현상(단위: 회)

	P.	Ten.So.	Eva.	So.	A.	Post.
A	1	4	4	1	0	0
B	0	5	0	1	0	0
C	1	2	1	1	0	0
D	1	3	1	0	0	0
E	3	6	5	0	0	0
F	0	2	0	0	0	0
G	1	3	1	0	0	1
계	7	25	12	3	0	1
평균치	1	3.6	1.71	0.42	0	0.14

〈표 16〉 ②에 대한 전문 번역사 핵심적 처리현상

	P.	Ten.So.	Eva.	So.	A.	Post.
A	0	7	1	1	0	0
B	1	3	1	0	0	0
C	2	2	1	0	0	0
D	2	13	5	0	0	1
E	2	3	1	0	0	0
F	0	1	0	0	0	0
G	1	4	1	1	0	0
계	8	33	10	2	0	1
평균치	1.14	4.7	1.42	0.28	0	0.14

위의 표에서 두드러진 점은 ①, ② 경우 모두 So.나 A. Post. 과정은 상대적으로 약화되어 있는 반면, P., Ten.So., Eva. 과정이 반복적으로 나타나고 있다는 점이다. 특히 A.(자동적 해결)는 ①, ② 두 경우 모두 전혀 나타나지 않았으며, 자신의 최종 선택을 확인하는 So.나 해결을 미루는 Post.는 ①과 ②에서 각각 3:2, 1:1로 나타났을 뿐이다. 이는 은유 번역 과정에서 피실험자들이 자동적으로 문제를 해결하는 경우는 전혀 없으며, 자신의 선택에 대해 '이것이 나의 해결책이다'라고 자신 있게 결론을 내리기가 매우 힘들다는 사실을 말해 준다.

전체 번역 과정에서 문제를 인식하고 그에 더한 잠재적인 대안을 제시하고, 다시 그 대안에 대한 평가를 통해서 다시 문제 인식으로 돌아오는 과정 즉, P.와 Ten.So., Eva.이 매우 두드러지게 나타나고 있는데, 위 표에 나타난 수치를 통해 확인할 수 있다. ① рычаг의 경우, P.은 총 7회, Ten.So.은 25회, Eva.은 12회로 나타났으며, ② рубильник은 P. 8회, Ten.So. 33회, Eva. 10회 등으로 나타났다. 피실험자 개인별로 보면 ①의 경우, F가 Ten.So. 과정만 2회를 거친 것으로 나타난 반면 E는 P., Ten.So., Eva.의 과정을 총 14회나 거친 것으로 나타났다. ②의 경우 역시 F는 Ten.So. 과정을 1회만 거쳤고 반대로 D는 전체 P., Ten.So., Eva.이 20회나 나타났다. 모든 피실험자들이 F를 제외하면 ①과 ②에 대해서 적어도 4회 이상 최고 20회까지의 P., Ten.So., Eva. 과정을 거친 것으로 나타났다. 전체 평균치를 산출해 보면 각 피실험자가 각각 ①의 경우 1, 3.6, 1.71회를, ②의 경우 1.14, 4.7, 1.42 회의 P., Ten.So., Eva. 과정을 거쳤다는 사실을 확인할 수 있다.

Tirkkonen－Condit(2000)이 일반적인 번역 과정에서 핵심적으로 나타나는 처리현상을 그림으로 나타낸 현상도를 위의 은유 번역 과정에서 나타난 결과를 토대로 재구성해 보면 다음과 같다.

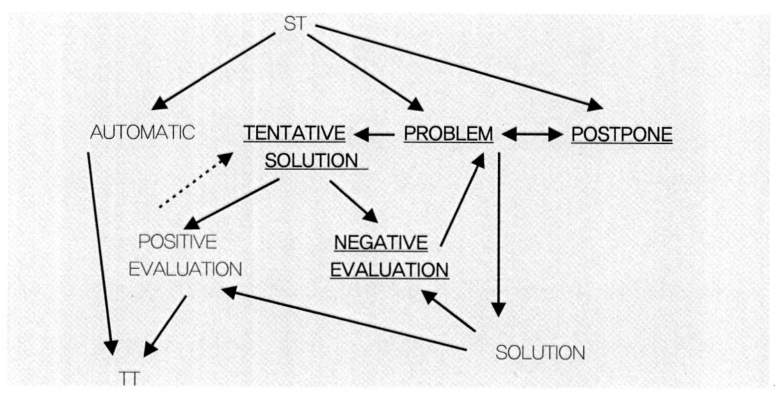

〈그림 5〉 전문번역사 은유 번역 현상도

위의 그림에서 보이는 대로 은유 번역 과정에서는 전체 현상도 내에서 가운데의 역삼각형 즉, P.와 Ten.So., 부정적 평가(Negative

Evaluation: 이하 N. Eva.)를 중심으로 한 부분이 강하게 나타났으며, 나머지 A. Post. S. 등은 약화된 모습을 보인다는 것을 확인할 수 있다. 강하게 나타나는 부분은 위의 그림에서 짙은 글씨로 밑줄이 쳐져 있다. 부정적, 긍정적 평가의 경우, 전체 핵심적 처리현상 항목에서는 평가(Eva.)라는 하나의 항목에 포함되어 있었으므로 과정 분석에서 따로 구분하지 않았다. 그러나 [부록 3]에 분석된 내용을 보면 긍정적 평가보다 자신의 대안에 대해 의구심을 표하는 부정적 평가가 지배적이며, 긍정적으로 평가를 했다가도 곧바로 TT로 가지 않고 다시 다른 대안을 찾는 과정으로 돌아오는 경우가 대부분이다. 따라서 원래 Tirkkonen－Condit(2000)의 현상도에는 없었으나 위의 현상도에는 긍정적 평가(POSITIVE EVALUATION)에서 다시 Ten.So.으로 돌아가는 과정이 점선으로 그려져 있다. 물론, P., Ten.So., Eva.의 과정이 현상도에 나타난 것처럼 모든 경우에 화살표 방향으로 순차적으로 나타나는 것은 아니다. 번역사들은 여러 가지 대안을 발화했다가 그중 하나에 대해서만 평가를 내리는 경우도 있고, 문제 제기를 나타내는 발화를 하지 않고도 다양한 대안을 제시할 수도 있기 때문이다.

Levy(1967)가 지적한 대로 번역은 선택과 결정의 과정(decision－making process)이다. 번역 과정에서 번역사는 끊임없이 ST의 표현에 대해서 그것을 그대로 유지시킬 것인지, 아니면 바꾸어 줄 것인지, 바꾸어 준다면 무엇을, 그리고 어떻게 바꾸어 줄 것인지를 고민하게 된다는 것이다. 번역의 본질이라고 할 수 있는 이러한 선택과 결정의 과정이 가장 극명하게 드러나는 것이 Tirkkonen－Condit (2000)이 6가지로 분류한 핵심적 처리현상 중 P. Ten.So. Eva.에 해당하는 과정이다. 따라서 피실험자별로 이 세 가지 항목이 나타나는 빈도를 종합적으로 살펴봄으로써 번역사가 번역 과정에서 거친 선택과 결정의 과정을 수치를 통해 관찰할 수 있다.

따라서 ①과 ②의 번역 과정에서 나타난 P., Ten.So., Eva. 항목을 모두 종합해서 전문 번역사 집단의 평균치를 조사해 보았다.

〈표 17〉 ①+② P.+Ten.So.+Eva.

	P.	Ten.So.	Eva.	P.+Ten.So.+Eva.
A	1	11	5	17
B	1	8	1	10
C	3	4	2	9
D	3	16	6	25
E	5	9	6	20
F	0	3	0	3
G	2	7	2	11
계	15	58	22	95
평균	2.1	8.3	3.1	13.5

P.+Ten.So.+Eva. 과정이 가장 많이 나타난 D(25회)의 경우와 가장 적게 나타난 F(3회)를 양극단으로 해서 평균 13.5회가 나타났다. 이는 은유를 번역하는 데에 소요된 시간과도 연관이 있는데, 선택과 결정의 과정을 가장 많이 거친 피실험자 D.(25회)의 경우 전체 발화시간 대비 소요시간이 16%로 가장 높게 나타나고 있고, 가장 적은 선택과정을 거친 F.의 경우 총 발화시간 대비 은유 번역 소요 시간이 5.53%로 C.(5.41%) 다음으로 적게 나타나고 있다. 즉, 다양한 잠정적 대안을 평가하고 그에 대한 결론을 내리는 과정이 반복되면서 자연스럽게 소요 시간 역시 연장된 것으로 볼 수 있다.[66)]

F의 경우는 전체 실험에서 다른 피실험자들과 두드러지게 다른 특성을 보였는데, 전체 실험 시간도 42분 10초로 가장 짧게 나타났고 번역 단계는 2번만 거쳤으며, 다른 피실험자들이 은유를 번역하는 과정에서 적어도 ①과 ②를 종합해 총 9회 이상을 거치는 P.+Ten.So+Eva. 과정을 단 3회에 그쳤기 때문이다. 이러한 결과를 보고 실험의 특성을 다시 면밀히 검토해 보기 위해 F의 발화가 녹음된 테이프와 protocol을 다시 비교해 본 결과, 은유에 대한 부분뿐 아니라 전체적으로 자신의 생각을 적극적으로 발화하지 않고 머릿속에서 생각하고 나름대로 내린 결론만을 발화하는 모습을 보여 주었다. 피실험자 자신도 실험의 말미에 번역을 하면서 드는 생각을 말로써 표현하는 것이 무척 어려웠다는 점을 지적하였다. 전체적으로 다른 이들과 다른 특성을 보인 피실험자의 실험 결과를 통해 TAP 실험 자체가 가질 수 있는 한계를 확인할 수 있었지만, 동시에 역으로 F를 제외한 다른 피실험자들이 전체적으로 일반화시킬 수 있는 공통된 실험 결과를 보여 주었다는 점에서 실험의 성과를 찾을 수 있다.

66) 〈표 18〉 P.+Ten.So.+Eva.과 소요시간 비교

	P.	Ten.So.	Eva.	P.+Ten.So.+Eva.	소요시간(%)
A	1	11	5	17	6.36
B	1	8	1	10	8.16
C	3	4	2	9	5.41
D	3	16	6	25	16
E	5	9	6	20	14.28
F	0	3	0	3	5.53
G	2	7	2	11	12.27
평균	2.1	8.3	3.1	13.5	

2.1.2.4. TAP 번역 결과 분석

전문 번역사들이 위와 같은 선택과 결정의 과정을 거쳐서 생산해 낸 번역의 결과는 다음과 같다.

〈표 19〉 전문 번역사 TAP 번역 결과

	① рычагов, экономический рычаг	② рубильник, вырубаем рубильник
A	칼자루는 우리가 쥐고 있습니다. 바로 경제적 기반입니다.	어쨌든, 스위치는 러시아가 갖고 있습니다. 스위치를 절단해야 합니다.
B	우리는 경제적인 대응수단을 동원할 수 있습니다.	하지만, 우리 러시아에게도 나름의 효과적인 방법이 있다. 연료수송관을 막아 버리는 것이다!
C	우리 러시아가 많은 주도권을 쥐고 있습니다. 경제적 주도권이 있다는 말입니다.	하지만, 우리가 칼자루를 쥐고 있습니다. 그 칼자루를 휘두릅시다.
D	우리는 그에 맞설 수단을 손에 쥐고 있습니다. 경제적인 수단입니다.	우리가 에스토니아로 가는 자원의 공급선을 틀어막아 버린다면……
E	사실 칼자루는 우리가 쥐고 있습니다. 먹고사는 문제가 우리 손에 달렸다는 말입니다.	정작 전기 스위치는 우리 손에 있지 않습니까. 우리가 스위치를 꺼버리면……
F	우리 손에 얼마나 많은 칼자루가 들려 있는가! 바로 경제적인 칼자루 말이다.	그러나 스위치는 러시아의 손에 있다. 우리가 스위치를 뽑아 버리면……
G	우리 러시아인들은 그 얼마나 많은 경제적 발전 가능성을 가지고 있는가.	우리 손안에 에스토니아 경제의 숨통이 놓여 있다. 우리가 그 숨통을 막아 버려……

① ST의 рычаг은 "у нас ведь в руках столько рычагов(우리는 많은 지렛대를 가지고 있다). Экономический рычаг(경제 지렛대)" 즉, 앞 문장의 рычаг을 부연 설명하는 형태로 두 번 반복이 된다. 번역사들은 ST의 문장구조에 연연하지 않고 연이어 있는 위 두 문장을 하나의 문장으로 연결시켜서 번역을 하기도 하고(B, G), 앞의 рычаг과 뒤의 экономический рычаг을 서로 다른 한국어로 옮겨 주기도 했다(A, E). ② рубильник의 경우도, "Но у русских рубильник(러시아인들은 차단기를 가지고 있다). Вырубаем рубильник……(차단기를 내리자)"에서 반

복되는 동일한 단어 рубильник을 하나의 표현으로 연결시키기도 하고(D), 두 가지를 다르게 번역해 주기도 했다(B).

세부전략을 분석하는 데에 있어서 다른 은유로 바뀐 것인지 즉, M→M'인지, 아니면 기술적인 표현으로 설명된 것인지 즉, M→D인지를 판단하는 데에 있어서 이견이 존재할 수 있는 부분은 ② рубильник, вырубить рубильник에 대한 번역이다. 본 장의 1.2. 텍스트 분석 부분에서 밝혔듯이 рубильник의 원래 의미는 '긴 막대모양의 전기차단기'이다. 따라서 뒤에 연이어 나오는 'вырубить рубиьник'의 경우, '전기, 에너지 공급을 중단하다'라는 은유적 의미 이외에도 그 자체로 '차단기를 내리는 실제 행위'를 묘사하는 문자적 의미로도 해석이 가능하기 때문이다. B와 D의 번역 결과를 보면 '나름의 방법이 있다. 연료수송관을 막아 버리는 것이다', '우리가 에스토니아로 가는 자원의 공급선을 틀어막아 버린다면……'라고 번역이 되어 있다. ST의 вырубить рубильник과 마찬가지로 그 자체의 표현만으로 '에너지 공급을 중단하다'라는 의미를 표현하기 위해 사용된 은유로 해석할 수도 있고, 실제로 '연료 수송관을 막고', '자원의 공급선을 틀어막는' 행위 자체를 묘사한 비은유적 표현으로도 해석이 가능하기 때문이다. 그러나 텍스트 내 은유에 대한 분석에서도 지적했듯이, 단순히 '에너지 공급을 중단하다'라는 기술적인 표현이 존재함에도 불구하고 ST에서는 감정이 강하게 개입되고, 표현력이 강조된 표현을 쓰고 있으며, B와 D 두 번역사 모두 '원문에는 이런 말이 없지만, 그게 그거겠지(B)', '딱 끊어 주는 것 같은 비유적인 표현이 없을까(D)'와 같이 ST의 표현을 그 효과를 살려서 번역을 해 줄 필요가 있다는 사실을 지적하고 있다. 그리고 실제로 Ten.So. 과정도 B, D 각각 3, 14회씩으로 나타났다. 따라서 두 번역사가 선택한 번역 결과 '연료수송관을 막아 버리다'와 '자원의 공급선을 틀어막다' 역시 M→M' 즉, 은유→상이한 은유 전략으로 분석하였다. 같은 맥락에서 '스위치를 절단하다, 끄다, 뽑아 버리다' 등의 경우 역시 전기 공급을 중단하는 것을 나타내기 위해 상징적으로 사용된 은유적 표현으로 분석하였다.

그리고 위에서 지적한 대로 연이어 각각 두 번씩 나오는 동일한 ①과 ②를 다른 표현을 써서 번역한 경우 ①의 A(칼자루, 기반)와 E(칼자루, 먹고사는 문제가 우리에게 달렸다.)는 각각 M→M'과 M→D로, ②의 B(나름의 방법이 있다, 연료수송관을 막아 버리자.) 역시 M→D, M→M'으로 구분하였다. 두 가지 표현을 하나로 통합해서 표현한 경우는 ①의 B와 G처럼 칸을 분리하지 않고 표시하였다.

〈표 20〉 전문 번역사 세부 번역 전략

	① рычаг		② рубильник	
	①1	①2	②1	②2
A	M→M'	M→D	M→M'	M→M'
B	M→D		M→D	M→M'
C	M→D	M→D	M→M'	M→M'
D	M→D	M→D	M→M'	
E	M→M'	M→D	M→M'	M→M'
F	M→M'	M→M'	M→M'	M→M'
G	M→D		M→M'	M→M'

모든 피실험자들이 ST의 사전적 의미 ① рычаг(지렛대, 개의 다리, 추진수단)[67] ② рубильник(나이프스위치, 칼날모양의 개폐

67) 노노사전.

기)[68]에 의존하지 않고 ST 은유의 의미와 감정적으로 격앙되어 있는 효과를 TT에 전달하기 위해 다른 은유로 바꾸어 주거나, 기술적인 표현으로 옮겨 주고 있는 것을 볼 수 있다. 세부전략으로 보면 M→M'와 M→D, 두 가지 경우만이 나타났다. 결과만을 토대로 살펴보면 ① рычаг에 대한 번역에서 피실험자 B와 D는 각각 '대응수단', '수단'으로 번역하였다. 즉, 노한사전에 나와 있는 '수단'이라는 표현을 활용하고 있는데, 피실험자들의 발화 protocol에 나타난 번역 과정을 같이 살펴보면, B의 경우 '고삐, 제재수단, 방어할 방법, 대응수단, 대응 가능성, 대응할 수 있다' 등 총 6회의 Ten.So. 과정을 거친 후 '대응수단'이라는 기술적 표현을 선택하였다. D의 경우 역시 '지렛대, 도구, 맞설 수단' 등 3회의 Ten.So. 과정을 거치면서 '수단'이라는 최종적인 결정을 내린 것을 확인할 수 있다. 즉, 단순히 사전상 의미 그대로 옮긴 것이 아니라 문맥상 가능한 다양한 대안 가운데 하나를 선택한 것임을 알 수 있다.

지금까지 번역 과정을 분석하는 데에 활용되었던 소요시간, 번역단계, 고려대상, 은유인식 여부, 핵심적 처리현상을 바탕으로 한 선

---

① 지지점을 중심으로 회전이 가능한 축으로 적은 무게로 무거운 것을 들어 올려 균형을 맞추는 데 쓰인다.
② 행위를 하게 하는, 행동을 일으키는 수단
Словарь русского языка. Москва: Академия Наук СССР. 1986
Рычаг:
① Стержень, который может вращаться вокруг точки опоры и служит для уравневешивания большей силы при помощи меньшей.
② Средство, которое возбуждает деятельность кого－, чего－л., приводит в действие что－л.

68) 노노사전:
손잡이가 달린 수동식 전기차단기
Словарь русского языка. Москва.: Академия Наук СССР. 1986.
рубильник:
ручной, с рукояткой выключатель для электрических цепей

택과 결정과정 등의 항목들과 번역사의 실제 번역 결과가 어떠한 상관관계가 있는지를 살펴볼 필요가 있다.

〈표 21〉 번역 과정과 결과

	번역 단계	고려대상	소요시간 (%)	은유인식	P.+ Ten.So.+ Eva.	번역 결과	
						①1, ①2	②1, ②2
A	3	ST 장르, 저자 성향, 문체, 시대적 배경, TT 용도	6.36		17	M→M' M→D	M→M' M→M'
B	3	ST 저자 성향, 시대적 배경, TT 표현	8.16		10	M→D	M→D M→M'
C	3	ST 저자 성향	5.41		9	M→D M→D	M→M' M→M'
D	2	자연스러운 TT 표현	16	비유적 표현	25	M→D M→D	M→M'
E	3		14. 28	은유적	20	M→M' M→D	M→M' M→M'
F	2	ST 문체	5.53		3	M→M' M→M'	M→M' M→M'
G	3	ST 장르, ST 저자 성향, 문체, 시대적 배경, TT 표현	12. 27	비유적 표현	11	M→D	M→M' M→M'
평균치	2.7		9.71		13.5		

전문 번역사 집단에 속하는 피실험자들은 모두 ST의 은유를 그대로 유지시키지 않고 M→M', M→D 등의 세부전략을 이용해 바꾸어 줌으로써 번역 결과에서 ①, ② 모든 경우에 100% ST의 은유를 다른 표현으로 바꾸어 준 것으로 나타났다. 위의 표에서 피실험자 각각의 번역 결과와 번역 단계, 고려대상, 소요시간, 은유에 대한 인식, 선택과 결정과정 등과의 상관관계를 살펴보면, 모든 피실험자들이 ST의 은유를 그대로 유지시키지 않고 다른 방법으로 바꾸어 주었지만, '칼자루'와 같은 표현을 사용하여 M→M' 전략을

활용할 것인지, '수단'과 같은 표현으로 기술하는 M→D 전략을 활용할 것인지의 문제에 있어서 두 가지의 세부전략과 번역 과정에서 나타난 위와 같은 변수들은 큰 상관관계를 가지지 않는 것으로 나타났다.

① рычаг을 공통적으로 '칼자루'라는 은유로 바꾸어 준 A, E, F의 경우, 번역 단계나 고려대상, 소요시간 등에서 큰 공통점을 보이지 않은 것을 볼 수 있다. 번역에 있어서 고려하는 대상이 E의 경우 별도로 발화를 통해 드러나 있지 않고, A나 F의 경우, ST의 은유에 대한 인식을 특별히 하고 있지는 않지만 자연스럽게 은유적 표현으로 바꾸어 주었기 때문이다. 번역 단계 역시 A와 E는 3번으로 나타났지만 F는 2번에 불과하며, 전체 소요시간은 A의 경우 139초, E는 324초, F는 54초로 그 차이가 크다. 반대로 '수단'이라는 기술적 표현을 선택한 B와 D의 경우도 소요시간에 있어서 197초와 42초라는 차이를 보이고 있고 A와 B를 비교해 보면 '칼자루'라는 은유를 선택한 A가 '수단'을 선택한 B보다 더 적은 시간을 투자하였다는 것을 알 수 있다. 즉, 얼마나 많은 시간을 투자하였는가는 기술적 표현과 상응하는 상이한 은유적 표현 사이의 선택을 하는 데에 있어서 큰 영향을 주지 않았다는 것이다. B와 D의 경우 번역 단계도 각각 3번, 2번으로 나타나서 동일하게 비은유적인 표현을 선택했지만 공통적으로 나타나는 특성을 발견할 수 없다는 것을 확인할 수 있었다.

선택과 결정과정을 의미하는 P.+Ten.So.+Eva.에서는 일정 부분 공통된 특징이 발견된다. ①을 '칼자루'라는 은유를 통해서 전달한 A, E, F 중 실험 방법상 차이를 보이는 F를 제외한 나머지 2인은 9

회와 14회의 과정을 거침으로써 '수단'이나 '주도권' 등의 기술적 표현을 선택한 다른 피실험자들(B, C, D, G)의 5, 4, 5, 5회에 비해 월등히 높게 나타났다. 즉, 전체 맥락을 고려해서 가능한 여러 가지 대안을 제시하고 그것에 대한 평가가 적극적으로 이루어질수록 은유를 기술적 표현이 아닌 다른 은유로 바꾸어 주었다는 것을 알 수 있었다.

전체 전문 번역사 실험 결과를 종합해 보면, 전문 번역사들은 평균 2.7번의 번역 단계를 거쳤으며, 약 60분에 걸쳐서 실험을 실시하였고, 전체 발화시간의 9.71%를 은유 번역에 소요한 것으로 나타났다. 번역 과정에서 ST의 문체적 특성이나 자연스러운 TT 표현 등 언어적 표현과 관련된 것뿐 아니라 ST 저자의 성향, 시대적 배경, TT 독자 고려 등 거시적인 맥락을 고려하는 모습을 보여 주었다. D, E, G 등 전체의 42.9%의 피실험자들이 은유에 대한 인식을 하였으며, 번역사의 선택과 결정 과정을 나타내는 P.+Ten.So.+Eva.은 평균 13.5회로 나타났다. 구체적인 번역 결과를 보면, ① рычаг(지렛대), ② рубильник(차단기)라는 은유에 대해서 100%의 번역사들이 기본적 의미를 그대로 옮겨 주지 않았으며, ① '칼자루', '수단', '주도권', ② '스위치', '숨통' 등 다른 상이한 은유로 바꾸어 주거나(M→M') 기술적 표현으로 옮겨 주는(M→D) 전략을 활용하였다.

2.2. 보조집단 실험 결과

보조집단은 통번역 교육을 받고 있는 예비 번역사 8인으로 구성되었으며, 주집단과 동일한 방식으로 실험에 참여했다. 이렇게 실험을 두 집단으로 나누어서 실시한 이유는 5년 이상의 통번역 경력을 보유하고 있는 전문 번역사들과 현재 교육을 받고 있는 예비 번역사들의 은유 번역 과정을 비교, 분석함으로써 실제 번역 교육에서 실질적으로 학생들에게 필요한 부분이 무엇인지를 밝혀낼 수 있기 때문이다. 보조집단의 발화 과정 녹음시간은 총 352분, 전사 분량은 A4 33.3페이지이다.

2.2.1. 텍스트 전체 번역 단계

예비 번역사들은 ST를 읽어 내려가면서 가장 치중하는 부분이 ST에 나오는 개별적인 단어에 대한 의미 파악이었다. 각각의 단어들에 대한 의미를 주로 사전을 통해서 찾아내고 그것을 바탕으로 읽어 내려가면서 구두로 번역을 하고, 수정, 보완을 하는 과정에서도 ST로 돌아가 다시 확인을 하고 계속적으로 자신의 TT와 ST를 비교하는 모습을 보였다.

〈표 22〉 예비 번역사 번역 단계

	번역 단계	번역 단계 수
8인 중 3인(H, L, M) (37.5%)	STR & T ⇨ TTR & M	2번
8인 중 2인(J, O) (25%)	STR & ST ⇨(T)[69]	2번
8인 중 1인(N) (12.5%)	STR & ST ⇨ STR & T	2번
8인 중 1인(K) (12.5%)	STR & ST ⇨ T ⇨ TTR &M	3번
8인 중 1인(I) (12.5%)	ST & T	1번

전문 번역사들의 경우 71.4%(총 7인 중 5인)가 3번의 번역 단계를 거치는 반면, 예비 번역사들은 전체의 12.5% 즉, 1인만이 3번의 단계를 거치는 모습을 확인할 수 있었다. 전체의 75%, 총 8인 중 6인이 2번의 단계를 거치며, 피실험자 I의 경우 직접 문장구역을 하면서 바로 번역을 하고 더 이상 검토하는 과정을 거치지 않은 것으로 나타났다. 단계의 구체적인 내용을 보면, 전문 번역사의 경우 모든 피실험자들에게서 보이는 TTR 과정 즉, 자신의 번역문만을 읽으면서 표현과 의미를 조정해 나가는 과정이 예비 번역사들에게는 8인 중 4인 즉, 50%의 피실험자들에게서만 나타났다. 이는 자신의 번역문을 읽으면서 전체 텍스트 차원에서 부분적인 표현들을 조율해 가는 과정이 전문 번역사들에 비해 현저하게 부족함을 보여 준다. 특히, 피실험자 N의 경우 한 단계 구두번역을 마친 이후 번역을 하면서도 계속적으로 ST로 돌아가서 해당 ST 표현과 형식에 의존하는 모습을 보였으며 자신의 번역문만을 읽으면서 교정하는 과정은 생략되었다. 번역 시 텍스트 전체의 맥락이나 ST 저자의 성향, 시대적 배경 등 ST가 가지는 거시적 맥락에 대해 고려하는 모습은 나타나지 않았다.

다음은 번역 총소요시간과 protocol 전사분량, 번역 시 고려대상, 번역 단계, 참고자료 등을 중심으로 예비 번역사 집단의 실험 특성을 요약한 것이다.

69) (T)는 피실험자가 우선적으로 구두 번역을 하거나 단어를 찾으면서 자신이 생각하는 바를 말하고 실제 번역하는 과정은 녹음을 하지 않은 경우이다.

〈표 23〉 예비 번역사 실험 특성

	총소요시간(분)	Protocol 분량(A4)	번역 시 고려대상	번역 단계		참고자료
H	59.44	5		STR & T ⇨ TTR & M	2	RKD, I
I	19.40	2.1		ST & T	1	
J	48.48	3.9		STR & ST ⇨(T)	2	RKD, RRD
K	52.24	5		STR & ST ⇨ T ⇨ TTR & M	3	RKD
L	39.14	3.3	ST 문체	STR & T ⇨ TTR & M	2	RKD
M	34.07	7	자연스러운 TT 표현	STR & T ⇨ TTR & M	2	RKD, CR
N	60	5	ST 문체, 적절한 TT 표현	STR & ST ⇨ STR & T	2	RKD
O	38.07	2	ST 주제, 문체	STR & ST ⇨(T)	2	RKD
계	352	33.3				

발화시간과 protocol 전사분량에 있어서 다른 피실험자들에 비해 유달리 짧게 나타난 피실험자로 I를 들 수 있다. 이 중 I는 번역 단계도 문장구역을 하면서 그대로 동시에 번역을 하는 1단계(ST & T)밖에 거치지 않았고, 전체 텍스트를 번역하는 데에 소요된 시간도 19분 40초로 가장 짧다. 실험 후, 피실험자 본인과 직접 면담을 통해 확인한 결과, 먼저 텍스트를 읽어 보고 모르거나 확인을 요하는 단어들을 미리 찾아 놓은 후 실험을 실시하였다는 답변을 들을 수 있었다. 미리 텍스트를 읽고 문제가 될 수 있는 부분에 대한 사고를 미리 진행한 후이기 때문에 실제 실험 시 정상적인 발화가 불가능하고 그만큼 발화량이 적어짐으로 인해서 실험시간도 단축될 수밖에 없는 것이다. 이 경우 역시 전문 번역사 F의 경우처럼 TAP

실험의 한계를 보여 주는 예라고 할 수 있다. 피실험자 집단의 규모가 가지는 한계로 인하여 전체 연구에는 포함시켰으나 과정과 결과에 대한 비교, 분석에서는 이러한 실험 방법 차이로 발생된 요인을 고려할 것이다.

전체 발화시간의 총합을 보면 전문 번역사 7인의 발화시간을 합한 것(421분)보다도 훨씬 적게(352분) 나타났으며,[70] 전체적으로 텍스트를 번역하면서 고려하는 대상에서는 전체 8인 중 50%에 해당하는 4인이 별다른 지적을 하지 않았다. 고려하는 경우에 해당하는 나머지 4인은 주로 ST의 문체, 자연스러운 TT 표현 등을 지적하였는데, 이는 앞서 전문 번역사들이 ST 문체, TT 표현 이외에도 ST의 장르나 시대적 배경, 저자의 성향 등을 꼽은 것과는 대조적이다.

반면, 번역을 할 때 참고하는 자료에 있어서는 두 집단이 큰 차이를 보이지 않았다. 참고하는 자료의 종류 측면에서 보면 오히려 예비 번역사 집단에서 5종(RKD, RRD, RED, I, CR), 전문가 집단에서 4종(RKD, KKD, I, CR)으로 더 다양하게 나타났다. 이는 전문가일수록 단일언어사전을 많이 참고하고 학생들일 경우 이중언어사전에 대한 의존도가 크다고 한 Fraser(1996)나 Tirkkonen－Condit(1991)의 지적과는 다르게 나타난 부분이다. 이는 본 실험에 참여했던 학생들이 단순히 언어학습자가 아니라 통역번역대학원에서 전문 교육을 받고 있는 예비 번역사들이기 때문에 이미 수업시간을 통해서 문제 해결 방법 중 하나로서 어떤 사전을 참고할 수 있는지에 대한 의식적인 교육을 일정 정도 받았고, 생소한 단어를 접했을 때 단순히 이중언어사전에만 의존하지 않고 좀 더 다양한 참

70) 평균치를 보면 전문 번역사들은 60분, 예비 번역사들은 44분으로 나타났다.

고자료를 통해서 문제를 해결하려고 하는 노력을 보였기 때문이다.

그러나 두 집단은 사전 사용의 빈도와 유형에서 차이를 보였는데, 예비 번역사의 경우 단어의 의미 파악이 즉각적으로 안 될 경우, 사전과 여타 참고자료에 의존하면서 그 의미에서 벗어나지 못하는 모습을 보인 반면, 전문 번역사들은 사전에 명시되어 있는 의미를 참고함으로써 해당 텍스트 내에서 은유가 가지는 함의를 도출하는 모습을 보였다. 예비 번역사들의 경우, ST 표현의 의미를 주로 '몰라서' 찾고 있는 경우가 많은 반면, 전믄 번역사들의 경우 사전을 참고한다 해도 알고 있는 단어의 의미를 다시 한 번 확인하거나 적절한 TT 표현을 생각해 내기 위해서 참고하였다. 그리고 사전상의 의미가 생소하여도 그것을 전체 맥락, 논리구조와 연결시킴으로써 그 의미를 파악하려는 노력을 하는 모습을 보여 주었다.

2.2.2. 은유 번역 과정 관찰

번역 과정은 주집단과 마찬가지로 실제 번역사들의 protocol, 소요시간, 핵심적 처리현상 등을 중심으로 분석되며, 이러한 과정적 특성이 어떻게 결과에 반영되는가를 분석하기 위해 피실험자들이 생산한 번역물의 결과에 대한 분석이 이어질 것이다.

2.2.2.1. 발화 protocol 분석

예비 번역사들의 경우, 은유적 표현에 대한 인식 즉, 외연적 인식(explicit appreciation)을 하고 있는 피실험자는 1인도 발견할 수 없었으며, ①의 경우는 비교적 의미파악이 쉽게 이루어지는 반면, ②의 경우, 전체 맥락상 무엇을 의미하며, 왜 은유적으로 ST 저자가 해당 어휘들을 선택했는지, 그것이 전체 맥락상 무엇을 의미하는지에 대한 이해가 I, K, O의 3인, 전체의 37.5%에 그치고 있다. 나머지 피실험자들은 '왜 이 단어가 여기에 쓰였는가'에 대한 의문은 제기하는 단계에서 머무르고 전체 텍스트의 맥락, 논리전개 등을 고려해서 그 은유적 의미를 파악하는 데에는 실패하고 있음을 보여 준다.

① рычаг(지렛대)

아래의 예문은 피실험자들의 실험 결과인 전사본에서 보이는 해당 표현에 대한 발화 부분과 번역사가 최종적으로 선택한 결과를 비교해서 보여 주고 있다.[71]

TAP:

반면에 우리 러시아는(5초) 많은 지렛대 하면, 어, рычаг을(12초) 긍정적인 의미니까, 많은, 어느 정도의 지렛대를 갖고 있습니다. 경제 지렛대죠. 이는 경제 지렛대입니다. (H)

TT:

⇨ 우리 러시아는 몇몇 지렛대를 갖고 있습니다.

TAP:

사실 러시아인들은 지렛대를 손에 쥐고 있습니다. 지렛대(3초), 그러나 러시아인들은 버팀목을 가지고 있습니다. 그러나 사실 우리는 버팀목을 가지고 있습니다. 경제적 버팀목을 말입니다. (I)

TT:

⇨ 그러나 사실 우리는 버팀목을 가지고 있습니다.

---

71) 피실험자 J는 ST의 рычаг(지렛대)라는 표현을 유사한 철자를 가지는 다른 러시아어 단어(рывок)로 착각해서 전혀 다른 번역 과정을 보이고 있으므로 본문에는 포함시키지 않는다. J의 발화 protocol은 전체 발화전사 부분을 보여 주는 [부록 4]에 짙은 색으로 표시되어 있다.

TAP:

(ST 읽기) рычаг, 지렛대, 공간, 다리, 추진수단, (사전 읽기), (ST 읽기), 음 지렛대가 있다, 다리가 있다, 중요한 지렛대, 지렛대, (뒷문장 읽기), 경제 지렛대, 경제적 수단 …… (K)

TT:

하지만 우리에게는 경제 지렛대가 있습니다.

TAP:

(ST 읽기) 음, рычаг이 지렛대니까, (ST 읽기) 지렛대가 많습니다. 지렛대, 가능성이 많은 건가? 지렛대, (뒷문장 읽기)(사전 참고) 그냥 가능성으로 하면(2초) 우리에겐, 가능성이 많습니다. 경제적 가능성이 많습니다. (L)

TT:

우리에게 많은 가능성이 있으며, 특히 경제적 가능성이 있는데도……

TAP:

우리 러시아 사람들은 많은 지렛대를, 지렛대를 쥐고 있습니다. 경제 지렛대도 그중 하나입니다. 어, 이 부분에서 그 지렛대라는 рычаг을 썼는데……. 그래서 이거는 여기서 지렛대라고 해도 될지, 아니면 의미를 좀 다른 걸 넣어야 될지 생각을 좀 해 봐야겠습니다. (M)

TT:

⇨ 우리 러시아는 많은 지렛대를 쥐고 있습니다.

TAP:

그렇지만, 우리는, 우리에게는, 많은 지렛대들이 있습니다. 많은, 어…… 있습니다. 경제적인 경제 지렛대…… (N)

TT:

⇨ 우리에게는 많은 지렛대들이 있습니다.

TAP:

러시아에게 지…… 사전에 나와 있는 말대로라면 지렛대가 있다, 이런 표현은 얼핏 봤을 때 직역으로 그대로 가는 거 좋을지 조금 의역을 해서 한국말로 편안한 표현으로 가는 것이 좋을지에 대한 고민

이 생깁니다. (O)

TT:

⇨ 우리 손에 여러 지렛대가 놓여 있습니다.

예비 번역사들의 경우, ① рычаг을 한국어로 그대로 옮겨 주면 안 될 것 같다는 발화를 하는 경우는 전체 8인 중 M과 O, 2인(25%)에 불과하다. 그리고 바꾸어 줄 필요성에 대해서 인식하고 있는 M과 O 역시 최종적으로는 '지렛대'라는 표현으로 즉, ST의 은유를 변화 없이 그대로 유지시켜 주었다. ST의 저자가 왜 '지렛대'라는 표현을 썼으며, 그것이 무엇을 의미하는 것인지에 대한 발화는 8인의 피실험자 중 어느 누구에게도 발견되지 않으며, 전체 텍스트의 논리전개상 가능할 수 있는 다양한 대안을 제시하기보다 ST의 표현과 '지렛대'라는 ST의 사전적인 의미를 반복하는 모습을 보였다.

앞서 실험대상 텍스트에 대한 분석에서 рычаг을 한국어로 '지렛대'라는 러시아어의 은유를 그대로 옮겨 줄 경우, 한국 독자들이 그 의미를 부분적으로 유추는 할 수 있겠지만, '성과를 거두기 위한, 일을 처리하기 위한 주도적인 수단'이라는 은유적 의미를 효과적으로 전달할 수 없다는 것을 지적한 바 있다. 이는 전문 번역사 7인 중 한 사람도 '지렛대'라는 선택을 한 사람이 없다는 것을 보아도 확인할 수 있다. 전체 8인 중 ST 표현을 잘못 이해한 1인(J)을 제외한 7인 중 5인, 즉, 71.4%의 피실험자가 '지렛대'로, 1인은 '가능성'으로, 1인은 다른 은유표현이라고 할 수 있는 '버팀목'으로 바꾸어 주었다.[72)]

② рубильник(вырубить рубильник)

(차단기, 차단기를 내리다)

TAP:

рубильник, рубильник…… 어, 무슨 단어지? 찾아보겠습니다. (사전 찾기) 나이프스위치, 칼날 모양의 개폐기, 무슨 뜻인지 잘 모르겠으니 뒤를 읽고 …… 나이프스위치라는데 이게 뜻이 이상한데요 얀덱스 백과사전에서 찾아보겠습니다. 칼날? …… (사전 읽기) 전류랑 관련된 것 같은데(9초) 일단 괄호를 해 놓고 …… (H)

TT:

⇨ 그러나 러시아는 날카로운 칼을 갖고 있습니다. 날카로운 칼을 제하고 ……

TAP:

그러나 러시아인들은(9초) 나이프스위치를 가지고 있습니다.(7초) 어, 나이프스위치를 가지고 있는 것은 러시아인들입니다. 나이프스위치가 아니고(4초) 전기차단기를 쥐고 있는 것은 러시아입니다.(3초) 차단기를 끊어 버리고 …… (I)

TT:

⇨ 전기 차단기를 쥐고 있는 것은 러시아인입니다. 차단기를 끊어 버리고

TAP:

러시아인들에게는 рубильник……(사전 찾기) 나어프스위치? 웬 나이프스위치? 더 날카롭다는 소린가? (노노사전 참고; 넘어가서……(뒷문장 읽기) вырубить(사전 찾기), 베어 버리다, 잘라 버리다…… 스위치, 나이프스위치, 칼날 모양의 개폐기…… (J)

TT:

⇨ 러시아인들에게는 나이프스위치가 있습니다. 나이프스위치를

---

72) 지렛대로 바로 옮기지 않았다는 측면에서는 다른 은유로의 전환을 볼 수 있으나, '버팀목을 많이 가지고 있다', '경제적 버팀목'이라는 표현은 '지렛대'를 그대로 옮겨 준 표현과 유사하게 생소하다. 전체 번역 전략 구분에서는(M→M')로 표시된다.

만들고……

TAP:

하지만 러시아는 рубильник이 있다. рубильник(5초)(사전 찾기)…… 나이프스위치(2초), 나이프스위치(2초) 칼날모양의 개폐기, 칼날 모양의 개폐기……?(3초), вырубаем рубильник…… 도끼? 음(3초) 러시아는 스위치가 있다,(뒷문장 읽기) вырубаем рубильник 하고 음…… 책을 읽어라……(텍스트 전체 읽기) 에너지 공급이라는 키워드가 있습니다. 나이프스위치(6초) 에너지라는 키? 열쇠(2초)…… 나이프스위치가 있습니다. (K)

TT:

⇨ 하지만, 우리에게는 나이프스위치가 있습니다. 우리가 에너지 공급을 중단하면……

TAP:

рубильник이 뭐냐(17초)(사전 찾기) 나이프스위치? 칼날모양의 개폐기…… 그러니까 뭔가 핵심적인 걸 갖고 있다는 건가?(ST 읽기) 아, 나이프스위치, 그러니까 러시아 사람들한테는 그 결정적 뭔가가 있다는 건가? 러시아에는 결정적인 무언가가 있습니다. 아닌데 그러면 뒤는 좀 이상한데…… 그냥 제거가 나오니까, 단점, 약점 같은데…… (L)

TT:

⇨ 러시아에도 약점은 있습니다. 이것을 제거해야만 합니다.

TAP:

우리 러시아인들은 рубильник을 갖고 있습니다. рубильник을 벌목하고 있습니다. (ST 읽기) …… рубильник이 뭔지 제가 감이 와 닿지 않아서 일단 루빌닉이라고 썼습니다……(러시아인 면담 시도)(인터넷 검색 시도)…… 문맥상으로 봐서 이런 앞에 나왔던 그런 석유, 목재, 금속을 그런 자원들을 얘기하는 것 같습니다. 그래서 음. 천연자원 같은 단어로 바꾸어 보려고 합니다. (M)

TT:

⇨ 우리 러시아인들은 많은 자원을 갖고 있습니다. 많은 자원을 캐내고 있습니다.

TAP:

러시아인들에게는 나이프스위치, 칼날 모양의 가 폐기? 하여간 이게 있습니다. (ST 읽기) 이 개폐기를(4초) 베어 내도록 합시다. (N)

TT:

⇨ 러시아인에게는 나이프스위치가 있습니다. 디 스위치를 배어 내도록 합시다.

TAP:

여기서 рубильник을 노한사전에는 나이프스위치, 개폐기 이렇게 나와 있는데 이대로 가면 문맥상, 언뜻 한국말로 이해가 쉽지 않을 것 같습니다.(18초) 약간 여기서 뉘앙스가 칼, 칼을 쥐고 있는, 열쇠를 쥐고 있는, 이런 식으로 가면 어떨까 싶습니다.

TT:

⇨ 열쇠는 러시아인들에게 있습니다. 우리는 열쇠를 쥐고 있고……

'рубильник, вырубить рубильник(차단기, 차단기를 내리다)'은 전체 텍스트의 논리전개상 '전기 공급을 끊어 버려서 에스토니아인들에게 본때를 보여 주자'라는 의미를 가지는 표현으로 매우 감정적으로 격앙된 특징을 가진다. рубильник이라는 단어는 전문가에게든 비전문가에게든 생소한 단어이다. 사전상에 명시되어 있는 '나이프스위치, 칼날모양의 개폐기'라는 의미 역시 그것 자체만으로는 전체적인 의미 파악에 도움이 되지 않기 때문에 그것을 토대로 전체 텍스트의 맥락과 논리전개 등을 함께 고려해야 ST 저자가 무엇을 의도하였는지를 짐작할 수 있다.

앞서 지적했듯이 전체 8인의 피실험자 중 I, K, O 등 3인(37.5%)만이 '차단기, 차단기를 내리다'라는 문자적 표현에서 '에너지, 전기 공급을 끊다'라는 의미를 도출해 내고 있다. 이 3인 중 I는 '차단기를 쥐고 있다, 차단기를 끊는다'라고 즉, '에너지 공급을 끊다'

라는 의미를 ST의 은유를 그대로 유지시킴으로써 전달하였고, O의 경우는, '열쇠를 쥐고 있다'라는 상이한 은유적 표현을 통해서 표현하였다. 두 경우는 세부적인 번역 전략에서 보면 M→M, M→M' 에 해당한다. K의 경우는 рубильник과 вырубаем рубильник을 서로 다르게 번역하였는데, 발화 protocol에 나타난 대로 ST의 표현에서 '에너지 공급을 중단하다'라는 의미를 도출해 내고 있다. 그럼에도 불구하고 노한사전에 기재된 '나이프스위치'라는 동일한 표현을 4회나 반복하면서 결국, 연달아 이어 나타나는 두 개의 рубильник을 하나는 '나이프스위치'로, 다른 하나는 '에너지 공급을 중단하면'으로 다르게 옮겨 주었다.

위의 I, K, O를 제외한 나머지 피실험자 5인 중 2인은 노한사전상에 나와 있는 '나이프스위치'라는 표현을 그대로 옮겨 주었는데, 한국어의 '나이프스위치'를 통해서는 ST 저자가 의도한 '전기, 에너지 공급을 끊다'라는 의미와 감정적으로 격앙된 효과를 전달할 수 없다. 대부분의 전문 번역사들이 '나이프스위치, 칼날모양의 개폐기'라는 사전적 의미를 보고 문맥상 '수송관', '공급선' 혹은 '스위치'라는 표현으로 바꾸어 준 것과 매우 대조적인 결과로, '나이프스위치를 만들다' 혹은 '나이프스위치를 베어 내다'라는 표현은 ST 표현의 의미와 효과가 전달될 수 없다는 측면에서 의사소통상의 오류로 평가된다.

protocol을 통해 '나이프스위치'라는 표현이 '이상하다', '맞지 않는다' 등의 인식을 하고 있는 것으로 나타난 H, L, M의 경우 역시 사전상의 의미가 전체 ST 표현의 이해에 도움이 되지 않는다는 사실을 인식하였음에도 불구하고 결과적으로 무슨 의미인지를 이해하지 못함으로써 '날카로운 칼을 제하다'(H), '약점을 제거하다'(L), '자원을 캐내다'(M) 등으로 역시 오류를 낳고 있다.

2.2.2.2. 은유 번역 소요시간 분석

텍스트 전체 발화시간 대비 은유 번역 소요시간은 다음과 같다.

〈표 24〉 소요시간 분석

	총소요시간(초)	①	②	①, ② 소요시간 총합(초)	총소요시간 대비 백분율(%)
H	3584	295	216	511	14.26
I	1180	27	54	81	6.86
J	2928	62	212	274	9.36
K	3144	93	296	389	12.37
L	2354	53	141	194	8.24
M	2047	68	138	206	10.06
N	3600	38	25	63	1.75
O	2287	25	54	79	3.45
평균치	2641	83	135	224.6	8.29

피실험자들의 소요시간을 분석한 결과, 전체 텍스트 번역 과정에 대한 발화시간 대비 은유 번역시간은 8.29%로 전문가 집단의 9.71%에 비해 적게 나타났다. 이는 전체적으로 예비 번역사들이 전문 번역사들에 비해 은유를 번역하는 데에 상대적으로 적은 시간을 투자했다는 것을 의미한다. ①과 ②를 비교해 보면 ①보다 ②에 더 많은 시간을 투자하고 있는데, 이는 ②의 어휘 자체가 생소하기 때문에 해당 어휘의 사전적 의미를 계속적으로 반복하면서 전체 문장의 의미가 무엇인지를 파악하고자 하는 과정이 지속되었기 때문인 것으로 분석된다.

두 피실험자 집단을 비교해서 보면, 전문 번역사들은 다양한 대안 가운데 하나를 선택하기 위해서 자신의 잠정적 선택안에 대한 부정적 평가, 그리고 다른 대안에 대한 선택 등의 과정을 반복하는 모습을 보이는데, 이것이 곧 소요 시간의 증가로 이어지고 긍정적인 번역 결과물을 생산하는 데에 영향을 준 것으로 분석할 수 있다. 반면, 예비 번역사들은 텍스트 전개상 가능한 다양한 대안들을 제시하고 그것에 대한 평가를 내리는 과정이 생략되고 사전적 의미를 계속적으로 반복하다가 그것을 최종 선택으로 연결시키기 때문에 전체적인 소요시간이 짧게 나타났으며, 이것이 적절하지 못한 번역, 의사소통의 오류를 낳는 데에 반영되었다는 평가가 가능하다.

2.2.2.3. 핵심적 처리현상(Pivotal processing phenomena) 분석

예비 번역사들의 핵심적 처리현상이 어떻게 나타나는지를 살펴보기 위해서 전문가 집단과 마찬가지로 ① рычаг과 ② рубильник에 해당하는 번역 과정을 기호화하였는데, 그 결과는 다음과 같다. 실제 protocol과 처리현상 분석은 [부록 4]에 첨부하였다.

〈표 25〉 ①에 대한 예비 번역사 핵심적 처리현상

	P.	Ten.So.	Eva.	So.	A.	Post.
H	1	1	1	0	0	0
I	0	2	0	0	0	0
J	0	2	0	0	0	0
K	0	3	0	0	0	0
L	0	2	0	0	0	0
M	2	3	3	1	0	0
N	0	1	0	0	0	0
O	1	1	0	0	0	0
계	4	15	4	1	0	0

〈표 26〉 ②에 대한 예비 번역사 핵심적 처리현상

	P.	Ten.So.	Eva.	So.	A.	Post.
H	1	2	1	1	0	0
I	0	2	3	0	0	0
J	1	3	0	0	0	1
K	1	5	1	0	0	0
L	1	4	1	0	0	0
M	1	2	1	1	0	1
N	0	0	0	1	0	0
O	1	2	1	0	0	0
계	6	20	8	3	0	2

전체 번역 과정에서 나타나는 특징은 6가지의 번역 과정 즉, P., Ten.So., Eva., So., A., Post. 중 선택과 결정의 과정을 의미하는 P., Ten.So., Eva.의 세 과정이 나머지에 비해 두드러지게 나타난다는 점이다. A.(자동적 해결)는 나타나지 않았으며, So.와 Post.는 ①과 ②의 경우에 각각 1:3, 0:2로 매우 약하게 나타났다. 이와 같은 특징은 전문가 집단에서도 동일하게 나타났다. 즉, 모든 번역사들의 은유 번역 과정에서 일반적인 번역 과정을 나타내는 핵심적 처리현상의 6가지 과정 중 P., Ten.So., Eva.의 세 가지 과정이 두드러지게 나타났다.

그러나 예비 번역사들의 경우 전문 번역사들과 비교해 보면 세 가지의 과정이 현저히 약화되어 있는 것을 확인할 수 있다. ①의 경우, 전문 번역사의 P., Ten.So., Eva.의 세 과정의 총합이 각각 7, 25, 12로 나타난 반면, 예비 번역사의 경우 4, 15, 4에 불과하다. 예비 번역사 피실험자가 전문가 집단에 비해 1인이 많다는 것을 감안하면 그 차이는 더 벌어진다. ②의 경우 역시 전문 번역사가 각각 8, 33, 10, 예비 번역사가 6, 20, 6으로 나타났다.

①과 ②의 번역 과정에서 나타난 P., Ten.So., Eva. 항목을 모두 종합해서 전체 예비 번역사 집단의 평균치를 계산해 보면 다음과 같다.

〈표 27〉 ①+② P.+Ten.So.+Eva.

	P.	Ten.So.	Eva.	P.+Ten.So.+Eva.
H	2	3	2	7
I	0	4	3	7
J	1	5	0	6
K	1	8	1	10
L	1	6	1	8
M	3	5	4	12
N	0	1	0	1
O	2	3	1	6
계	10	35	12	57
평균	1.25	4.38	1.5	7.125

전문 번역사들의 경우 같은 P., Ten.So., Eva. 과정의 평균이 13.5회로 나타난 반면, 예비 번역사들의 경우 7.125회로 약 50%가량 적게 나타났다.

이러한 수치는 같은 표현을 번역한다고 할지라도 예비 번역사들의 경우, ST 표현 자체에 대한 의존도가 커서 다양한 다른 대안을 제시하지 못했고 그에 대한 평가 역시 제대로 이루어지지 않았다는 것을 말해 준다. 예비 번역사들 역시 전문 번역사들과 마찬가지로 잠정적 대안을 두고 고민을 하는 모습을 보이기는 하지만, ST의 표현에 대한 다양한 TT 대안들 사이에서 선택을 하기 위한 고민이라기보다 ST 표현이 가지는 문자적 의미를 반복해서 발화하면서 그것을 그대로 유지시켜도 되는지를 고민하는 모습을 보여 주었다.

이는 전문 번역사들이 자연스럽게 은유적 표현에 대해 변화의 필요성을 인식하고 이를 어떻게 바꾸어 줄 것인지를 고민하는 반면, 예비 번역사들은 우선 변화의 필요성에 대해 심각하게 인식하고 있지 못하고, 인식을 하더라도 긍정적이든, 브정적이든 자신 있게 자신의 선택에 대해 평가를 내릴 만큼 자신의 번역작업에 대한 확신이 부족하기 때문인 것으로 보인다.

2.2.2.4. TAP 번역 결과 분석

예비 번역사들이 TAP 실험 결과 생산한 텍스트에 나타난 은유 번역 결과는 다음과 같다.

〈표 28〉 예비 번역사 TAP 번역 결과

	① рычагов, экономический рычаг	② рубильник, вырубить рубильник
H	우리 러시아는 몇몇 지렛대를 갖고 있습니다. 이는 경제 지렛대입니다.	그러나 러시아는 날카로운 칼을 갖고 있습니다. 우리는 날카로운 칼을 제하고……
I	사실 우리는 버팀목을 가지고 있습니다. 경제적 버팀목을.	전기 차단기를 쥐고 있는 것은 러시아인입니다. 차단기를 끊어 버리고……
J	우리에겐 상당한 도약이 있습니다. 경제적 도약이 그것입니다.	하지만 러시아인들에게는 나이프스위치가 있습니다. 우리는 나이프스위치를 만들고
K	우리에게는 경제 지렛대가 있습니다.	하지만 우리에게는 ㄴ이프스위치가 있습니다. 우리가 에너지 공급을 중단하면
L	우리에게 많은 가능성이 있으며 특히 경제적인 가능성이 있는데도……	러시아에도 약점은 있습니다. 이것을 제거해야만 합니다
M	우리 러시아는 많은 지렛대를 쥐고 있습니다. 경제 지렛대도 그중 하나입니다.	하지만 우리 러시아인들은 많은 자원을 갖고 있습니다. 많은 자원을 캐내고 있습니다.
N	우리에게는 많은 지렛대들이 있습니다. 경제 지렛대가 있습니다.	그러나 러시아인에게는 나이프스위치가 있습니다. 이 스위치를 빼어 내도록 합시다.
O	우리손에 여러 지렛대가 놓여 있습니다. 바로 경제 지렛대입니다.	그러나 열쇠는 러시아인들에게 있습니다. 우리는 열쇠를 쥐고 있고……

①의 경우 전체 8인의 피실험자 중 5인(62.5%)이 рычаг이라는

ST의 은유를 그대로 옮겨 주고 있고, J의 경우는 문맥상 전혀 연결이 되지 않는 다른 단어(도약)로 바꾸어 주고 있다. 발화과정에서 그대로 옮겨 주면 안 될 것 같다고 문제인식을 한 M과 O의 피실험자 역시 결과적으로는 다시 ST의 사전적 의미인 '지렛대'로 그대로 옮겨 주는 것을 확인할 수 있었다.

②의 рубильник의 경우는 H, J, L, M, N 등 5인의 피실험자가 '나이프스위치' 혹은 '약점', '자원', '칼' 등 텍스트 전체의 논리 전개와 관련이 없는 표현으로 바꾸어 주었다.

위 표에서 짙은 부분으로 표시되어 있는 부분은 의사소통상의 오류라고 할 수는 없으나 적절한 대안이라고 볼 수 없는 경우에 해당하며, 사선으로 표시된 부분은 ST 은유의 의미를 전혀 전달하지 못한 의사소통상의 오류에 해당한다. ①의 경우, '지렛대'를 그대로 옮겨 준 경우가 짙게 표시되어 있다. 이 경우, TT 독자들이 그 의미를 전혀 이해하지 못한다고 볼 수는 없으므로, 오류에 포함시키지 않았고, ②의 경우, 적절하게 기술되어 있지 않은 사전상의 기본적 의미인 '나이프스위치'를 그대로 옮겨 준 경우와 '날카로운 칼', '약점', '자원' 등으로 바꾸어 준 경우 모두 '에너지 공급을 중단하다', 더 강하게는 '숨통을 쥐고 있다'는 은유적 의미와 전혀 관련이 없으므로 의사소통상의 오류에 포함되었다.

세부 전략별로 분석해 보면 다음과 같다.

〈표 29〉 예비 번역사 세부 번역 전략

	① рычаг		② рубильник	
	①1	①2	②1	②2
H	M→M	M→M		
I	M→M'	M→M'	M→M	M→M
J				
K	M→M			M→D
L	M→D	M→D		
M	M→M	M→M		
N	M→M	M→M		
O	M→M	M→M	M→M'	M→M'

전체적인 세부전략은 M→M, M→M', M→D, 세 가지가 나타났다. 위의 표에서 사선 표시가 된 부분은 ST의 의미가 전혀 전달되지 않은 오류에 해당하는데, 전체의 40.6%에 달한다. 피실험자별로 보면 I의 경우, '지렛대'를 '버팀목'으로, '차단기'를 그대로 '차단기'로 옮겨 주면서 각각의 경우에 ①에서는 M→M', ②에서는 M→M의 방법으로 번역하였다. ②의 경우, '차단기를 내리다'라는 표현을 그대로 옮겨 주어도 은유적 의미 전달이 어느 정도 가능하므로 오류라고 볼 수 없다.

L은 ① рычаг의 경우에는 '가능성'이라는 기술적 표현으로 바꾸어 주었으나 ② рубильник은 '약점을 제거한다'로 옮겨 줌으로써 오류를 낳았다. K는 ①은 '지렛대'로 옮겨 준 반면, ②의 경우에는 '에너지 공급을 중단하다'는 의미를 도출해서 이어지는 앞뒤 표현을 '나이프스위치'와 '에너지 공급을 중단하다'로 나누어 옮겨 주었다.

전체 실험 과정에서 나타난 실험 특성과 결과를 비교해 보았다.

〈표 30〉 번역 과정과 결과

	번역 단계	고려대상	소요시간 (%)	은유 인식	P.+Ten.So. +Eva.	번역 결과	
						①	②
H	2		14.26		7	M→M	
I	1		6.86		7	M→M'	M→M
J	2		9.36		6		
K	3		12.37		10	M→M	M→D
L	2	ST 문체	8.24		8	M→D	
M	2	자연스러운 TT 표현	10.06		12	M→M	
N	2	ST 문체, TT표현	1.75		1	M→M	
O	2	ST 주제, 문체	3.45		6	M→M	M→M'
평균치	2		8.29		7.125		

예비 번역사 중 ①을 '지렛대'가 아닌 다른 표현으로 바꾸어 주고 ②의 의미를 제대로 파악한 피실험자는 I, 1인밖에 발견되지 않았다. 그러나 앞서 지적했듯이 I는 엄밀한 의미에서 번역과 동시에 사고를 발화하지 않았으므로 과정과 결과를 통합적으로 살펴보는 데에는 한계가 있다. 위의 표에서 선택과 결정과정을 나타내는 P.+Ten.So.+Eva.가 가장 많이 나타난 피실험자는 M으로 ①과 ② 각각 8회와 4회, 총 12회였다. M의 경우 ① '지렛대'를 그대로 옮겨 주면 안 될 것 같다는 문제인식과 평가발화를 하였음에도 불구하고 그대로 '지렛대'로 ST 은유를 그대로 유지시켜 주었고, ②의 경우, '러시아가 자원을 많이 가지고 있으니 그것을 이용하자는 것'이라는 적절한 의미를 도출해 냈음에도 불구하고 '자원공급을 중단하다'라는 최종 선택에 이르지 못하고 '자원을 캐내다'라는 전체 맥락과 연결되지 않는 표현을 선택하였다.

본 TAP 실험의 주집단에 속하는 전문 번역사들과 보조집단에 속하는 예비 번역사들의 실험 특성과 과정, 결과를 종합적으로 살펴보면 다음과 같다.

〈표 31〉 주집단과 보조집단 비교분석

	번역 단계	총발화시간 대비 은유 번역소요시간	은유인식 여부	P. + Ten.So. + Eva.	번역 결과	
					오류	세부전략
주 집단	2.7번	9.71%	42.8%	13.5회	0%	M→M' M→D
보조집단	2번	8.29%	0%	7.125회	40.6%	M→M M→M' M→D

주집단에 속하는 전문 번역사들은 전체 번역 단계 평균 2.7번을 거치며, 전체 발화시간 대비 은유 번역에 투자하는 시간이 9.71%로 나타났다. 전문 번역사 전체 7인 중 3인에 해당하는 42.8%가 은유적 표현에 대한 인식을 하고 있는 것으로 나타났으며, 번역사의 선택과 결정과정을 나타내는 P. + Ten.So. + Eva. 과정은 평균 13.5회로 나타났다. 번역 결과에서 나타난 세부 전략은 M→M', M→D이며, 의사소통상의 오류는 전혀 나타나지 않았다. 은유에 대한 외연적 인식을 한 D, E, G는 모두 '자원의 공급선을 틀어막다', '칼자루를 휘두르다', '숨통을 막아 버리다' 등으로 상응하는 은유적 표현을 찾아 번역해 준 것을 확인할 수 있었다.

보조집단에 속하는 예비 번역사들의 번역 단계는 총 2회, 은유 번역 시간은 평균 8.29%로 나타났으며, 은유에 대한 인식은 1인에게도 나타나고 있지 않았다. P. + Ten.So + Eva. 과정은 전문 번역사들의 약 2분의 1에 해당하는 7.125회로 나타났고, 이러한 과정적 특성들은 전체 40.6% 오류라는 결과에 반영되었다. 세부 전략은 M→M, M→M', M→D 등 세 가지로 나타났으나, 분석 대상 텍스트에 포함된 은유적 표현이 가지는 함의와 효과를 전달하기 위해서는 ST의 은유적 표현을 어떤 식으로든 바꾸어 줄 필요가 있다고 이미 지적한 바 있으므로 M→M, 즉, ST의 은유를 그대로 유지시켜 준 경우는 오류에는 포함되지 않았으나 적절한 대안이라고 평가할 수 없다.

위의 표에는 포함되지 않았으나 양 집단의 은유 번역 결과에 중요한 영향을 준 요인 중 하나로 번역 과정에서 고려하는 대상을 들 수 있다. 전문 번역사들의 경우 ST의 문체, TT의 자연스러운 표현뿐 아니라 ST가 작성된 시기의 시대적 배경과 ST 저자의 성향 등을 포괄적으로 고려하였다.

3. 소결

본 장에서는 은유적인 표현을 번역하는 과정에서 번역사들이 어떠한 생각을 하며 어떤 과정을 거치는지, 과정적 특성이 번역 결과에 어떻게 반영되는지를 살펴보기 위해 경력 5년 이상의 전문 번역사 7인과 통역번역대학원에 재학 중인 예비 번역사 8인, 총 15인의 피실험자들을 대상으로 사고발화법(Think Aloud Protocol: TAP)을 실시하였다. 실험 대상 텍스트에는 ① рычаг(지렛대), ② рубильник(차단기)이라는 은유적 표현이 포함되어 있었으며, 피실험자들은 실험 목적에 대한 사전 정보 없이 실험에 임하였다. 피실험자 집단을 전문가와 비전문가 두 집단으로 나눈 것은 양 집단이 실험의 과정과 결과에서 보여 주는 차이점과 공통점 등 특성을 비교, 분석함으로써 ST 은유의 의미를 효과적으로 전달하고 의사소통상의 오류를 최소화할 수 있는 방안을 제시하기 의해서이다.

실험에 참여한 전문 번역사와 예비 번역사들은 그 번역 과정에 있어서 현저한 차이를 보였다. 번역 과정에 소요된 총시간은 전문가들의 경우 평균 60분으로 나타난 반면, 예비 번역사들은 44분에 불과했다. 총시간 대비 은유 번역 소요 시간에서도 전문가들은 9.71%, 예비 번역사들은 8.29%를 투자하는 것으로 나타나 전체 번역 시간뿐 아니라 은유 번역에도 전문가들이 예비 번역사들보다 더 많은 시간을 투자한 것으로 나타났다.

번역 과정에서 전문 번역사들은 ST의 문체와 표현 등 텍스트 자체의 언어적 특성뿐 아니라 ST의 장르와 저자 성향, 시대적 배경 등 텍스트가 가지고 있는 언어외적 요인들을 포괄적으로 고려하는 반면, 예비 번역사들은 50%의 피실험자들만이 ST의 문체, 자연스러운 TT 표현 등 주로 ST의 언어적 측면에 대한 고려를 하였다. 또 전문 번역사들이 평균 2.7번의 번역 단계를 거치고, 완결된 TT를 구성하기 위해서 TT만을 읽으면서 수정을 거치는 과정(TTR)을 100%의 피실험자들이 거친 반면, 예비 번역사들은 평균 2번의 번역 단계에서 전체 피실험자의 50%만이 TTR 과정을 거쳤다.

가장 큰 차이를 보인 것은 번역사가 선택을 하고 결정하는 과정을 집약적으로 보여 주는 문제인식(P.), 잠정적 대안 제시(Ten.So.) 그리고 평가(Eva.)로 이어지는 핵심적 처리현상이다. 자동적 해결

(A.)이나 연기(Post.), 해결(So.) 등 다른 과정에 비해 양 집단에서 모두 P., Ten.So., Eva. 과정이 강화되어 나타났다. 그러나 전문가들의 경우, P. + Ten.So. + Eva., 즉, ST 은유에 대한 문제인식에서 시작해서 그러한 문제를 해결할 수 있는 다양한 대안을 제시하고, 그에 대한 평가를 내리는 과정이 ①은 6.31, ②는 7.26회, 총 13.57회로 나타난 반면, 예비 번역사들은 ①과 ② 각각 2.87, 4.25회, 총 7.125회로 해당 과정이 전문 번역사들에 비해 약 50% 축소되어 있는 것을 확인할 수 있었다. 위의 세 가지 핵심적 처리현상에는 번역사가 문제를 인식하고 다양한 대안 제시를 통해 적절한 해결책을 찾아내고자 하는 번역사의 선택, 결정 과정이 가장 적극적으로 반영되어 있다. 위의 수치를 통해 이러한 선택과 결정의 과정이 전문 번역사 집단에서는 매우 적극적으로 나타나지만, 예비 번역사 집단에서는 소극적으로 나타났음을 알 수 있다.

두 집단이 보이는 이러한 과정적 차이는 실험 결과에 그대로 반영되었다. 실험 결과 ST에 포함된 은유적 표현의 번역에 있어서 주 집단에 속하는 전문 번역사들은 ①의 경우 '칼자루를 쥐고 있다'(M→M'), '발전 가능성을 가지다'(M→D), ②의 경우 '스위치를 꺼 버리다', '숨통을 막아 버리다', '자원의 공급선을 틀어막다'(M→M') 등 M→M', M→D 등의 세부 번역 전략을 이용해서 성공적으로 ST 은유가 가지는 함의와 효과를 전달하는 모습을 보인다. 그러나 예비 번역사들은 ①의 경우 62.5%의 피실험자들이 '지렛대'라는 ST 은유를 그대로 유지시키고 있고 ②의 경우, '날카로운 칼을 제하다', '나이프스위치를 절단하다' 등 40.6%의 피실험자들이 ST 은유의 이해와 재표현에 있어서 오류를 범하고 있는 것으로 나타났다. 양 집단의 실험에서 나타난 위와 같은 차이를 요약해 보면 다음과 같다.

1) 단어, 문장 중심/텍스트 중심

예비 번역사들은 ST의 은유적 표현에 대한 번역에 있어서 전체 텍스트의 맥락보다 해당 표현이 가지는 사전적 의미에 더 의존하는 반면, 전문 번역사들은 전후 맥락과 전체 텍스트의 논리적 전개 구조 등을 고려하였다.

2) ST 지향적(ST－oriented)/TT 지향적(TT－oriented)

예비 번역사들은 ST의 은유적 표현을 이해하고 그것을 TT 표현으로 옮겨 주는 데에 있어서 TT로 그대로 옮겨 주면 안 된다는 사실을 인식하면서도 결과적으로는 ST에서 벗어나지 못하는 ST 지향적인 번역을 한 반면, 전문 번역사들은 ST의 은유적 의미를 TT 독자들이 이해할 수 있도록, TT가 TT 문화권 내에서 하나의 텍스트로 기능할 수 있도록 TT 독자 중심적인 번역을 하였다.

3) 전략: 선적 전략(linear strategy)/포괄적 전략(global strategy)[73)]

예비 번역사들은 ST의 은유를 TT로 번역하는 데에 있어서 ST의 은유가 포함된 문장과 그 앞과 뒤에 이어지는 문장을 중심으로 TT 표현을 선택하는 반면, 전문 번역사들은 문장과 텍스트뿐 아니라 ST가 작성된 시대적 배경, ST 저자의 성향, TT 문화권에 대한 고려 등 포괄적인 전략을 구사하였다.

전문 번역사와 예비 번역사 집단으로 나누어 은유가 포함된 텍스트를 대상으로 TAP 실험을 실시한 결과, ST의 은유적 표현을 번역하는 데에 있어서는 단순히 그 표현 자체에 의존하지 않고 전체 텍스트의 논리전개, 맥락 그리고 더 나아가서 ST 저자의 성향과 시대적 배경 등을 적극적으로 고려할 필요가 있다는 사실을 알 수 있

73) Krings(1988)가 사용한 용어로 다양한 배경지식을 동원한 전문 번역사의 전략과 그렇지 못하고 문장 앞뒤로만 이동하는 예비 번역사의 전략을 비교한 용어이다.

었다. 그리고 다양한 잠정적 대안의 제시와 그에 대한 적극적인 평가가 병행되어야 번역에 있어서 나타날 수 있는 오류를 최소화하고 더 나아가 ST 은유가 가지는 의미를 효과적으로 전달할 수 있음을 확인할 수 있었다.

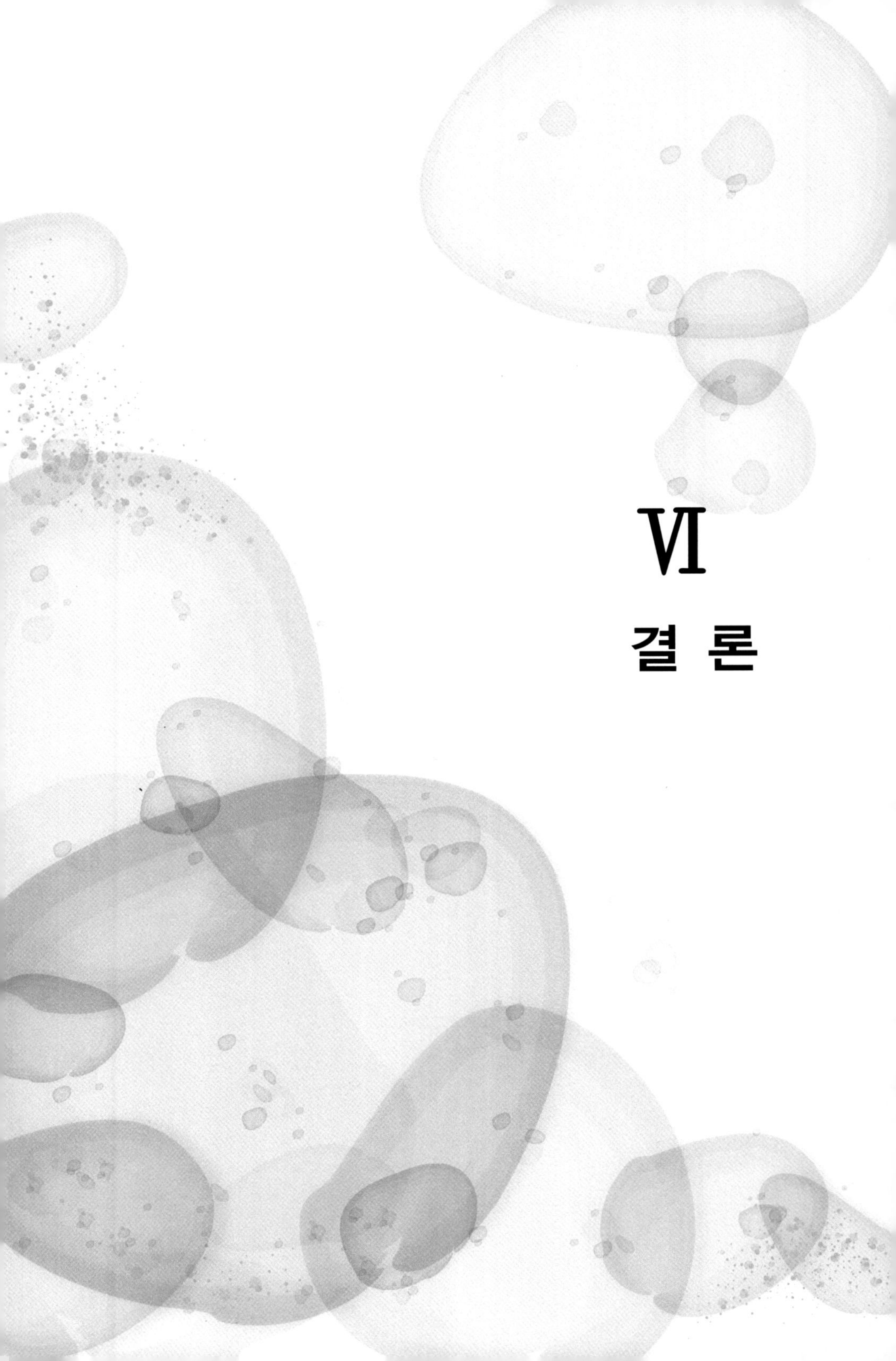

Ⅵ

결 론

본 연구는 은유 번역의 과정과 결과를 통합적으로 살펴봄으로써 은유가 이문화권 사이의 의사소통 활동이자 번역사의 선택과 결정의 과정이라고 할 수 있는 번역의 전형이 된다는 사실을 확인하고자 하였다. 은유 번역의 결과 분석을 통해서 총 7가지의 번역 전략이 가능하다는 사실을 알 수 있었다.

1) 은유→은유(Metaphor→metaphor)
2) 은유→상이한 은유(Metaphor→Metaphor': M→M')
3) 은유→기술(Metaphor→Description: M→D)
4) 은유→직유(Metaphor→Simile: M→S)
5) 은유→직유+추가설명(Metaphor→Simile+Description: M→S+D)
6) 은유→은유+추가설명(Metaphor→Metaphor+Description: M→M+D)
7) 은유→생략(Metaphor→omission: M→∅)

첫 번째는 ST의 은유를 그대로 TT에서 유지시키는 M→M 전략으로 러시아와 한국 독자들이 지식체계를 공유하고 있어서 ST의 은유를 자연스럽게 TT 독자들이 이해할 수 있는 경우에 활용할 수 있는 방법이었다. M→M 전략이 사용된 예를 분석해 본 결과, 국가를 인체조직이나 사람에 비유하는 경우, 현대 국가를 병든 조직에 빗대어 표현하는 경우, 국가나 민족을 가족에 비유하는 경우 등에서 '피', '다리', '질병', '병균', '형제' 등에 대한 지식체계가 양 문화권에 공통적으로 나타날 수 있다는 사실을 알 수 있었다. 사회-문화적 특성으로 인해, 사용빈도나 유통성의 차이 때문에, 텍스트

기능이나 장르, 텍스트 내의 은유의 기능 등 여러 요인들로 인해서 ST의 은유가 그대로 TT에서 유지될 수 없는 경우, 번역사는 적극적인 중개를 통해 ST 은유의 의미와 효과를 전달하게 되는데, 이 경우 M→M', M→D, M→S, M→S+D, M→M+D, M→∅ 등의 전략이 가능했다. 본 연구의 분석 결과에서는 M→D 즉, ST의 은유에 함축되어 있는 의미를 기술적인 표현을 통해 외연화시키는 전략이 전체의 34.62%로 가장 많이 나타났으며, ST의 은유를 TT에서 그대로 유지시키는 M→M이 32.05%로 그다음으로 빈도수가 높았다.

〈표 32〉 결과분석을 통해 나타난 은유 번역 전략

M→M	M→M'	M→D	M→S	M→S+D	M→M+D	M→∅	계
25 (32.05%)	14 (17.95%)	27 (34.62%)	3 (3.85%)	1 (1.2%)	7 (8.97%)	1 (1.28%)	78

위의 전략 이외에도 ST에는 없는 은유를 TT에 첨가하거나 비은유적 표현을 은유로 바꾸어 주는 경우도 발견되었는데(∅→M, D→M), 이는 엄밀하게 말하면 은유의 번역 전략이라고 할 수는 없으나 '해결책'으로서 은유를 활용했다는 점에서 주목할 필요가 있다는 점을 지적했다.

그리고 결과 분석을 통해서 은유가 어떠한 사회-문화적 특성을 가질 수 있는지를 살펴본 결과, 크게 사회-문화적 생활환경에 기인한 은유와 역사적 배경에 토대를 둔 은유 그리고 신화와 성경에 바탕을 둔 은유 등 크게 세 가지 범주가 있으며, 이러한 은유들은 ST 문화권의 사회-문화적 특성이 강하게 반영되어 있으므로 은유를 다른 은유나 기술적 표현으로 바꾸어 주거나, 추가설명을 덧붙이는 등 적극적인 번역사의 중개가 필요하다는 사실을 확인할 수 있었다.

번역사가 실제로 은유를 번역하면서 어떠한 과정을 거치며 무엇을 고려하는지, 과정적 특성이 번역 결과에 어떠한 영향을 미치는지를 살펴보고, 은유 번역 과정과 결과가 전문 번역사와 예비 번역사 두 집단에서 어떻게 상이하게 나타나는지를 살펴보기 위해서 과정 중심 연구 방법인 사고발화법(Think Aloud Protocol: TAP) 실험을 실시하였다. 경력 5년 이상의 전문 번역사 7인과 통역번역대학원에 재학 중인 8인의 예비 번역사 집단의 번역 과정과 결과를 비교, 분석함으로써 양 집단이 보여 주는 번역 과정과 결과를 바탕으로 결과상의 오류가 어떠한 과정적 특성과 연결되며, 성공적인 번역을 하기 위해서 필요한 과정적 절차가 무엇인지를 고찰하였다. 분석 대상 텍스트 내 포함된 은유는 '지렛대'라는 기본 의미를 가지는 ① рычаг과 '전기차단기'를 의미하는 ② рубильник 두 가지였다.

번역 과정의 차이를 분석해 보면, 전문 번역사들은 전체 텍스트 번역뿐 아니라 은유 번역에 있어서 예비 번역사들에 비해 더 많은 시간을 투자하였으며(각각 60분, 9.71%), 번역 과정에서 단순히 해당 표현이 가지고 있는 언어적, 문체적 특성뿐 아니라 텍스트 자체의 장르와 저자 성향, 시대적 배경 등 언어외적 요인을 적극적으로 고려하는 모습을 보였다. 반면, 예비 번역사들은 전체적으로 번역 시간이 전문 번역사들에 비해 짧게 나타났고, 은유 번역 소요시간도 짧았다(44분, 8.29%). ST 전체의 장르나 저자 성향, 배경 등 언어외적 요인에 대한 고려는 1인에게서도 발견되지 않았으며, 문체적 특성에 대해 전체의 50%에 해당하는 피실험자들만이 언급하는 모습을 보여 주었다.

시간과 고려대상뿐 아니라 실제 번역 과정에서 전문 번역사들은 P., Ten.So., Eva. 즉, 번역 문제를 인식하고 그것을 해결하기 위해 가능한 대안들을 제시하고 그에 대한 평가를 병행하는 선택과 결정 과정을 적극적으로(① + ② 평균 13.57회) 거치는 모습을 보인 반면, 예비 번역사들은 ST 은유의 사전적 의미를 반복하면서 전체 텍스트 맥락, 논리전개와 연관 지어 다양한 대안을 제시하지 못한 결과, 선택과 결정 과정을 의미하는 P. + Ten.So. + Eva. 과정이 전문 번역사들의 약 1/2에 해당하는 7.125회에 그치고 있는 것을 확인할 수 있었다.

이러한 과정적 특성이 반영된 결과는 다음과 같다. 전문 번역사들의 경우, ① рычаг(지렛대)에 대해서 7인 중 3인이 '칼자루를 쥐고 있다'(M→M')로, 나머지 4인은 '수단', '발전 가능성', '주도권'(M→D) 등으로 옮겨 주었고, ② рубильник의 경우에는 '스위치를 뽑다, 끄다', '연료수송관을 막아 버리다', '숨통을 막아 버리다' 등으로 ST 은유가 가지는 기본 의미에 의존하지 않고 전체 텍스트의 맥락과 TT 독자들을 고려, 은유의 의미와 효과를 전달하려는 모습을 보였다. 반면, 예비 번역사들은 ①의 경우, 8인 중 5인이 ST 기본 의미 그대로 '지렛대'로 옮겨 줌으로써 ST 은유의 의미와 효과를 적절하게 전달하지 못하였으며 ②에 대해서는 6인이 사전상에 기술된 '나이프스위치'라는 표현을 그대로 이용, '나이프스위치를 만들다', '나이프스위치를 베어 내다' 혹은 '날카로운 칼을 제하다' 등으로 옮겨 줌으로써 전체적인 의사소통의 오류를 낳았다.

TAP 실험을 통해 번역 과정과 결과를 통합적으로 살펴본 결과, 비문자적인 특성을 가지는 은유를 번역하는 데에 있어서 번역사는 오류를 최소화하기 위해서 단순히 해당 표현에만 의존할 것이 아니라 전후 맥락과 전체 텍스트의 논리전개, 그리고 더 나아가서 ST 저자의 성향이나 시대적 배경 등을 적극적으로 고려할 필요가 있다는 것을 확인할 수 있었다. 또한, 선택과 결정을 하기 위한 번역 과정이라고 할 수 있는 P., Ten.So., Eva. 즉, 문제인식과 잠재적 대안 제시, 그에 대한 평가가 적극적으로 이루어지는 것이 번역 결과에 긍정적인 영향을 미친다는 사실을 알 수 있었다.

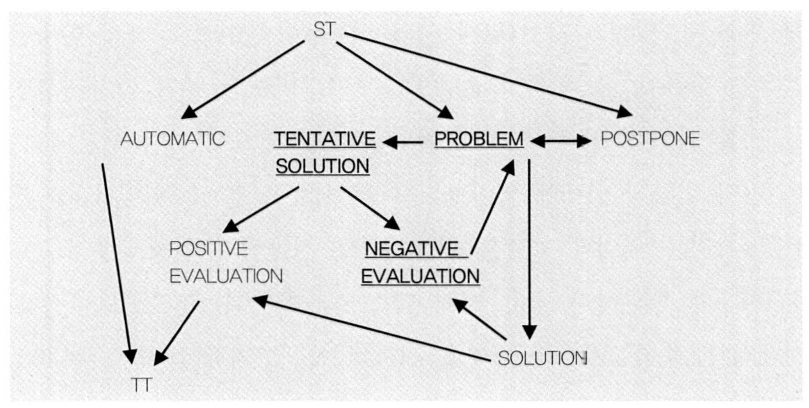

〈그림 6〉 은유 번역 핵심적 처리 현상도

Tirkkonen－Condit(2000)이 제시한 번역의 핵심적 처리 현상도 (<그림 4>)를 바탕으로 은유 번역의 핵심적 처리 현상도를 재구성한 결과, 위의 그림과 같이 나타나는 것을 확인하였다. 은유 번역 과정에서는 일반적 번역 과정에서 나타날 수 있는 6가지의 핵심적 처리현상 중 자동적 해결인 A.는 전혀 나타나지 않았고, 해결(So.)과 연기(Post.) 역시 약하게 나타난 반면, 문제인식(P.)과 잠정적 대안 제시(Ten.So.), 그리고 평가(Eva.) 과정이 매우 강화되어 나타났다.

은유 번역의 과정과 결과에 대한 통합적 고찰을 통해서 얻을 수 있었던 성과를 종합해 보면, 1) 결과 분석을 통해서 과정 연구에서는 볼 수 없었던 다양한 번역 전략들 즉, M→M+D, M→S, M→S+D, M→∅ 등이 가능하다는 사실을 확인할 수 있었다. 그리고 2) 기존의 번역 연구에서 추상적으로 제기되어 오던 사회-문화적인 문제를 은유를 통해 살펴보았을 때 사회-문화적 생활환경, 역사적 배경 그리고 신화 및 성경 등에 기인한 은유 등 크게 세 가지 범주로 나눌 수 있었으며, 이렇게 사회-문화적 특성이 강하게 반영된 은유는 다른 은유 혹은 기술적 표현으로 바꾸어 주거나 부가설명을 덧붙이는 등 번역사의 적극적인 중개를 필요로 하기 때문에 은유 번역 전략의 선택에 영향을 준다는 사실을 알 수 있었다. 3) 은유가 가지는 의미와 효과를 성공적으로 전달하기 위해서는 ST 표현 자체에 의존하지 않고 전체 텍스트의 맥락과 ST 저자의 성향, 시대적 배경 등 거시적 요인을 적극적으로 고려해야 하며, 문제에 대한 인식과 그것을 해결하기 위한 대안 제시, 그리고 그에 대한 적극적인 평가가 병행되어야 한다는 것을 확인할 수 있었다.

실제 번역사를 양성하는 번역 수업에도 은유의 번역은 다양한 목적으로 활용될 수 있다. 교육에 있어서 은유 번역의 과정과 결과가 가질 수 있는 의미는 1) 본질적으로 비문자적인 특성을 가지는 은유 번역을 실제 수업에서 실습을 해 보고, 결과로서 나타나는 다양한 번역 전략을 분석해 봄으로써 형식과 의미, ST와 TT, 단어, 문장과 전체 텍스트 등 번역사의 선택과 결정을 요구하는 여러 순간에 효과적으로 번역의 문제를 해결할 수 있는 능력을 배양할 수 있다는 점이다. 또한, 2) 번역이 단순히 상이한 언어 간의 전환이 아니라 서로 다른 문화권 사이의 의사소통 활동이라는 것을 은유 번역의 다양한 예와 거기에 영향을 미친 사회-문화적 특성을 구체적으로 함께 제시함으로써 실증적으로 보여 줄 수 있다. 그리고 3) 전문 번역사들과 예비 번역사들이 실험 과정에서 단어 중심·텍스트 중심, ST 지향적·TT 지향적, 선적 전략·포괄적 전략 등의 모습으로 보여 준 차이점을 제시하여 줌으로써 아직 전문 번역사가 되지 않은 학생들이 번역상의 오류를 최소화할 수 있는 방안을 마련하는 데에 도움을 줄 수 있다.

본 연구는 위와 같은 연구 성과와 교육적 함의를 지니고 있음에도 불구하고 불가피한 한계 역시 가지고 있다. 결과 분석에서 활용된 텍스트의 코퍼스가 제한적이기 때문에 좀 더 다양한 은유 번역의 모습을 관찰할 수 없었고, 과정 분석에서 TAP 실험을 위해서 사용된 텍스트 역시 실험을 할 수 있을 만큼의 길이에 다양한 은유적 표현을 담고 있는 텍스트를 선정하지 못했기 때문에 결과 분석을 통해서 볼 수 있었던 다양한 번역 전략을 TAP을 통해서 볼 수 없었다는 아쉬움을 남긴다. TAP 실험 역시 실험자가 개입할 수 없는 상황으로 인해 실험 방식과 환경에 대한 제어가 효과적으로 이루어지지 못하였고 그로 인하여 피실험자들이 보여 준 실험 과정과 결과를 일반화하는 데에 부분적인 제약이 있었다. 이러한 한계는 향후 연구를 통해서 더욱 보완, 발전시켜야 할 과제로 남는다.

번역학에서 은유 연구는 많은 학자들의 관심의 대상이 되었음에도 불구하고 그에 대한 심도 깊은 연구는 미흡했던 것이 사실이다. 그러나 최근 은유의 번역에 대한 관심이 고조되면서 다양한 측면에서 연구가 진행되고 있다(Schmitt, 2003). 특히, 문화적 배경이 상이한 언어 사이의 번역일 경우, 은유는 언어 간의 전환이 아닌 문화적 의사소통 활동으로서 번역이 보여 줄 수 있는 모든 현상과 특성을 극명하게 보여 주는 좋은 자료가 된다. 본 연구가 상이한 문화권 사이의 가교(假橋) 역할을 하고 있는 번역사들이 번역의 문제를 은유라는 주제를 통해서 보다 효과적으로 극복할 수 있도록 미약하나마 도움이 되었으면 하는 바람을 가져본다.

참고문헌

Ⅰ. Primary sources

ST:

Геворкян, Н., Тимакова, Н., Коллесников, А.(2000). От перв ого лица: разговоры с Владимиром Путиным, Москва: Вагриус.

TT:

게보르캰, 티마코바, 콜레스니코프(편저)(2000). 푸틴 자서전. 표윤경 역. 서울: 문학사상사.

ST:

Жириновский , В.В.(1993). О судьбах России: с моей точки зрения, Москва.

TT:

블라지미르 쥐리노프스키(1993). 러시아의 운명: 남부로의 마지막 진군. 김명호 역. 서울: 한울.

ST:

Пуликовский , К.(2002). Восточный экспресс по России с Ким Чен Иром, Москва: Городец.

TT:

콘스탄틴 풀리코프스키(2002). 동방특급열차. 성종환 역. 서울: 중심.

Ⅱ. Secondary sources

김순미(2003). 영한번역에서의 '은유'에 관한 연구－인지언어학의 관점에서, 세종대학교 대학원 영어영문학과 박사학위논문.

김련희(2002). 과정지향적 번역학과 사고 발화법. *국제회의 통역과 번역*, 4(1), 37－60.

박성창(2002). *수사학과 현대 프랑스 문화이론*. 서울: 서울대학교 출판부.

박영순(2000). *한국어 은유연구*. 서울: 고려대학교 출판부.

박영준, 최경봉(1996). 관용어 사전. 서울: 태학사.

박정운(2000). Charles J. Fillmore: 틀의미론. 이기동(편저). *인지언어학*(pp.63－82). 서울: 한국문화사.

박정운(2001). 개념적 은유 이론. *언어와 언어학* 28. 85－106.

박태호(2000). *장르중심의 작문교수 학습론*. 서울: 박이정.

송경숙(2000). George Lakoff: 은유, 환유, 범주화. 이기동(편저). *인지언어학*(pp.83－125). 서울: 한국문화사.

송경숙(2003). *담화화용론*, 서울: 한국문화사.

연세대학교언어정보개발연구원(1998). 연세한국어사전. 서울: 두산동아.

이기동(2000). *인지언어학*. 서울: 한국문화사.

이기문(1999). *새국어사전*. 서울: 두산동아.

이창수(2000). 문학작품에서의 비유적 표현의 번역－Relevance theory의 관점에서. *국제회의 통역과 번역*, 2, 57－84.

이혜승(2003). 감정은유의 노－한 번역 실례 분석. *국제회의 통역과 번역*, 5(1), 183－200.

최정화(1988). *통역입문*. 서울: 신론사.

최정화(1989). *통역의 실제*. 서울: 신론사.

최정화(2001). *통역 번역 노하우*. 서울: 넥서스.

Aristotle(1965). *The Poetics; "Longinus"; on the sublime; demetrius; On style*. Harvard University Press.

Baker, M.(1992). *In other words: A coursebook on translation*. London &

New York: Routledge.

Baker, M.(1996). *Corpus－based translation studies: The challenges that lie ahead*. H. Somer.

Baker, M., & Malmkjær, K.(Eds.)(1998). *Routledge Encyclopedia of Translation Studies*, London and New York: Routledge.

Bassnett, S.([1980] 1991). Translation studies. London: Routledge.

Bassnet, S. & Lefevre, A.(1990). *Translation, history and culture.* London & New York: Pinter Publishers.

Bell, R.T.(1991). *Translation and translating: Theory and practice.* London: Longman.

Bernardi, S.(2001). Think－aloud protocols in translation research: achievements, limits, future prospects. *Target,* 13(2), 241－263.

Bhatia, V. K.(1997) Translating Legal Genres. In A. Trosborg(Ed.), *Text Typology and Translation*(pp. 203－214). Amsterdam/Philadelphia: John Benjamins.

Black, M.(1962). Metaphor, In J. Margolis(Ed.), *Philosophy look at the arts*(pp.218－35). New York: Temple University Press.

Brown, P. & Stephen C. Levinson.(1987). *Politeness－Some universals in language use*, New York: Cambridge University Press.

Campbell, S.(2000). Choice network analysis in translation research. In M. Olohan(Ed.), *Intercultural faultlines: Research models in translation studies textual and cognitive aspects*(pp.29－42). Manchester, UK: St. Jerome.

Catford, J. C.(1965). *A linguistic theory of translation*. London: Oxford University Press.

Chesterman, A.(Ed.)(1989). *Readings in translation*. Helsingki: Oy Finn Lectura Ab.

Chesterman, A.(1998). Communication strategies, Learning strategies & translation strategies. In K. Malmkær(Ed.), *Translation and language teaching*(pp.135－142). Manchester: St. Jerome.

Cohen, L. J.(1979). The semantics of metaphor. In A. Ortony(Ed.),

Metaphor and thought(pp.64 – 77). Cambridge: Cambridge university press.

Cheong, H. J.(2003). *Translated text expansion and contraction phenomena: A corpus – based study of quantitative target text changes as reflective of translator mediation*. PH.D dissertation at Graduate School of Interpretation & Translation Hankook University of Foreign Studies.

Choi, J. W.(2003). Interpreting competence and cultural differences. *Forum,* 1(1), 97 – 111.

de Beaugrande, R. and Dressler, W.(1981). *Introduction to text linguistics.* London: Longman.

Dobrzynka, T.(1995). Translating metaphor: Problems of meaning, *Journal of pragmatics,* 24, 595 – 604.

Fillmore, C.(1982). Frame semantics. In Linguistic society of Korea(Ed.), *Linguistics in the Morning Calm*(pp.111 – 138). Seoul. Hanshin.

Fraser, J.(1996). The translator investigated. *The translator*, 2, 65 – 81.

Gerloff, P.(1986). Second language learners' reports on the interpretive process: Talk aloud protocols of translation. In J. House & Blum – Kulka(Eds.), *Interlingual and intercultural communication: discourse and cognition in translation and second language acquisition studies*(pp.243 – 62). Tübingen: Genter Narr.

Gibbs, R. W.(1994). *The poetics of mind*, New York: Cambridge university press.

Goatly, A.(1997). *Language of metaphors.* New York: Routledge.

Gran, L.(1998). In training development of interpreting strategies and creativity. In A. Beylard – Ozeroff, J. Kralova and B. Moser – Mercer(Eds.), *Translators' strategies and creativity*(pp.145 – 62). Amsterdam and Philadelphia: John Benjamins.

Gutt, E.(1991). *Translation and relevance: Cognition and context*. Oxford: Blackwell.

Gutt, E.(1992). *Relevance theory – A guide to successful communication in translation*. New York: Summer institute of linguistics and United bible society.

Gutt, E.(1998). Pragmatic aspects of translation: Some relevance theory observations. In L. Hickey(Ed.), *The pragmatics of translation*(pp.41 – 53). Clevedon: Multilingual Matters.

Gutt, E.(2000). Issues of translation research in the Inferential Paradigm of communication. In. M. Olohan(Ed.), *Intercultural faultlines: Research models in translation studies textual and cognitive aspects*(pp.161 – 179). Manchester, UK: St. Jerome.

Hatim, B. & Mason, I.(1990). *Discourse and Translator*, London and New York: Longman.

Hatim, B. & Mason, I.(1997). *The Translator as Communicator,* London and New York: Routledge.

Hatim, B.(2001). *Teaching and Researching Translation*, Harlow: Longman.

Hermans, T.(1999). *Translation in systems: Descriptive and systematic approaches explained*. Manchester, UK: St. Jerome.

Hervey, S. & Higgins, I.(1992). *Thinking Translation*, London and New York: Routledge.

Holmes, J. S.(2000). The name and nature of translation. In L. Venuti(Ed.), *The Translation Studies Reader*(pp.172 – 85). London and New York: Routledge.

House, J.(1988). Talking to oneself or thinking with others. In Fremd sprachen lehren und lernen(pp.84 – 98). FLul.

Hymes, D.(1964). *Language in culture and society: A reader in linguistics and anthropology*, New York: Harper & Row.

Ivanova, A.(2000). The use of retrospection in research on simultaneous interpreting. In Tirkkonen – Condit, S. & R. Jääskeläinen(Eds.), *Tapping and mapping the processes of translation and interpreting: Outlooks on empirical research*(pp.27 – 52). Amsterdam & Philadelphia: John Benjamins.

Ivir, V.(1998). Linguistic and communicative constraints on borrowing and literal translation. In A. Beylard – Ozeroff, J. Kralova and B. Moser – Mercer(Eds.), *Translators' strategies and creativity*(pp.137 – 44). Amsterdam and Philadelphia: John Benjamins.

Jääskeläinen, R.(2000). Focus on methodology in think – aloud studies on translating. In S. Tirkkonen – Condit & R. Jääskeläinen(Eds.), *Tapping and mapping the processes of translation and interpreting: Outlooks on empirical research*(pp.71 – 82). Amsterdam & Philadelphia: John Benjamins.

Jääskeläinen, R. & Tirkkonen – Condit.(1991). Automised processes in professional vs. non = professional translation: A think – aloud protocol study. In S. Tirkkonen – Condit(Ed.), *Empirical research in translation and intercultural studies: Selected papers of the TRANSIF seminar, Savonlinna 1988*(pp.89 – 109). Tübingen: Gunter Narr.

Katan, D.(1999). *Translating cultures.* Manchester, UK: St. Jerome.

Kenny, D.(2001). *Lexis and creativity in translation – A corpus – based study.* Manchester, UK & Northampton MA: St. Jerome.

Kim, R. H.(2003). Foreign language translation by a translator and a language learner: A focus on processes. Forum, 1(1), 113 – 38.

Kittay, E. F.(1987). *Metaphor – It's cognitive force and linguistic structure.* New York: Oxford University Press.

Koller, W.(1978). *번역학이란 무엇인가*(박용삼역). 숭실대학교 출판부.

Koller, W.(1989). Equivalence in translation theory. In A. Chesterman(Ed.), *Reading in translation.* Helsinki: Oy Finn Lectura Ab.

Kövecses, Z.(2000). *Metaphor and emotion: language, culture and body in human feeling.* Cambridge: Cambridge University Press.

Kramsch, C.(1996). *Language and Culture*, New York: Oxford University Press

Krings, H. P.(1986). Translation problems and translation strategies of advanced German learners of French. In J. House and Blum – Kulka(Eds.), *Interlingual and intercultural communication, Discourse and cognition in translation and second language acquisition studies*(pp.263 – 76). Tübingen: Narr.

Kussmaul, P.(1991). Creativity in the translation process: Empirical approaches. In M. Kitty, van Leuven-Zwart & T. Naaikens(Eds.), *Translation studies:The state of the art*(pp.91-99). Amsterdam-Atlanta: Rodopi.

Kussmaul, P.(1995). *Training the Translator.* Amsterdam/Phildelphia: John Benjamins.

Kussmaul, P.(1997). Text Type Conventions and Translating: Some Methodological Issues. In A. Trosborg(Ed.), *Text Typology and Translation*(pp.68-83). Amsterdam/Philadelphia: John Benjamins.

Kussmaul, P.(2000). A cognitive framework for looking at creative mental processes. In. M. Olohan(Ed.), *Intercultural faultlines: Research models in translation studies-textual and cognitive aspects*(pp. 57-71). Manchester, UK: St. Jerome.

Lakoff, G.(1993). The contemporary theory of metaphor. In A. Ortony(Ed.), *Metaphor and thought*(pp.). New York: Cambridge University Press.

Lakoff, G. & Johnson, M.(1980). *Metaphors we live by*. Chicago & London: The Univ. of Chicago Press.

Lakoff, G. and Turner, M.(1989). *More than cool reason: A field guide to poetic metaphor.* Chicago and London: The Univ. of Chicago press.

Larson, M. L.(1984). *Meanng-based translation: A guide to cross-language equivalence.* Lanham: University Press of America.

Lederer, M.(1994). *La traduction aujourd'hui: le modèl de interprétatif. Paris:* Hachette.

Lee, Benny, P. H.(2001). Mutual knowledge, background knowledge and shared beliefs: Their roles in establishing common ground, *Journal of pragmatics* 33, pp.21-44.

Lee, Benny, P. H.(2001). Mutual knowledge, background knowledge and shared beliefs: Their roles in establishing common ground, *Journal of pragmatics* 33, 21-44.

Leppihalme, R.(1994). Translating Allusions: When minimum change is not enough. *Target* 6(2), 177-193.

Leppihalme, R.(1997). *Culture bumps-An empirical approach to the translation of allusions.* Clevedon: Multilingual Matters.

Leuven－Zwart, Kitty, M. van.(1989). Translation and original: Similarities and Dissimilarities(I). *Target,* 1(2), 151－81.

Levy, J.(1967). Translation as a decision process. In *To honor Roman Jakobson: Essays on the occasion of his 70th birthday*, 2(pp.1171－82). The Hague: Mouton.

Lörscher, W.(1991). Think－aloud as a method for collecting data on translation processes. In S. Tirkkonen－Condit(Ed.), *Empirical research in translation and intercultural studies: Selected papers of the TRANSIF seminar, Savonlinna 1988*(pp.67－77). Tübingen: Gunter Narr.

Lörscher, W.(1996). A psycholinguistic analysis of translation processes. *Meta,* 41(1), 26－32.

Morgan, J. L.(1993). Observations on the pragmatics of metaphor. In A. Ortony(Ed.), *Metaphor and thought*(pp.124－134). New York: Cambridge University Press.

Munday, J.(2001). *Introducing Translation Studies: Theories and applications*, London and New York: Routledge.

Neubert, A.(1994). Competence in translation: A complex skill, how to study and how to teach it. In. M. Snell－Hornby & F. Pöchhacker & K. Kaindl(Eds.), *Translation studies: An interdiscipline*(pp.411－20). Amsterdam & Philadelphia: John Benjamins.

Neubert, A. & Shreve, G. M.(1992). *Translation as Text.* Ohio: The Kent State University Press.

Newmark, P.(1981). *About translation.* Clenedon & Buffalo: Multilingual Matters.

Newmark, P.(1988). *A Textbook of translation*, London: Prentice Hall.

Nida, E.(1964). *Toward a science of translating: With special reference to principles and procedures involved in Bible.* Leiden: E. J. Brill.

Nida, E. A. & Taber, C. R.(1969). *The Theory and Practice of Translation,* Leiden: E.J. Brill.

Nida, E.(1998). Translators' creativity vs. sociolinguistic constraints. In A.

Beylard-Ozeroff, J. Kralova and B. Moser-Mercer(Eds.), *Translators' strategies and creativity*(pp.127-36). Amsterdam and Philadelphia: John Benjamins.

Nir, R.(1988). Electoral rhetoric in Israel-the televised debates, A Study in political discourse, *Language learning* 38(2), 187-208.

Nord, C.(1997). A Functional Typology of Translation. In A. Trosborg (Ed.), *Text Typology and Translation*(pp.44-66). Amsterdam/Philadelphia: John Benjamins.

Nord, C.(1997). *Translating as a purposeful activity: Functionalist approaches explained,* Manchester: St. Jerome.

Ortony, A.(1979). *Metaphor and thought.* New York: Cambridge University Press.

Popovic, A.(1970). The concept of shift of expression in translation analysis. In J. Holmes & F. Haan & A. Popovic(Eds.), *The nature of translation*. The Hague: Mouton.

Pym, A.(1992). *Translation and text transfer.* Frankfurt: Peter Lang.

Pym, A.(1995). European translation studies, une science qui dérange, and why equivalence needn't be a dirty word. TTR: *Traduction, Termonologie, Rédaction* 8(1). 153-76.

Read, S. et al.(1990). When is the federal budget like a baby?: Metaphor is political rhetoric. *Metaphor & Symbolic Activity*, 5(3), 125-49.

Reiss, K.([1971] 2000). *Translation Criticism-The Potentials and Limitations: Categories and Criteria for Translation Quality Assessment,* Manchester: St. Jerome.

Reiss, K.([1977] 1989). Text types, translation types and translation assesment. In A. Chesterman(Ed.), *Readings in Translation Theory* (pp.105-15). Helsinki: Oy Finn Lectura Ab.

RH Webster's Advanced English Dictionary(2001): Random House.

Richards, I. A.(1936). *The philosophy of rhetoric.* London: Oxford University Press.

Sager, J. C.(1997). Text Types and Translation. In A. Trosborg(Ed.), *Text*

Typology and Translation(pp.25 – 41). Amsterdam/Philadelphia: John Benjamins.

Schmitt, P.(2003). *Modern translation studies*. Paper presented at special lecture in GSIT, Seoul, Korea.

Séginot, C.(1991). A study of student translation strategies. In S. Tirkkonen – Condit(Ed.), E*mpirical research in translation and intercultural studies: Selected papers of the TRANSIF seminar, Savonlinna 1988*(pp.79 – 88). Tübingen: Gunter Narr.

Seleskovitch, D.(1978). *Interpreting for international conferences*. Pen and Booth: Washington.

Seleskovitch, D.(1988). Technical and literary translation: A unifying view. In C. Picken(Ed.), ITI conference 2. London: Aslib.

Shäffner, C.(1997). Strategies of translating political texts. In A. Trosborg(Ed.), *Text Typology and Translation*(pp.119 – 143). Amsterdam/Philadelphia: John Benjamins.

Shuttleworth, M. & Cowie, M.(1997). *Dictionary of translation studies*. Manchester, UK: St. Jerome.

Snell – Hornby, M.([1988] 1995). *Translation Studies – An Integrated Approach*. Amsterdam/Philadelphia: John Benjamins.

Snell – Hornby, M. & Pöchhacker, F. & Kaindl, K.(Eds.)(1994). *Translation studies: An interdiscipline*. Amsterdam & Philadelphia: John Benjamins.

Song, K.S.(2000). Metaphor and metonymy in Korean and American political discourse. *담화와 인지*, 7(1), 35 – 61.

Sperber, D. & Willson, D.(1995). *Relevance: Communication and cognition*. Oxford: Blackwell.

Steen, G.(1994). *Understanding metaphor in literature*. London & New York: Longman

Swales, J. M.(1990). *Genre analysis – English in academic and research settings*. New York: Cambridge university press.

Taylor, J.([1989] 1995). *Linguistic categorization*. London. Oxford University Press.

Tirkkonen-Condit, S.(2000). Uncertainty in translation processes. In S. Tirkkonen-Condit, & R. Jääskeläinen(Eds.), *Tapping and mapping the processes of translation and interpreting: Outlooks on empirical research*(pp.123-142). Amsterdam & Philadelphia: John Benjamins.

Tirkkonen-Condit, S. & Jääskeläinen, R.(2000). *Tapping and mapping the processes of translation and interpreting: Outlooks on empirical research*. Amsterdam & Philadelphia: John Benjamins.

Toolan, M.(1991). Perspectives on literal meaning, *Language & communication* 11(4), 333-351.

Toury, G.(1980). *In search of a theory of translation*. Tel Aviv: The Porter Institute for Poetics and semiotics.

Toury, G.(1995). *Descriptive traslation studies and beyond*. Amsterdam and Philadelphia: John Benjamins.

Trosborg, A.(1997a). Text Typology: Register, Genre and Text Type. In A. Trosborg(Ed.), *Text Typology and Translation(pp.3-23)*. Amsterdam & Philadelphia: John Benjamins.

Trosborg, A.(1997b). *Text Typology and Translation*. Amsterdam/Philadelphia: John Benjamins.

Venuti, L.(1995). *The translator's invisibility. A history of translation* London & New York: Routledge.

Vermeer, H. J.(1989). Skopos and commission in translational action. In A. Chesterman(Ed.), *Readings in Translation Theory*. Helsinki: Oy Finn Lectura Ab.

Vik-Tuovinen, G. V.(2000). The interpreters' comments in interpreting situations. In Tirkkonen-Condit, S. & R. Jääskeläinen(Eds.), *Tapping and mapping the process of translation and interpreting: Outlooks on empirical research*(pp. 17-26). Amsterdam & Philadelphia: John Benjamins.

Vinay, J. P. & Darbelnet, J.([1958] 1995). Comparative stylistics of French and English: A Methodology for translation. In L. Venuti(Ed.), *The translation studies reader*(pp. 84-93). London & New York: Routledge.

Wilss, W.(1994). A framework for decision – making in translation, *Target* 6(2), 131 – 150.

Баранов, А. Н.(2003). *Введение в прикладную лингвистику*, Москва: УРСС.

Берков, В.П., Мокиенко, В. М., и Шулежкова, С.Г.(2000). *Бо льшое словарь крылатых слов русского языка*. Мос ква: Астрель, АСТ.

Добровольский , Д.О.(1997). Национально – культурная спе цифика во фразеологии(I). *Вопросы Языкознания*, 6, 37 – 48.

Евгеньева, А.П.(1986). *Словарь русского языка*. Москва: Ак адемия Наук СССР.

Чудинов, А.П.(2001). *Россия в метафорическом зеркале: Ко гнитивное исследование политической метафоры (1991 – 2000)*. Екатеринбург.

Translating Metaphors from Russian into Korean and Related Strategies:

Taking both product-and process-oriented translation approach into consideration

Hankuk University of Foreign Studies
Graduate School of Interpretation and Translation
Lee Hye-Seung

The purpose of the present study is to demonstrate, through an integrated approach to translation which takes both the translating process and the translation as the end-product into account, that a translation of a metaphor most succinctly points to the very nature of translation as an act of communication between different cultures as well as the process of decision-making by the translator. Metaphors, as a special way of rendering meanings in a non-literal and implicit way, either emphasize the intended meaning of the expression or enhance the corresponding expression. Having been forged over time through complex interaction among referents, images or schemata, as well as the senses involved, metaphors are inevitably influenced by the culture or the language of the speech community they belong to. Consequently, those who translate metaphors are faced with the question of(1) how to deal with both the form and the meaning of the source text(ST) segment containing metaphoric expressions in such a way as to preserve its intended function and effect in the target text(TT), and(2) how to effectively and adequately render the cultural factors involved. Against this backdrop, this dissertation strives to delve into the issue of translating metaphors for readers with cultural backgrounds that are different from the ST readers.

The composition of the present dissertation is four-pronged. The first part comprising the first three chapters constitute discussions of why it is important to study metaphors in translation and an introduction to the existing approaches to metaphors and their translation. The Think Aloud Protocol(TAP) will also be introduced as a research vehicle that enables a simultaneous look into both the product-and process-oriented approaches to translation research. Moreover, the importance of adopting an integrated approach of considering the two components of translation, i.e., its process and the end product, in relation to conducting research on metaphor translations will be briefly sketched as well.

Chapters 4 and 5 comprise the core of this dissertation, respectively discussing the product-oriented and process-oriented analyses of metaphors that have been identified in the corpus collected for the present study. The product-oriented analysis as summarized in Chapter 4 comprises seven types of incidences: M→M, M→M', M→D, M→S, M→S+D, M→M+D, M→∅. Those incidences have been separately collected and further processed to determine(1) the translation strategies adopted and(2) the social and cultural distance between the ST readers and TT readers. This is done by making inferences from the end-product of the translation. Observations are also noted in the event of any metaphoric rendering in the TT of non-metaphoric ST segments. Metaphoric rendering includes translating ST segments by employing/introducing metaphors in cases where the corresponding ST segment may not contain metaphors and are instead literally described.

Touching upon the process-oriented analysis, Chapter 5 shows what translators consider and how they think, and in particular, the strategies they adopt in the process of translating metaphors. To this end, TAP experiments are conducted on translators with a minimum of 5 years of experience as subjects. The analysis is conducted on transcriptions of the translators' TAP and their translation works. As a supplement for professional translation, prospective professional translators who are enrolled in Graduate School of Interpretation and Translation at Hankuk University of Foreign Studies(a graduate-level professional translation training program in Seoul, Korea) participate in the experiment so that their transcription and translations can be compared with those of seasoned professional translators. The differences and similarities of the results found from the contrast of the two groups can be a good guideline to minimizing errors in metaphor translations.

The last chapter summarizes the results of this study and suggests how the results of the study can be interwoven with the equivalence-based evaluation of translation and translation training which is currently prevalent in the classrooms. Since metaphors in the ST reflect social and cultural features and the relevant knowledge system where the ST was produced, a literal rendering of the ST metaphor in the TT inevitably leads to a failure in intercultural communication. Because of this, translations of metaphors cannot be accomplished in a vacuum, but should instead involve due consideration of the contrasting social and cultural factors. It must also be pointed out that the translator's self-evaluation of her work in general and the negative self-assessment in particular influences the translator's determination on whether more translation-related decision-making is required to improve the translation, and that this in turn proves conducive to producing better quality translations.

이혜승

▮ 약 력

연세대학교 노어노문학과 졸업(1기)
한국외국어대학교 통번역대학원 한노과 졸업(17기)
한국외국어대학교 통번역대학원 통번역학 박사(1기)

연세대학교, 한국외국어대학교, 선문대학교 강사 역임
현재 수원대학교 러시아학과 초빙교수 재직 중

▮ 주요 논문 및 저서

번역과 반역의 경계고찰 - 은유의 번역을 중심으로, 노어노문학(2008) 20(4)
문화적 함축으로 야기되는 번역문제 고찰, 국제회의통역과 번역(2008) 10(2)
정치텍스트의 특성과 통역교육, 국제회의통역과 번역(2006) 8(2)
Socio - cultural Characteristics found in Russian - Korean Translation of Metaphoric Exspressions, META(2006) 51(2) (SCI등재지)
외 다수

러시아 푸틴 대통령, 고르바초프 전 대통령, 우크라이나 유셴코 대통령, 카자흐스탄 나자르바예프 대통령, 키르기스스탄 아카예프 대통령, 벨로루시 루카셴코 대통령 등 러시아어 사용국 주요 정상 동시 및 순차 통역

은유는 번역될 수 있는가

초판인쇄 | 2010년 1월 15일
초판발행 | 2010년 1월 15일

지 은 이 | 이혜승
펴 낸 이 | 채종준
펴 낸 곳 | 한국학술정보(주)
주　　소 | 경기도 파주시 교하읍 문발리 파주출판문화정보산업단지 513-5
전　　화 | 031) 908-3181(대표)
팩　　스 | 031) 908-3189
홈페이지 | http://www.kstudy.com
E-mail | 출판사업부 publish@kstudy.com
등　　록 | 제일산-115호(2000. 6. 19)

ISBN 978-89-268-0698-2 93790 (Paper Book)
978-89-268-0699-9 98790 (e-Book)

내일을여는지식 은 시대와 시대의 지식을 이어 갑니다.